QUÉBEC
LE DÉFI ÉCONOMIQUE

Jacques FORTIN

QUÉBEC
LE DÉFI ÉCONOMIQUE

1990
Presses de l'Université du Québec
Case postale 250, Sillery, Québec   G1T 2R1

ISBN 2-7605-0633-9
Tous droits de reproduction, de traduction
et d'adaptation réservés © 1990
Presses de l'Université du Québec

Dépôt légal – 4e trimestre 1990
Bibliothèque nationale du Québec
Bibliothèque nationale du Canada
Imprimé au Canada

Remerciements

Gilles Lajoie du journal *Les Affaires* a assisté l'auteur dans la recherche bibliographique et a mené plusieurs entrevues dans le cadre de la préparation de ce livre. Normand Saint-Hilaire, directeur des Cahiers et projets spéciaux du journal *Les Affaires*, a fourni une grande partie du matériel ayant servi à la rédaction de la partie historique de l'évolution de l'économie du Québec. L'auteur a profité aussi des commentaires judicieux de Pierre Lamonde, professeur-chercheur à l'INRS, et de Paul Beaulieu, professeur à l'UQAM. Qu'ils soient tous remerciés pour leur contribution et leur soutien.

L'auteur tient aussi à remercier les personnalités du monde des affaires, dont la liste apparaît en annexe, qui ont bien voulu répondre aux questions de Gilles Lajoie et aux siennes.

Finalement, un remerciement sincère à Lise B. Roy qui a fait la révision linguistique.

Table des matières

Introduction

Depuis quatre ou cinq ans, la montée de l'entrepreneurship et, de façon générale, la performance de l'économie québécoise, ont été projetées à l'avant-scène de l'actualité, non seulement ici, mais ailleurs au Canada. Jamais, au Québec, le monde des affaires n'a eu une cote de confiance aussi élevée auprès de la population. Les publications de toutes sortes étudiant le « phénomène » de l'entrepreneurship québécois ou décrivant le succès d'entreprises se sont multipliées. Plusieurs présidents de corporation sont devenus de véritables vedettes. La section des pages économiques des quotidiens s'épaissit tandis que les revues et les journaux spécialisés traitant d'économie, de management et de finances connaissent un succès sans précédent.

Pour certains milieux nationalistes, l'économie est devenue l'instrument de libération par excellence, après l'échec référendaire de 1980 et le rapatriement unilatéral de la constitution, en 1981. Jamais le slogan « Maître chez nous », de la Révolution tranquille, n'a eu autant de sens que durant les années 1980.

Le Régime d'épargne-actions (RÉA) a symbolisé plus que tout cet intérêt nouveau pour les affaires. L'intérêt pour cet abri fiscal, instrument aussi de financement des PME, fut tel auprès d'une partie de la population que plusieurs ont qualifié la génération du *baby boom* de génération du RÉA.

Pourtant les années 1980 avaient bien mal commencé pour les Québécois, avec la pire crise économique depuis celle des années 1930. Pouvait-on seulement imaginer, au sortir de cette crise, en 1983, qu'en moyenne, la croissance économique du Québec, pour les six années qui allaient suivre, dépasserait celle de l'ensemble du Canada et pourrait même se comparer à celle du Japon ? Au cours des vingt années qui avaient précédé, le Québec n'avait même pas atteint la moitié du rythme de croissance de l'économie japonaise.

Les investissements, et en particulier les investissements privés, ont retrouvé une vigueur comparable à celle des années 1970, augmentant plus rapidement que la production intérieure brute (PIB) et plus rapidement aussi que les investissements de l'ensemble du Canada. La productivité de l'économie a atteint des niveaux qui se comparent à ceux atteints dans les années 1960. L'emploi a augmenté à un rythme rapide. Malgré une persistance de certaines disparités, plusieurs régions du Québec ont connu une baisse importante du chômage. Finalement, à intervalles réguliers, les succès d'entreprises contrôlées par des francophones, y compris dans des secteurs de la haute technologie, ont donné des raisons aux Québécois d'être fiers et optimistes.

Le déficit du gouvernement fédéral est certes toujours hors de contrôle, et ce n'est que par des hausses successives d'impôts et de taxes qu'il a été maintenu à la limite de l'acceptable. Même si rien n'est acquis, en particulier en période de ralentissement économique, le gouvernement du Québec a réussi, jusqu'à maintenant, à réduire son propre déficit de façon appréciable, grâce à une gestion beaucoup plus serrée des finances publiques.

Les années 1980 ont été marquées aussi par l'amélioration, presqu'inespérée, des relations de travail dans le secteur privé. Signe des temps, la FTQ a mis sur pied un fonds de capital de risque qui est en train de devenir un des plus gros au Québec. Le discours traditionnel des dirigeants syndicaux marqué par l'affrontement s'est graduellement transformé en discours de collaboration.

De toute évidence, en ce début des années 1990, le Québec est très différent de ce qu'il était dix ans auparavant. Son économie a subi des transformations importantes et le leadership économique du monde des affaires s'est transformé. Cependant, face aux changements qui s'annoncent pour la nouvelle décennie, dont l'évolution rapide des technologies, la montée de la concurrence internationale, l'ouverture des économies et l'inévitable interdépendance des nations qui en résulte, la libéralisation des échanges entre le Canada et les États-Unis et l'intégration plus poussée des économies dans diverses parties du monde, des économistes et plusieurs personnes du monde des affaires s'alarment face aux déficiences de l'économie québécoise, notamment en matière de productivité, de compétitivité et d'innovation.

Les années qui viennent seront aussi celles de l'arrivée à l'âge adulte de l'économie de l'information, c'est-à-dire une économie où de plus en plus de personnes auront comme tâche de collecter, traiter, transmettre et créer de l'information, sous toutes ses formes. Le développement des secteurs des communications et de la finance n'est qu'une des manifestations de la montée de ce type d'économie. En fait, il se pourrait bien que le savoir, comme autrefois les ressources naturelles, devienne le principal facteur de production. Naturellement, la formation, à tous les niveaux, devrait devenir une priorité pour toute nation décidée à relever le défi de la concurrence. Dans ce domaine aussi, plusieurs pensent que le Québec a des retards importants.

L'économie ne fonctionne pas en vase clos. Elle est en interrelation étroite avec le politique et le social. Ainsi, les changements politiques en cours dans les pays socialistes de l'Europe de l'Est auront inévitablement des effets sur le commerce international. Au Québec, les changements démographiques s'accélèrent. La question de la langue et celle de la place du Québec au Canada ne sont toujours pas résolues et sont susceptibles de causer encore des remous dans les années à venir et accroître le nombre d'incertitudes. Et les gouvernements ne peuvent espérer maintenir la paix sociale et des finances publiques en santé s'ils ne s'attaquent pas aux problèmes sociaux grandissants et à la détérioration de la qualité des services publics.

Ici, comme dans l'ensemble des sociétés industrialisées, se sont développées des préoccupations on ne peut plus légitimes concernant la qualité de l'environnement. Cet éveil de la population, de même que les découvertes entourant l'état de détérioration de notre milieu de vie et de ses effets sur la santé, sont susceptibles d'entraîner des changements majeurs dans notre système de production et de consommation. On peut se demander, en effet, jusqu'à quand les citoyens accepteront de faire passer avant la vie, la croissance économique.

Finalement, la transformation de l'économie québécoise ne s'est pas faite sans perdant. La région de Montréal, et plus spécifiquement la ville de Montréal, ont été particulièrement frappées durant cette période continue de croissance économique par des fermetures d'usines et des licenciements collectifs qui ont touché des travailleurs et des travailleuses dont le reclassement est difficile à cause de leur âge et de leur niveau de formation. Globalement, au Québec, le taux de chômage se situe toujours, après sept ans de croissance continue, à un niveau beaucoup trop élevé. À Montréal, dans certains quartiers, il dépasse les 15 %.

Les jugements positifs et négatifs sur l'économie du Québec s'entrecroisent et se retrouvent souvent les uns à coté des autres, dans les manchettes des journaux. On ne sait plus trop quoi penser. Certaines personnes, face à l'avenir de l'économie québécoise, sont carrément optimistes, d'autres pessimistes. En ce début de ralentissement économique, même si la situation est loin d'être aussi dramatique qu'en 1982, l'insécurité grandit. Inévitablement aussi, alors qu'une majorité de Québécois semble être prête à remettre en question l'appartenance du Québec au Canada, la question de l'avenir économique d'un Québec indépendant se pose.

Les succès économiques récents du Québec sont-ils un gage de succès pour le futur? L'économie québécoise s'est-elle véritablement transformée au cours des dernières années? D'autres changements sont-ils nécessaires? Quelles sont les perspectives économiques du Québec à long terme? Ce sont là quelques exemples de questions auxquelles ce livre tente de répondre, d'abord en faisant un bref survol de l'évolution de l'économie du Québec et, ensuite, en analysant ses forces et ses faiblesses face aux défis des prochaines années. Le livre se termine sur quelques recommandations pour l'action. Mais, finalement, l'objectif est plus d'ouvrir le débat que de le fermer.

Chapitre 1

L'économie québécoise en perspective

I

C'était en novembre 1983. Dans le bureau du ministre des Finances, à Québec, sont réunis le ministre, ses attachés politiques et les hauts fonctionnaires. Le temps est gris, mais Jacques Parizeau[1] est rayonnant. Sur son pupitre venait d'être déposée *La Presse*. Le journal titrait, cinq colonnes à la une: « La rue Saint-Jacques demande le retrait du Projet de loi S-31. »

On était alors au cœur d'une lutte âpre entre Québec et Ottawa, autour du projet de loi déposé exceptionnellement au Sénat un an plus tôt et limitant le champ d'investissement de la Caisse de dépôt et de placement du Québec dans les entreprises canadiennes de transport ayant une envergure nationale. Le projet a l'appui incontesté de la communauté des affaires torontoises, qui voit là une excellente occasion de mettre au pas la Caisse. Le prétexte pour le dépôt de ce projet de loi fut l'alliance évidente de la Caisse et de Power Corporation pour prendre le contrôle de Canadien Pacifique, un des joyaux du capitalisme anglo-saxon.

Ce n'était pas tant l'appui qu'il recevait dans sa lutte contre le gouvernement fédéral qui exaltait Parizeau ce matin-là, mais plutôt le

---

1. L'anecdote vient de Normand St-Hilaire, directeur des Cahiers spéciaux du journal *Les Affaires*, qui était, à l'époque, l'attaché de presse du ministre des Finances.

fait que, pour la première fois, on associait la rue Saint-Jacques à la communauté francophone des affaires qui avait pris position, la veille, contre le projet. L'événement peut paraître banal mais, mis dans un contexte historique, il était loin de l'être. Quelques années plus tôt, l'expression « la rue Saint-Jacques » n'aurait pu désigner autre chose que *l'establishment* anglophone.

Pour bien marquer toute la mesure de ce progrès, il faut rappeler qu'au début des années 1960, les anglophones ne représentaient que 20 % de la population, mais détenaient 80 % des postes de cadres intermédiaires. Quant aux cadres supérieurs, ils étaient à 60 % anglophones et seulement 14 % d'entre eux parlaient français. En 1962, dans une commission parlementaire, à Ottawa, le président du CN, Donald Gordon, déclara qu'aucun de ses dix-huit vice-présidents n'était canadien français parce qu'il ne pouvait trouver aucun francophone qualifié[2]. Une enquête menée pour le compte du Conseil de la langue française, au début des années 1980, révèle par ailleurs que la réalité a, depuis, beaucoup évolué sous le double effet de la croissance du nombre de francophones capables d'occuper de tels postes et la fuite des sièges sociaux de compagnies sous contrôle étranger en 1976 et 1977. Ainsi, au début des années 1980, 65 % des cadres et dirigeants des grandes entreprises privées québécoises étaient francophones et 32 % anglophones. Même s'il le pensait, il est peu probable qu'aujourd'hui un président d'une grande entreprise oserait répéter les propos du président du CN.

Moins spectaculaires, les progrès des francophones dans le contrôle de l'économie québécoise n'en restent pas moins importants, depuis le début de la Révolution tranquille. Ainsi, une autre compilation faite pour le compte du Conseil de la langue française[3] montre qu'en 1987, au Québec, 62 % des emplois étaient dans des entreprises sous contrôle des francophones comparativement à 47 % en 1961. Les progrès sont particulièrement remarquables dans le secteur de la finance, où 58 % des emplois sont dans des entreprises contrôlées par des francophones comparativement à 26 % en 1961. Dans le secteur manufacturier, c'est 39 % des emplois qui sont dans des entreprises contrô-

---

2. Cité dans M. Fraser *Québec, inc.*, Montréal, Les Éditions de l'Homme, 1987, p. 86.
3. Les données des deux enquêtes ont été publiées dans A. Sales et N. Bélanger, *Décideurs et gestionnaires: études sur la direction et l'encadrement des secteurs privé et public*, Éditeur officiel du Québec, 1985 et F. Vaillancourt et J. Carpentier, *Le contrôle de l'économie du Québec: la place des francophones en 1987 et son évolution depuis 1961*, Montréal, Office de la langue française et Université de Montréal (C.R.D.E.), 1989.

lées par des francophones comparativement à 22 % quelque 25 ans plus tôt (voir le tableau A.3, en annexe pour plus de détails).

Ces chiffres, de même que l'industrialisation rapide de quelques pays en développement au cours des dernières années, ou au contraire le déclin de certains autres plus industrialisés, montrent qu'en matière économique des retournements sont possibles.

II

Un peu d'histoire. De la Conquête à la Révolution tranquille

Au moment de la Conquête, en 1760, le Canada était relativement peu développé économiquement. En fait, laissée à elle-même plus souvent qu'autrement, l'économie de la colonie était essentiellement une économie de survivance dans laquelle le commerce des fourrures occupait la place la plus importante et l'agriculture se développait difficilement.

Contrairement aux Français trop préoccupés par leur situation politique interne pour porter un intérêt réel à la colonie d'Amérique, les Anglais y investirent capitaux et ressources humaines. Les conquérants s'approprièrent, de facto, en exclusivité, le commerce. Les navires marchands étrangers furent interdits dans les ports coloniaux. Rapidement, de nouveaux noms dominèrent le monde des affaires canadien remplaçant ceux des Français aisés qui avaient déserté la colonie au moment de la Conquête. En 1790, John Molson fondait sa brasserie. De nouveaux magnats de la fourrure apparurent: Alexander Mackenzie, Simon Mc Tavish, Joseph Frobisher. Matthew Bell remplaça Pierre de Sales Laterrière, ex-propriétaire des Forges du Saint-Maurice, mis aux arrêts pour avoir appuyé l'autonomie des colonies américaines.

Contrairement à l'attitude des bourgeois français, les grandes familles anglaises s'intéressaient à la colonie et cet intérêt s'accentua lorsqu'en 1806 Napoléon imposa un blocus du commerce européen avec la Grande-Bretagne. La métropole se tourna donc vers ses colonies d'Amérique pour assurer, notamment, son approvisionnement en bois. Flairant la bonne affaire, des industriels anglais dirigèrent d'abondants capitaux dans l'industrie forestière canadienne et rapidement, ce secteur supplanta celui de la fourrure: déjà, en 1840, on dénombrait 911 scieries dans le Bas-Canada.

Au début du XIXᵉ siècle, l'économie canadienne se structurait progressivement. À peine cent ans après la Conquête, stimulée par une augmentation plus rapide de sa population et par une agriculture plus prospère, l'économie du Haut-Canada dépassait déjà celle du Bas-Canada. Une certaine répartition de la production économique commençait aussi à se dessiner. Les nouvelles entreprises anglaises accaparèrent le commerce international, lequel fut favorisé par la construction du canal Lachine durant les années 1840, et occupèrent tous les créneaux où des capitaux importants étaient requis. De leur côté, les francophones, désorganisés, peu instruits — en 1827, 90 % de la population était illettrée —, sans capitaux ni élite, se retranchèrent sur les terres et développèrent l'agriculture. Ils exploitèrent aussi quelques petites entreprises artisanales, axées exclusivement sur les marchés locaux et surtout hors de la grande ville que commençait à devenir Montréal.

Même si la fin du XIXᵉ siècle se termina par un ralentissement de l'économie, elle présida à la naissance de l'industrie manufacturière canadienne, favorisée par *The National policy*, mise en place, en 1879, par John A. Macdonald. Le principe de cette politique était simple : ériger un véritable mur douanier autour du Canada. Elle fut suivie de la première vague d'industrialisation qui donna naissance à plusieurs entreprises, au Québec, dans les secteurs du textile, du vêtement, des produits du fer et de l'acier et des équipements associés au transport ferroviaire.

Au début du siècle, le capital anglophone continuait d'entrer à flots. Les Américains aussi voyaient au Québec et en Ontario d'intéressantes occasions d'affaires. Ils cherchaient à s'y implanter dans le but de surmonter les protections tarifaires du Canada, d'avoir accès à ce marché refermé sur lui-même et d'y exploiter les ressources naturelles abondantes. Le Canada connut ainsi sa deuxième vague d'industrialisation qui s'accompagna d'une urbanisation accrue.

Ce développement de l'économie et la croissance des investissements favorisèrent l'essor des banques canadiennes. Ces institutions en vinrent à dominer très fortement l'ensemble de l'économie. Autour d'elles se constituèrent d'importants réseaux d'administrateurs, cumulant des fonctions dirigeantes au sein de grandes entreprises commerciales et industrielles. Parmi ces administrateurs, les Canadiens français se comptaient sur les doigts de la main. En réalité, ils ne constituaient que 2,4 % du groupe en 1910, et 4,6 % en 1930 ; les banques qu'ils dirigeaient ne représentaient que 6 % à 7 % des actifs bancaires canadiens. Dans ces conditions, il n'est pas surprenant que les francophones n'aient pas vraiment participé, à titre d'entrepreneurs, à l'industrialisation du Québec. En fait, ils en furent réduits à s'engager surtout dans des secteurs à faible capitalisation et n'étant pas dominés par les monopoles. Il s'agissait, par exemple, des industries de la chaussure, du bois de sciage, des portes et châssis, de l'imprimerie, de la construction et des travaux publics, de même que du commerce de gros. Un certain nombre de ces entreprises, principalement dans les secteurs de la construction et des travaux publics, comptaient grandement pour leur survie sur les largesses bien souvent partisanes des gouvernements municipaux et du gouvernement provincial.

À la campagne, le caractère français du Québec pouvait se manifester sans contrainte. Dans les villes, par contre, le commerce se faisait strictement selon les us et coutumes britanniques et dans la langue anglaise. Si bien que même entre eux, de nombreux francophones crurent longtemps devoir parler en anglais lorsqu'il s'agissait de traiter d'affaires. Il est d'ailleurs assez significatif que même en 1929, année de sa fondation, et pendant plusieurs années qui suivirent, les éditeurs du journal *Les Affaires* crurent nécessaire d'ajouter, sous le titre, la mention *Montreal's business magazine*, comme pour se donner un peu de crédibilité. Par la force des choses, un clivage social vint accentuer les différences culturelles. Avec la révolution industrielle, les relations francophones-anglophones prirent la voie de la lutte des classes.

Malgré un climat relativement négatif pour les francophones, à la fin du XIXᵉ siècle et au début du XXᵉ, trois organismes, qui joueront un rôle important dans l'émergence de l'entrepreneurship francophone, furent créés. D'abord, en 1887, la chambre de commerce du district de Montréal vit le jour sous l'instigation de Joseph-Xavier Perreault. En 1890, Alphonse Desjardins, journaliste, puis fonctionnaire à Ottawa, mit sur pied une première coopérative d'épargne, à Lévis. Enfin, en 1910, à l'initiative de la chambre de commerce et du même Joseph-Xavier Perreault, l'École des Hautes Études Commerciales était créée.

La Chambre de commerce, constituée spécifiquement en réaction au très anglophone *Montreal Board of Trade*, donna une voix aux entrepreneurs francophones auprès des gouvernements. Dès ses débuts, elle consacra beaucoup d'efforts à la formation de gestionnaires. Elle établit une forme de concertation et contribua à la constitution de réseaux de solidarité parmi les gens d'affaires francophones.

La première caisse populaire avait été créée principalement pour venir en aide aux petites gens, dans les campagnes, placés à la merci des usuriers par leur manque criant de capitaux. Sans doute, Alphonse Desjardins était-il loin de se douter que 90 ans plus tard, le mouvement, qui empruntera finalement son nom, deviendrait la plus importante institution financière et le plus important employeur au Québec, avec 45 milliards de dollars d'actifs et 35 000 employés. Chaque patelin du Québec finit par fonder sa propre caisse populaire. La forte pénétration du mouvement eut d'abord pour effet d'accroître la rétention des épargnes à des fins de réinvestissement local. Par l'ampleur qu'il prit, il constitua aussi un débouché important pour les gestionnaires francophones, dans le secteur des finances. Enfin, le cumul du capital au sein de ce regroupement financier permit d'en diriger une partie vers le financement d'entreprises, surtout dans les régions moins urbanisées.

Quant à l'École des Hautes Études Commerciales, elle contribua à former une élite d'administrateurs qui ont essaimé, d'abord discrètement, puis de manière beaucoup plus visible, au cours des dernières décennies.

Le Canada et le Québec vécurent très péniblement la crise des années 1930 qui dura quatre ans. Pendant cette période, la production canadienne diminua de 30 % en valeur réelle, l'emploi non agricole chuta de 19 % et le revenu personnel baissa de 37 %. Le cycle dans lequel cette crise se situait dura jusqu'à la Deuxième Guerre mondiale.

Au lendemain de cette guerre, l'économie du Canada et du Québec, stimulée par une deuxième vague d'investissement américain, que favorisa la politique de promotion des investissements étrangers de C. D. Howe, se transforme et entre dans un cycle de croissance qui durera pratiquement trente ans. Mais si l'économie du Québec se diversifie, c'est toujours « de façon complémentaire à celle de l'Ontario qui conserve toute sa prépondérance dans les industries de l'automobile et de l'acier. Le Québec exporte des produits manufacturés aux provinces canadiennes et des ressources naturelles légèrement transformées (pâtes et papiers, minerai de fer) aux États-Unis. Les principales industries manufacturières du Québec sont celles du complexe textile-bonneterie-vêtement et celles liées à l'exploitation de la forêt. [...] L'Ontario profita aussi relativement plus que le Québec de la vague d'investissement américain. Ainsi, en 1967, des 1 681 filiales canadiennes de compagnies américaines, 632 se trouvaient dans le Toronto métropolitain et 187 seulement dans la région métropolitaine de Montréal[4]. »

Vers 1960, la société était en effervescence. Le Canada tout entier émergeait de la période d'après-guerre comme un nouveau paradis

---

4. P. Fréchette et J.-P. Vézina, *L'économie du Québec*, 3ᵉ édition, Montréal, Les Éditions HRW ltée, 1985, p. 46-47.

économique et le pays s'était hissé au deuxième rang mondial quant au niveau de vie de ses citoyens. Le monde entier semblait requérir sans cesse plus de richesses naturelles et le Canada était confiant d'en avoir des réserves inépuisables. Au Québec, l'heure était au changement, stimulé par la mutation des valeurs et l'arrivée au pouvoir des libéraux de Jean Lesage.

III

De 1960 à aujourd'hui : trois périodes de croissance

Depuis le début des années soixante (voir le graphique 1), il y a eu trois périodes de croissance économique au sein des pays de l'OCDE[5]. La première, qui s'est terminée au début des années 1970, a été la plus longue et probablement la plus fructueuse de l'histoire économique moderne, et peut-être même de l'histoire de l'humanité. Durant cette période, la croissance économique du Québec a été nettement plus faible que celle des principaux pays développés, y compris le Canada. Ainsi, entre 1960 et 1973, la croissance réelle du produit intérieur brut (PIB) québécois n'a été que de 4,4 % comparativement à 5,6 % pour le Canada et 5,0 % pour l'ensemble des pays de l'OCDE. Le Québec entrait, il faut bien le dire, bien mal préparé dans cette ère de maturité technologique et de triomphe de la production de masse. D'abord, son économie était essentiellement centrée sur l'agriculture, les ressources naturelles et les industries traditionnelles, telles que le textile, le vêtement, le cuir et le meuble ; elle était aussi nettement dominée par les entreprises sous contrôle étranger. De plus, le Québec devait compter sur une main-d'œuvre peu instruite. En fait, sa population était parmi les moins instruites en Occident, tout juste derrière les Polonais ; à l'époque, plus de la moitié des francophones âgés de 25 ans et plus ne comptaient pas une sixième année scolaire.

La seconde période de croissance économique s'est amorcée avec la première crise du pétrole et s'est terminée avec la récession de 1982, la pire qu'aient connue les économies occidentales depuis celle des années 1930. Dans à peu près tous les pays industrialisés, durant cette période, le niveau de croissance économique a chuté brutalement. Les

---

5. OCDE : L'*Organisation de coopération et de développement économique* regroupe l'ensemble des pays de l'Europe occidentale et de l'Amérique du Nord, ainsi que le Japon.

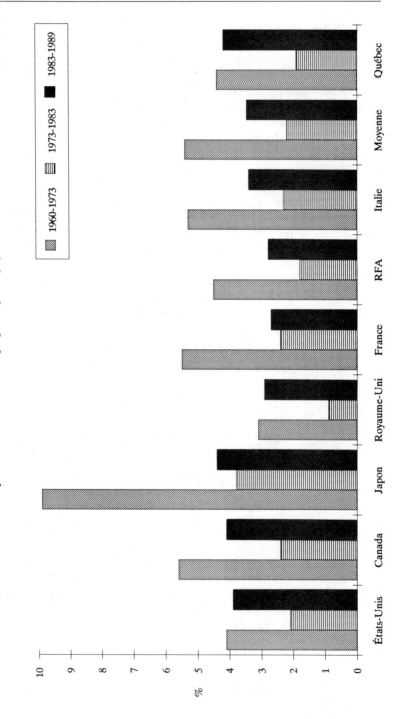

GRAPHIQUE 1

Taux de croissance annuel moyen du PIB dans les sept principaux pays industrialisés et au Québec (%)

causes de cette baisse sont multiples; la plus importante fut sans doute la hausse imprévue et importante des prix du pétrole, en 1973, suivie de celle de 1979, de même que la hausse des prix des aliments, qui ont provoqué un niveau élevé d'inflation, modifié de façon considérable les prix relatifs des produits et des services et entraîné des changements dans les priorités d'investissement. Cette période fut accompagnée aussi d'une baisse marquée de la productivité, en raison du vieillissement d'un ensemble de technologies introduites lors de la période précédente et de la baisse de l'innovation. Ainsi, il est probable que plusieurs des inventions qui, à cette époque, arrivaient au stade de leur incorporation dans de nouveaux produits et de nouveaux processus de production, étaient énergivores. Avec la montée soudaine des prix du pétrole, elles devenaient inutiles et obsolescentes. Les entreprises ont dû modifier leurs priorités ainsi que leurs politiques d'expansion et de modernisation pour investir dans des machines et des technologies qui réduiraient leur consommation d'énergie, au détriment d'investissements dans des technologies de nature à réduire les besoins de main-d'œuvre.

La croissance économique des pays de l'OCDE, qui avait été, en moyenne, de 5,0 % par année entre 1968 et 1973, baissa à 2,7 % pendant la période 1973-1979 et graduellement par la suite jusqu'au creux de 1981-1982. L'inflation qui, au cours de la période précédente, s'était maintenue en bas de 5 %, fit un bond à 10 %, et atteignit le sommet de 12,9 % en 1980 (au Canada le sommet de 12,5 % fut atteint en 1981). Une croissance plus faible de la production et plus forte de la main-d'œuvre a entraîné, au Canada et au Québec, une augmentation dramatique du chômage.

Finalement, la période 1973-1983 fut celle de l'explosion des déficits des gouvernements fédéral et provinciaux, ceux-ci ne pouvant simplement plus faire face à leurs obligations avec la baisse de la croissance des recettes fiscales.

Au Québec, la chute de la croissance économique fut particulièrement forte, et la crise le frappa plus durement que presque partout ailleurs. Ainsi, du niveau de 4,4 % qu'elle avait été, en moyenne, au cours de la période 1960-1973, la croissance réelle du PIB tomba à 2,6 % durant la période de 1973-1981. Le creux fut atteint en 1982 lorsque la production réelle baissa de 5 % et que le taux de chômage atteignit 13,9 % (23 % chez les jeunes), sous l'effet de la perte nette de près de 150 000 emplois en une seule année.

Sans faire l'autopsie complète de cette crise et de ses causes, il est clair qu'elle a été beaucoup plus forte au Canada et au Québec, conséquence directe de l'entêtement du gouvernement fédéral à maintenir à un niveau élevé, sans précédent, les taux d'intérêt. De plus, mal planifiée et défiant toutes les règles élémentaires de l'économie, la politique énergétique fédérale a fait en sorte qu'en pleine récession, le prix du pétrole canadien continua de monter pendant que les prix internationaux baissaient.

Depuis 1983, le taux de croissance de l'économie québécoise a atteint un niveau enviable, comparable même à celui du Japon. Une progression plus faible de la population active et plus forte de l'emploi (2,5 % en moyenne par année entre 1982 et 1989), a amené, au cours de la période plus récente, une baisse du taux de chômage bien en deçà de son sommet de 13,9 % de 1983, même s'il demeure élevé par rapport au taux de 6,8 % atteint en 1973. La productivité, même dans ce contexte de forte croissance de la main-d'œuvre, a augmenté, en moyenne, de 2,0 % par année, niveau qui tranche nettement par rapport au taux moyen de 0,7 % du cycle précédent.

IV

La transformation de l'économie du Québec

Au-delà de la crise en 1982 et de la reprise qui l'a suivie, au cours des vingt dernières années, l'économie du Québec s'est transformée, comme l'illustrent les graphiques 2. et 3. Un des facteurs qui a le plus influencé cette transformation fut sans aucun doute la montée de la concurrence internationale, à la suite de la libéralisation des échanges dans le cadre des accords successifs du GATT, et la baisse des barrières tarifaires qui les accompagna. La hausse des prix de l'énergie, la baisse des prix internationaux des métaux de base et une augmentation de leur production dans les pays en développement ont aussi contribué à accélérer cette transformation.

Les mutations se sont d'abord fait sentir dans les industries traditionnelles, dont le déclin est d'ailleurs en grande partie responsable du niveau élevé du chômage. Ainsi, les industries du textile, du cuir et du vêtement qui comptaient pour 17,1 % de la production manufacturière en 1971, ne comptent plus maintenant que pour 10,5 %. Les ventes internationales des métaux ont connu aussi une chute spectaculaire, notamment dans le secteur de l'amiante où les expéditions ont diminué de près de 70 % en dix ans et, dans une

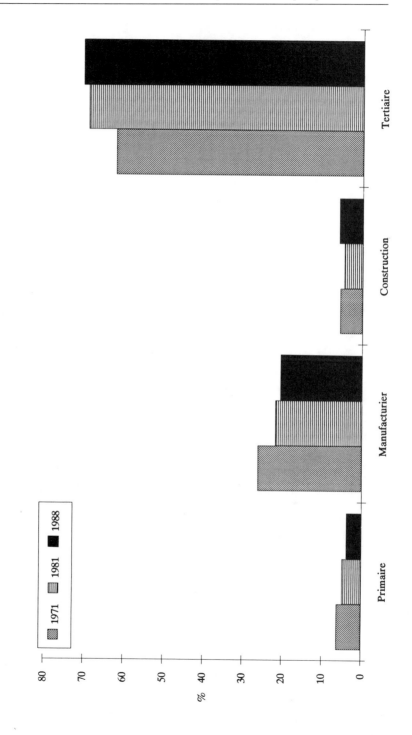

GRAPHIQUE 2

Répartition de l'emploi par grand secteur d'activité économique

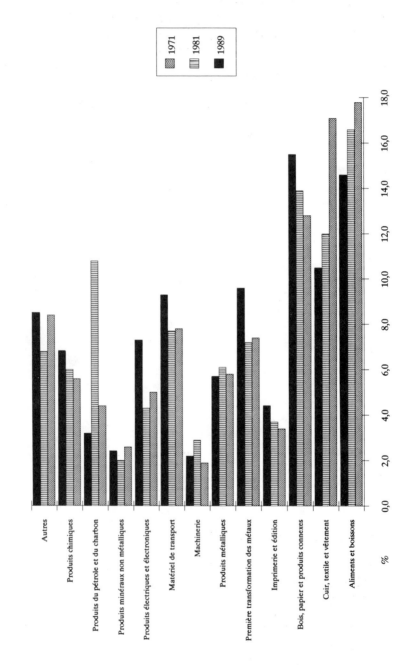

GRAPHIQUE 3
Répartition de la production manufacturière québécoise par industrie: 1971, 1981 et 1989

moindre mesure, dans ceux du fer et du cuivre. Puis, au début des années 1980, à la suite de la baisse de la consommation et de la rationalisation du secteur, ce fut au tour de l'industrie des produits du pétrole de connaître des difficultés. Finalement, à un niveau moindre, l'industrie de l'alimentation traverse actuellement une période de rationalisation en Amérique du Nord qui se traduit aussi par des pertes d'emplois et la diminution de son importance relative dans le secteur manufacturier québécois.

Certains secteurs ont pris la relève. L'industrie des pâtes et papiers, favorisée par une demande internationale forte et des prix élevés, bien préparée par les efforts de modernisation qui avaient été entrepris au début des années 1980, a amorcé une forte croissance jusqu'en 1988 et, surtout, elle s'est consolidée. Les alumineries poussent littéralement au Québec depuis cinq ans. Les industries des produits chimiques, du matériel de transport et des produits électroniques, en particulier, ont aussi eu un niveau de croissance au-dessus de la moyenne, le dernier secteur étant même, entre 1983 et 1988, celui dont le niveau de croissance a été le plus élevé de tous les secteurs de la fabrication, soit 10,4 %.

La composition des exportations internationales va, bien sûr, de pair avec ces changements dans la production, comme le montre le tableau A.2, en annexe[6]. Les produits bruts reliés aux ressources naturelles composent toujours une part importante des exportations du Québec, la baisse des exportations des minerais ayant été compensée par la hausse des exportations d'électricité et d'aluminium. Ce mouvement est d'ailleurs très clair en 1988 alors que les exportations réunies d'électricité et d'aluminium atteignent 3 milliards de dollars et 13,3 % des exportations totales, soit le double de leur niveau relatif de 1981! Et les exportations d'aluminium sont susceptibles de prendre une place encore plus importante dans les années à venir compte tenu des investissements en cours dans ce secteur.

Les produits de la forêt continuent de dominer les exportations du Québec; les ventes de matériel de transport augmentent graduellement, et celles des produits reliés à la haute technologie semblent vouloir faire une percée, bien que le niveau atteint des exportations soit encore relativement modeste. Par ailleurs, les exportations québécoises sont de plus en plus concentrées. Ainsi, les vingt principaux produits

---

6. Un changement dans la classification des exportations en 1988 empêche d'aller plus loin dans les comparaisons.

d'exportation comptaient pour 61,8 % des exportations totales en 1981, ils en englobent maintenant 70 %.

Autre signe finalement de la transformation de l'économie du Québec, l'importance relative du secteur secondaire, pour l'emploi aussi bien que pour la production, a continué de diminuer. Ainsi, le secteur tertiaire fournit maintenant 70 % des emplois par rapport à 62 % en 1971 et le secteur manufacturier 20 % comparativement à 26 % en 1971.

V

D'un leadership du secteur public à un leadership du secteur privé

La transformation de la structure industrielle du Québec n'est qu'un aspect de la transformation de l'économie du Québec. Une autre transformation très importante est celle de son organisation économique et du rôle respectif joué par les secteurs public et privé.

Reportons-nous au début des années 1960. L'économie du Québec est fortement dominée par les entreprises étrangères ou sous contrôle de Canadiens anglophones, sauf dans certains secteurs des services. Les Québécois expriment alors un besoin nouveau de se prendre en main et de contrôler davantage leur destinée. La révolution sera « tranquille » et passera par la seule institution laïque qu'ils contrôlent vraiment, l'État québécois que la nouvelle élite francophone s'engage à moderniser. Cela se traduisit d'abord par une augmentation importante du nombre de fonctionnaires qui passa de 30 000 à 52 000 entre 1960 et 1968; la fonction publique devint alors un bassin imposant de ressources humaines bien formées.

Simultanément, reflétant les nouvelles priorités des années 1960, de nouvelles institutions virent le jour: en dix ans, le gouvernement du Québec créa 11 ministères, dont celui de la famille, des ressources naturelles et de l'éducation, 3 tribunaux administratifs, 12 conseils consultatifs, 10 régies d'État et 13 entreprises publiques, dont plusieurs des sociétés d'État existantes. La première de ces sociétés à voir le jour fut la Société générale de financement qui commença ses activités en 1962 avec un capital de 150 millions de dollars fourni, en parts égales, par le gouvernement du Québec et le Mouvement Desjardins.

La quasi-nationalisation des compagnies d'électricité, qui donna à Hydro-Québec le monopole de la vente d'électricité, et la constitution d'un réseau d'éducation gratuit et moderne firent aussi partie des premiers jalons de ce qu'on appela par la suite la Révolution tranquille. Puis, vint l'étincelle...

Plongés dans un débat sur une proposition de régime public de pension pour les Canadiens, Jacques Parizeau, chef du Parti québécois, et quelques « éminences grises » du premier ministre Jean Lesage, dont Claude Morin, ex-ministre des Affaires intergouvernementales, recommandèrent de créer un fonds sous contrôle québécois pour gérer les sommes cotisées par l'ensemble des travailleurs et travailleuses. Ainsi naquit la Caisse de dépôt et de placement qui deviendra rapidement l'instrument central du financement du gouvernement et d'Hydro-Québec, et ensuite des entreprises québécoises. Elle deviendra aussi une espèce de police d'assurance contre le chantage financier du Canada anglais et, vingt ans plus tard, la plus importante institution financière du marché canadien des capitaux. Pour la première fois de leur histoire, les Québécois allaient avoir l'ambition, les instruments, l'instruction et la voie libre pour participer à leur propre développement économique. Il est clair que la Caisse ne fut pas le seul instrument de promotion de l'entrepreneurship francophone, mais son rôle a été important. De plus, elle a tracé la voie à un modèle d'organisation économique qui semble adapté à la réalité québécoise.

Pendant toutes ces années de la Révolution tranquille, la contribution du secteur privé au développement économique du Québec fut importante, mais encore dominée par les entreprises étrangères et par les anglophones. Il ne pouvait pas non plus exercer véritablement un leadership susceptible de transformer la société québécoise. C'est ainsi que le leadership de l'État québécois, largement social dans un premier temps, devint un véritable leadership économique dans les années 1970. Ceci se refléta par le niveau de ses dépenses, mais aussi par celui des investissements publics. Ainsi, entre 1972 et 1978, les investissements publics, sous l'effet entre autres des investissements massifs d'Hydro-Québec, passèrent de 33 % des investissements totaux à un sommet historique de 43,8 %. Aujourd'hui, les investissements du secteur public comptent pour 22 % des investissements totaux (voir graphique 4.). En fait, alors que les secteurs privé et public se partageaient en parts égales les investissements non résidentiels en 1978, le premier dépense actuellement deux fois plus que le second.

Même si elles étaient importantes, les interventions du gouvernement québécois dans l'économie, malgré certaines tentatives de les

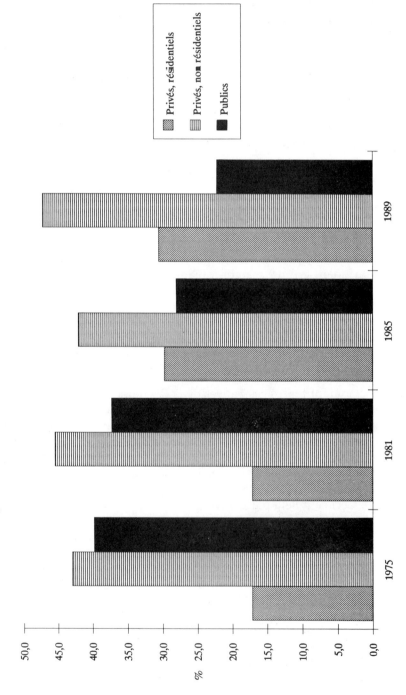

GRAPHIQUE 4
Répartition des immobilisations entre les secteurs public et privé

organiser en fonction d'objectifs bien précis, ne procédaient pas à partir d'une véritable stratégie de développement économique. Souvent, elles ne visaient qu'à répondre à un problème ponctuel. De leur côté, les sociétés d'État n'avaient pas toujours les moyens qui leur auraient permis de remplir leurs mandats; l'efficacité de leurs actions était plus souvent jugée à partir de leurs impacts indirects sur le PIB et l'emploi, qu'à partir de leurs effets structurants sur l'économie. Il faut dire aussi qu'à cette époque, on croyait encore que l'élaboration des politiques économiques revenait largement au gouvernement fédéral.

L'arrivée au pouvoir du Parti québécois devait foncièrement changer cette attitude. Ce parti, on s'en doute, n'avait pas l'intention d'être à la remorque des politiques économiques du gouvernement central. Il ne cachait pas non plus son nationalisme économique, ni ses croyances en une intervention directe et importante de l'État dans l'économie avec le but de la structurer en fonction d'objectifs très précis. Certes, ce parti prônait un partenariat entre les secteurs public et privé, mais avec, en sous-entendu, un leadership exercé par le secteur public en ce qui a trait aux grandes orientations.

En 1979, pour la première fois, à travers *Bâtir le Québec: énoncé de politique économique*, le Québec se donnait une véritable politique économique. Celle-ci visait « le redéploiement de l'économie québécoise autour de ses avantages comparatifs », soit la forêt, l'énergie hydro-électrique, les mines, l'agro-alimentaire et le tourisme. *Bâtir le Québec* faisait appel aussi à la solidarité et à la concertation des agents économiques, suivant en cela le modèle mis en place par les gouvernements sociaux-démocrates de la Suède et de l'Autriche. Plus qu'un énoncé d'objectifs, par ailleurs très précis, *Bâtir le Québec* était un plan d'action très précis.

De nombreuses mesures mises en place ensuite par le gouvernement du Parti québécois s'inspiraient des conclusions et des recommandations contenues dans *Bâtir le Québec*, dont: le Programme de modernisation de l'industrie des pâtes et papiers, le soutien aux exportations et le développement des délégations commerciales dans le monde, la diminution du fardeau fiscal des entreprises, le décloisonnement des institutions financières, l'aide à la capitalisation des entreprises, le Programme communautaire de création d'emplois et bien d'autres qui, malgré leur caractère souvent expérimental, n'en constituèrent pas moins des moyens se traduisant, en fin de compte, par des effets positifs sur l'économie.

En 1982, *Bâtir le Québec* était suivi par *Le virage technologique*, qui mettait de l'avant une stratégie et un plan d'action visant l'augmentation des dépenses de recherche et de développement au Québec ainsi que l'accélération de la pénétration des nouvelles technologies.

Sous le gouvernement du Parti québécois, les sociétés d'État furent aussi appelées à jouer un rôle beaucoup plus important. Le budget de la Société de développement industriel (SDI) fut augmenté considérablement; celle-ci se vit confier le mandat de développer de nouveaux programmes de soutien aux PME. La Société québécoise d'initiatives pétrolières (Soquip) joua un rôle déterminant dans la pénétration du gaz naturel au Québec par sa participation dans Gaz Métropolitain. La SGF s'engagea dans le secteur stratégique des pâtes et papier par sa participation dans Donohue et Domtar. Rexfor joua un rôle plus actif dans les régions dont l'économie est tributaire des ressources naturelles; Soquem augmenta sensiblement ses activités d'exploitation. Mais surtout, la Caisse de dépôt et de placement, sous la gouverne de Jean Campeau, à partir de février 1980, révisa ses orientations en matière de placement afin de jouer un rôle plus stratégique dans le développement économique du Québec, en participant au capital-actions de plusieurs entreprises, telles que Bombardier, Provigo, Steinberg, Métro Richelieu, Socanav, Vidéotron, Canam-Manac, Domtar, Quebecor, Noverco, Artopex, Unigesco, etc.

La crise économique, sous plusieurs aspects, constituait un échec pour l'État-providence qui s'était donné comme mission de protéger les individus contre tous les risques, y compris celui du chômage. Au lendemain de cette crise, l'État québécois avait perdu non seulement sa marge de manœuvre financière, mais aussi sa crédibilité comme agent de stabilisation et de développement de l'économie. La montée de l'idéologie néolibéraliste, qui fut accompagnée d'une mise en évidence des échecs de l'État dans sa tentative d'intervenir dans l'économie, contribua à miner un peu plus cette crédibilité. Finalement, si l'État québécois se fit moins présent dans l'économie, c'est que le secteur privé était prêt à prendre la relève.

La reprise économique, à partir de 1983, fut étonnante. Mais plus étonnant encore fut le rôle joué par le secteur privé. Ainsi, la part des investissements privés dans les investissements totaux passa de 57,8 % en 1983 à 78 % en 1989. Mais surtout, pour la première fois de son histoire, le secteur privé québécois-francophone participait de façon importante à la croissance: on assistait à l'émergence de l'entrepreneurship québécois. Il est étonnant, à première vue, que cette poussée de l'entrepreneurship, malgré toutes les remises en question dont était l'objet le rôle du gouvernement dans l'économie, ait été associée justement à une mesure gouvernementale: le Régime d'épargne-actions (RÉA). En effet, cette mesure fiscale permit aux entreprises, et surtout aux PME, d'aller chercher plus de 2 milliards de dollars sur le marché financier par l'émission d'actions. Pour la seule année 1986, qui marqua le point culminant du RÉA, 177 nouvelles entreprises s'inscrivirent à la Bourse de Montréal et il y eut 214 nouvelles émissions d'actions.

Le RÉA marquait cependant un changement majeur dans la philosophie d'intervention du gouvernement: dorénavant l'État se limiterait à soutenir les initiatives du secteur privé, laissant à ce dernier le soin de choisir les secteurs dans lesquels il investirait. Voilà sans doute pourquoi le RÉA fut si bien accepté et eut autant de succès.

VI

L'émergence de l'entrepreneurship québécois

La croissance économique des dernières années, tant au Québec qu'au Canada, a fortement été associée à la montée de l'entrepreneurship. Au Québec, on qualifie de phénomène cette montée de l'entrepreneurship. Plusieurs données permettent, par ailleurs, de mettre en relief le rôle joué par les entrepreneurs et, en particulier, par ceux qui contribuent au démarrage de nouvelles entreprises ou au développement de petites entreprises existantes.

Par exemple, entre 1978 et 1986, au Canada, les nouvelles entreprises ont créé plus de 2 000 000 d'emplois, soit autant que les entreprises établies. Pour la même période, les PME ont été responsables de la création de 95 % des emplois.

Les chiffres démontrant le progrès de l'entrepreneurship québécois sont parfois étonnants, pour ne pas dire percutants. Selon un relevé de la Fédération canadienne des entreprises indépendantes (FCEI), près de 25 000 sociétés auraient été enregistrées au Québec, en 1987, soit cinq fois plus qu'en 1979. Pour la même période, en Ontario, le nombre de nouvelles sociétés n'a fait que doubler. Le nombre de nouvelles entreprises individuelles et sociétés de personnes aurait, lui, augmenté d'environ 80 % depuis 1979, pour se situer aux alentours de 66 000 par année. Il est vrai que le nombre de nouvelles entreprises enregistrées dépasse toujours le nombre d'entreprises qui entrent en fonction, mais la FCEI estime tout de même à environ 40 000 le nombre d'entreprises créées chaque année au Québec.

Autre illustration de la montée de l'entrepreneurship québécois, entre 1983 et 1988, soit en cinq ans, le nombre de sociétés actives au Québec a augmenté de 51 000, passant de 115 000 à 166 000, soit une hausse de 44 %, et un taux de croissance annuel moyen de 7,6 % par année. Moins spectaculaire que la croissance du nombre de nouvelles entreprises, cette progression est quand même importante. Donc, malgré les difficultés d'interpréter avec exactitude les chiffres, une tendance claire se dégage. Elle se retrouve aussi dans les données sur le contrôle de l'économie : entre 1978 et 1987, la proportion des salariés québécois travaillant dans des entreprises contrôlées par des francophones est passée de 55 % à 62 %.

Tous ne sont pas d'accord, cependant, pour donner à la montée de l'entrepreneurship québécois l'importance que lui ont donnée les médias et les différentes associations représentant le milieu des affaires. D'après Jean-Marie Toulouse, qui a étudié la création d'entreprises au Québec de 1909 à 1975, la forte croissance du nombre de nouvelles entreprises ne serait pas un phénomène nouveau au Québec, puisque systématiquement, au cours de la période qu'il a étudiée, le nombre d'entreprises créées aurait triplé à tous les dix ans. Selon Peter Drucker, l'émergence de l'entrepreneurship est un phénomène nord-américain. Il estime qu'actuellement il se crée, chaque année aux États-Unis, sept fois plus d'entreprises qu'au cours de la longue période de croissance des années 1960. Selon John Naisbitt, l'auteur de *Megatrends*, l'entrepreneurship est en train de devenir roi, dans tous les pays et dans tous les types d'entreprises. Pour André Bérard, président de la Banque Nationale, « nous sommes en quelque sorte en période de rattrapage et il est normal que la poussée de l'entrepreneurship soit relativement plus forte ici qu'ailleurs. Mais il ne faudrait pas oublier qu'en Ontario, avec une population de 50 % plus élevée que celle du Québec, il se crée deux fois plus d'entreprises. »

Que la poussée de l'entrepreneurship québécois s'insère ou non dans un mouvement plus large qui semble vouloir s'étendre à l'ensemble des pays industrialisés, n'est pas en soit très important. Qu'elle suive le mouvement serait déjà, en soit, un signe positif. Ce qui lui donne son caractère exceptionnel n'est d'ailleurs pas seulement la force du nombre, mais aussi le fait que, pour la première fois, les Québécois francophones y participent activement. Résultat d'un long cheminement, il aura quand même fallu plus de cent ans à cet entrepreneurship francophone pour émerger.

La rupture de la société québécoise avec ses valeurs traditionnelles, au cours des années 1960, a sans doute été un pas nécessaire. Mais
il aura fallu aussi des précurseurs. Ainsi plusieurs des vedettes actuelles de l'entrepreneurship québécois ont eu avant elles un père ou un
grand-père qui avait apprivoisé le monde des affaires[7]. C'est le cas,
entre autres, des frères Lemaire, de Michel Gaucher de Sofati, de
Marcel Dutil de Canam-Manac, de Guylaine Saucier, de Charles Sirois,
des sœurs Steinberg et des frères Perron. Les parents de ceux et celles
qui sont devenus des vedettes du monde québécois des affaires n'ont
pas tous atteint le niveau de richesse qu'ont atteint leurs enfants, mais
ils ont tracé la voie.

La présence d'un nombre croissant de francophones aux niveaux
hiérarchiques les plus élevés dans les entreprises a aussi permis de
donner des modèles et de l'expérience à des cadres qui, profitant des
occasions qui se présentaient, ont lancé leur entreprise ou acheté une
entreprise qui existait déjà. Par exemple, Gilles L'Abbé et Sarto Richer
étaient des employés de Héroux avant de l'acheter de Bombardier.
Cette expérience concrète de la gestion, à laquelle ont contribué aussi
les sociétés d'État, a été complétée par une poussée importante de la
formation collégiale et universitaire ainsi que de celle liée à l'administration des affaires. S'il est reconnu qu'un manager n'est pas nécessairement un entrepreneur, il est aussi admis maintenant qu'un entrepreneur doit être un bon manager. Il est remarquable que le Québec
produise maintenant environ 40 % des comptables et diplômés canadiens en administration.

Mais surtout, pour que l'entrepreneurship québécois-francophone
émerge, il aura fallu que collectivement les Québécois vainquent leur
peur de la concurrence et des affaires. Et ils partaient de loin si on se
fie à la déclaration de Monseigneur Louis-Adolphe Paquet, de l'Université Laval, le jour de la Saint-Jean-Baptiste, en 1902: « Nous ne sommes
pas seulement une race civilisée, nous sommes les pionniers de la
civilisation; nous ne sommes pas seulement un peuple religieux, nous
sommes des messagers de l'idée religieuse. Notre mission est moins de
manier des capitaux que de remuer des idées; elle consiste moins à
allumer le feu des usines qu'à entretenir et à faire rayonner au loin le
foyer lumineux de la religion et de la pensée. Pendant que nos rivaux
revendiquent, sans doute dans des luttes courtoises, l'hégémonie de

---

7. Les noms des personnes nommées par la suite et dont les parents ont été associés au
   monde des affaires ont été tirés de: M. FRASER, *Québec, inc.*, Montréal, Les Éditions
   de l'Homme, 1987.

l'industrie et de la finance, nous ambitionnerons avant tout l'honneur de la doctrine et les palmes de l'apostolat[8]. »

L'affranchissement des Québécois aura été progressif. Il a d'abord commencé par l'occupation des espaces économiques ruraux. Il a continué par la création des mutuelles d'assurance et le développement du Mouvement Desjardins. Jusqu'à un certain point, même les luttes syndicales, contre les multinationales américaines, durant les années 1950, ont contribué à cette victoire. La nationalisation de l'électricité a sans doute été un pas décisif. Le lendemain des élections sur la nationalisation des compagnies d'électricité, le ciel n'est pas tombé sur la tête du gouvernement québécois; quelques mois après, Hydro-Québec pouvait même, sans trop de peine, emprunter pour acheter de gré à gré les grandes compagnies privées d'électricité. Au début des années 1970, la société d'État allait plus loin encore en réussissant à intéresser des prêteurs pour un projet gigantesque de 10 milliards de dollars, la Phase I de la Baie-James. L'ensemble du projet était administré et réalisé par des francophones, y compris le montage financier.

La création de la Caisse de dépôt et de placement aura été aussi une étape déterminante; les Québécois se donnaient alors un outil financier essentiel pour un plus grand contrôle de leur économie. Et après, il y a eu quelques victoires qui ont permis d'affermir leur confiance. La SGF et la Caisse de dépôt et de placement ont pris le contrôle de Domtar; le coup a été difficile à avaler pour Toronto, mais la compagnie a continué d'exporter et même à se développer plus rapidement. Provigo a pris le contrôle de Dominion. Récemment, Socanav, avec l'appui de la Caisse, s'est opposée à Oxdon dans l'achat de Steinberg, un géant canadien qui ne connaissait probablement pas le nom de l'entreprise qui s'entêtait à lui mettre des bâtons dans les roues.

Lorsqu'au fil des débats, qui à certains égards ont rappelé ceux du référendum de 1980, les Québécois ont continué à appuyer le libre-échange, ils ont fait la preuve qu'ils n'étaient pas loin de pouvoir s'affranchir complètement de leurs complexes en matière économique.

Quant au rôle du gouvernement, il aura surtout été de présider à la mise sur pied d'un réseau d'éducation de qualité et de soutenir les entrepreneurs québécois, directement par divers programmes d'aide ou indirectement par le biais des sociétés d'État. Mais c'est probablement en reconnaissant l'entrepreneurship comme une véritable res-

---

8. Cité dans: P.-A. LINTEAU, R. DUROCHERET et J. C. ROBERT, *Histoire du Québec contemporain, 1867-1929*, Montréal, Boréal Express, 1979.

source économique créatrice de richesses et d'emplois que le gouvernement et la société québécoise auront le mieux appuyé l'entrepreneurship québécois.

VII

Conclusion

La décennie 1980 s'est terminée sur une note positive. Malgré le ralentissement de la croissance économique, compte tenu des résultats obtenus depuis quelques années, l'heure est à l'optimisme au Québec. Au-delà des résultats des grands indicateurs économiques, cet optimisme est largement justifié par les résultats atteints par les entreprises québécoises. Par exemple, entre 1986 et 1987, 6 entreprises québécoises francophones ont réalisé ensemble 40 acquisitions et figuraient parmi les 15 acquéreurs les plus actifs au Canada. En 1988, 160 (32 %) entreprises ayant leur siège social au Québec faisaient partie des 500 plus grosses entreprises œuvrant au Canada[9], dans les secteurs industriel et commercial; en 1985, elles n'étaient que 82 (16 %). Parmi ces entreprises qui ont rejoint le Club des 500, on retrouve plusieurs entreprises sous contrôle de francophones, dont Charan, Cabano Expeditex, Sico, Pomerleau, le Groupe Jean Coutu. Parmi celles qui étaient déjà là en 1985, les entreprises sous contrôle québécois ont en général été très performantes. Bombardier est passé du 154e rang au 78e; Quebecor, du 258e au 87e; Canam Manac, du 321e au 157e; Cascades du 354e au 165e; SNC du 316e au 276e; Tembec du 475e au 315e; les Tapis Peerless du 421e au 317e. Guillevin International, Memotec Data et le Groupe Jean Coutu qui ne figuraient même pas dans la liste des 500 en 1985, se classaient respectivement au 222e, au 241e et au 229e rang en 1988.

Une enquête de la firme Price Waterhouse pour le compte de la revue *Canadian Business* révèle aussi que les PME québécoises font preuve de beaucoup de dynamisme. Ainsi, parmi les 50 entreprises canadiennes ayant augmenté le plus rapidement leur chiffre d'affaires, entre 1984 et 1988, 28 étaient des entreprises québécoises[10].

---

9. Selon les chiffres publiés dans la revue *Commerce* de juin 1985 et de juin 1989, et les compilations du journal *Les Affaires*.
10. Chiffres tirés de *Canadian Business*, octobre 1989.

Contrairement à ce qui s'est passé en Ontario et aux États-Unis, les grandes entreprises ont contribué, au Québec, à la création d'emplois. Entre 1984 et 1989, la croissance du nombre d'employés des 100 plus importantes entreprises au Québec a été de 9,7 %, croissance légèrement inférieure à celle de l'emploi pour l'ensemble du Québec, mais nettement plus intéressante que la baisse de 12 % du nombre d'employés des 500 plus grandes entreprises américaines selon le relevé de la revue *Fortune*. La performance des grandes entreprises sous contrôle québécois a été particulièrement forte, dépassant les 20 %, alors que le nombre d'employés des grandes entreprises du Québec sous contrôle étranger n'augmentait que de 3 %.

« La sévérité avec laquelle la récession économique a frappé le Québec au début des années 1980 a mis en évidence la fragilité de son assise industrielle. Certains ont soutenu que l'ampleur de la crise indiquait un déclin structurel. Aujourd'hui, après un recul de quelques années, on s'aperçoit qu'elle signalait plutôt une mutation industrielle[11]. » Depuis 1982, favorisée par la conjoncture internationale, stimulée par l'émergence d'un entrepreneurship vigoureux, l'économie du Québec a connu une croissance élevée. Ce revirement démontre une vigueur certaine. Il est cependant assombri par un taux de chômage qui demeure élevé, même après ces sept ans de croissance ininterrompue. Dans un contexte de montée de la concurrence, il se pourrait aussi que même les acquis ne puissent être conservés facilement comme l'ont démontré la fusion de Molson avec O'Keefe et l'achat de Consolidated-Bathurst par Stone Container. On peut se demander, finalement, si les progrès récents sont durables et si les transformations qu'a subies l'économie québécoise sont suffisantes pour répondre aux nouveaux défis de la concurrence internationale.

Les prochains chapitres tenteront de répondre à ces interrogations en faisant le tour des défis auxquels sera confrontée l'économie du Québec dans les prochaines années et des progrès et adaptations nécessaires pour les relever.

---

11. M. LEFÈVRE, *Commerce*, mai 1987.

Première partie

Les défis économiques du Québec

C'est un euphémisme de dire que nous vivons une période de changement rapide. Voilà à peine dix ans, celui qui aurait parlé d'un traité de libre-échange entre le Canada et les États-Unis aurait été taxé de rêveur. Depuis janvier 1989, c'est une réalité. Les pays de la CEE, qui comptent pourtant parmi eux des champions de l'autonomie politique, sont en train d'abolir la plupart des contraintes qui subsistaient au libre commerce entre les pays membres. Les négociations en cours pour renouveler les accords du GATT pourraient déboucher sur une libéralisation plus grande du commerce international des services, des produits agricoles et des textiles. Le commerce international a triplé au cours des vingt dernières années, mais sa croissance pourrait être encore plus forte au cours de la prochaine décennie. Phénomène probablement plus important que la croissance des échanges commerciaux entre les pays, le système de production international est en train de se réorganiser, entraînant une intégration encore plus forte des économies entre elles.

Cette évolution du commerce international n'est qu'un des aspects qui marquent la vitesse des changements. Au plan technologique, les progrès sont tout aussi fulgurants.

Mais la libéralisation et la croissance du commerce international de même que la pénétration des nouvelles technologies pourraient être ralenties par le niveau de croissance économique qui constitue probablement la plus grande incertitude en ce début de décennie.

Dans une toute autre optique, nous découvrons que quelques-unes des prévisions les plus pessimistes, voilà dix ans, concernant les effets de la pollution et de l'exploitation effrénée des ressources naturelles sur l'environnement, étaient en deçà de la réalité. Et les scientifiques sont encore en train de peaufiner leurs observations et leurs mesures. Les découvertes au cours des prochaines années pourraient bien nécessiter une remise en question d'une foule de comportements collectifs et individuels. Une vérité s'impose cependant : les problèmes environnementaux, comme l'économie, n'ont plus de frontières.

Néanmoins, même si elles s'imposent d'elles-mêmes tellement elles sont lourdes, les grandes tendances internationales ne devront pas faire perdre de vue celles plus spécifiques au Québec qui sont susceptibles d'influencer la place qu'il prendra dans l'économie mondiale.

À travers tout cela, il faudra apprendre à vivre avec l'absence d'unanimité et parfois même de consensus : « être différent » sera la règle plutôt que l'exception.

Les périodes de changements rapides sont aussi des périodes d'incertitude. Dans ces conditions, il devient difficile, sinon hasardeux, de faire quelque prévision que ce soit. Mais à travers les incertitudes nombreuses, il y a des tendances qui s'imposent avec tellement de vigueur, que les ignorer serait faire preuve d'inconscience et, un jour ou l'autre, amènerait les entreprises et les nations à les subir plutôt qu'à profiter des occasions que plusieurs d'entre elles représenteront.

Chapitre 2

Le contexte international

L'économie n'évolue pas en vase clos et le commerce international, en particulier, est largement tributaire de l'évolution de la conjoncture politique. À l'inverse, l'intégration plus poussée des économies est susceptible d'aider à aplanir la confrontation politique.

La scène politique internationale est en train de se transformer radicalement, particulièrement depuis deux ans. Selon Jacques Lesourne, « la Renaissance a été le dernier grand tournant de l'histoire humaine. Le suivant? Nous le vivons maintenant[1]. » Ainsi, qui aurait pu prévoir une ouverture aussi rapide et aussi soudaine de l'URSS sur l'Occident, l'effondrement du mur de Berlin, l'unification des deux Allemagnes, l'agonie du communisme international, la démocratisation de la Pologne, de la Hongrie et de la Tchécoslovaquie et une volonté aussi forte de désarmement?

Les économies du Canada et du Québec sont parmi les plus ouvertes au monde. Comme l'a démontré la crise économique au début des années 1980, leur croissance économique est largement tributaire de la vigueur du commerce international, en particulier à cause de l'importance de leurs exportations de matières brutes, peu transformées (ressources naturelles, pâtes et papiers, aluminium, etc.) pour

---

1. J. LESOURNE, *Les mille sentiers de l'avenir*, Paris, Les Éditions Seghers, 1981, p. 61.

lesquelles, de façon générale, la demande est fortement en corrélation avec la croissance du niveau général de la production. Le niveau de la croissance économique internationale aura donc inévitablement un impact important sur le niveau de la croissance intérieure de ces deux économies.

Cette dépendance par rapport à la conjoncture internationale rend le Québec d'autant plus vulnérable que sa taille ne lui permet pas d'influencer vraiment les facteurs qui seraient susceptibles, à leur tour, d'influencer cette conjoncture. Ceci ne le condamne pas nécessairement à l'inaction, mais réduit sensiblement ses marges de manœuvre.

I

La croissance économique internationale: un avenir incertain

Il est difficile dans un monde en mutation rapide de faire des prévisions économiques tant sont fortes les incertitudes. En isolant, cependant, les facteurs les plus susceptibles d'influencer la croissance économique internationale, au cours des prochaines années, il est possible de faire des scénarios sur l'évolution de l'économie. Ainsi, au sortir du présent ralentissement économique, à l'intérieur d'un scénario optimiste, les économies industrialisées pourraient retrouver le chemin d'une croissance modérée:

— si les tensions politiques et militaires entre les blocs et les pays, et plus spécifiquement, entre les pays de l'Est et les pays de l'Ouest, continuent de baisser et si les anciens pays communistes réussissent à réformer leur économie;

— s'il y avait une baisse prononcée des déficits gouvernementaux (tant à l'Est qu'à l'Ouest) ainsi qu'une baisse relative du déficit de la balance du compte courant américain, compensée par la baisse des surplus japonais et allemands; ces changements seraient susceptibles d'entraîner une baisse des taux d'intérêt et une hausse des investissements;

— si la croissance des prix de l'énergie était modérée;

— si un nouveau « style » technologique réussissait à s'imposer, relançant la croissance de la productivité.

En contrepartie, reliée essentiellement aux mêmes variables, une autre réalité pourrait s'imposer et conduire à des conclusions bien différentes. En particulier, l'économie internationale pourrait connaître des moments difficiles si les gouvernements n'arrivaient pas à contenir leur déficit, ce qui pourrait avoir comme effet de relancer l'inflation et de garder les taux d'intérêt à des niveaux élevés. Le scénario précédent se réaliserait vraisemblablement si, pour une raison ou pour une autre, à court ou à moyen terme, les pays occidentaux étaient frappés par une récession sévère et longue. Dans ce cas, inévitablement, la réduction des déficits serait compromise, l'ouverture des économies ralentirait et l'innovation technologique connaîtrait une pause. Une hausse prononcée, rapide et durable du prix de l'énergie, toujours possible étant donné l'instabilité politique du Moyen-Orient, pourrait précipiter l'économie mondiale dans une telle récession. Ainsi, les experts du magazine *Fortune*[2] estiment que la croissance économique des États-Unis serait d'environ 1,5 % en 1991 si le prix du baril du pétrole se maintenait à 25 $. Si, sous l'effet du prolongement de la crise au Moyen-Orient, il se maintenait à 40 $[3], les États-Unis seraient entraînés dans une récession.

Finalement, la quasi-faillite des pays en développement, résultat d'une vision à courte vue des pays développés et de leur insensibilité à la misère, pourrait aussi faire rater des occasions et nuire à la croissance économique internationale. Inévitablement, aussi, elle contribuerait à accroître les tensions internationales et à engendrer une instabilité politique incompatible avec une croissance rapide.

Quel scénario a le plus de chance de se réaliser? Difficile à établir, tant les impondérables sont nombreux. Les prévisions sont susceptibles d'évoluer très rapidement au fil d'événements comme l'invasion du Koweit par l'Iraq.

Pour le moment, le passage à la démocratie, dans plusieurs pays du bloc communiste, ne se fait pas sans peine. Cette révolution, même si elle apparaît irréversible, est loin d'être terminée. En URSS et dans quelques-uns de ses pays satellites, le retour progressif à la démocratie coïncidera avec un retour à une forme d'économie de marché et à l'ouverture des frontières au commerce international. Cela répond à une nécessité autant économique que politique: dans ce pays, comme ailleurs, la société de l'information suscite des changements dans les valeurs et des remises en question. Gorbatchev a compris aussi que la

---

2. *Fortune*, 24 septembre 1990, p. 19.
3. Le prix du baril de pétrole, corrigé pour tenir compte de l'inflation, était de 50 $ en 1981.

production militaire ne créait pas de richesse, que l'aide militaire aux pays du Pacte de Varsovie coûtait cher et rapportait de moins en moins. L'aventure de l'occupation de l'Afghanistan aura été le début de la fin de l'hégémonie de l'URSS qui, par ailleurs, préoccupée de relever sa propre économie et de réduire son déficit budgétaire, semble vouloir laisser ses alliés se débrouiller un peu seuls.

L'ouverture des économies de l'Est entraînera une demande accrue pour des biens de consommation qui font tant défaut dans ces pays. À moyen terme, ces pays tenteront cependant de devenir des exportateurs de tous ces biens que l'Occident consomme à satiété. Mais, surtout, ils auront une soif inépuisable de technologie. L'Europe déjà est à l'affût.

Le faible niveau des prix du pétrole depuis cinq ans a conduit à une diminution des efforts d'exploration. La demande d'énergie, qui a stagné durant les années 1980, devrait augmenter plus vite que l'offre, créant ainsi des pressions à la hausse sur les prix. Vraisemblablement, en dollar constant, le prix du pétrole devrait augmenter de 30 à 50 % au cours des dix prochaines années, si aucun conflit majeur n'éclate au Moyen-Orient. C'est déjà beaucoup. Toute hausse plus rapide et plus importante risquerait de relancer l'inflation et la hausse des taux d'intérêt. Les États-Unis qui importent plus de la moitié de leur pétrole brut, comparativement à 35 % en 1985, sont particulièrement vulnérables.

En fait, le scénario idéal serait une hausse modérée des prix qui ne ralentirait pas trop les économies industrialisées, leur permettrait de se tourner progressivement vers de nouvelles sources d'énergie et favoriserait la croissance de quelques pays plus pauvres, dont le Mexique.

II

Les déficits gouvernementaux

Depuis 1973, les déficits gouvernementaux ont mis des pressions énormes sur les taux d'intérêt, en accaparant une part importante de l'épargne, au détriment souvent des investissements privés productifs. Par exemple, en 1985, le gouvernement américain a accaparé 60 % de l'épargne nette privée, le gouvernement du Canada, 40 %. En fait, parmi les pays de l'OCDE, seul le Japon, grâce à un niveau d'épargne nette élevé, 18 % du PIB en 1987, a pu maintenir des taux d'intérêt malgré tout très bas[4].

Les sept Grands ont fait des efforts au cours des dernières années pour contrôler leur déficit. Les progrès enregistrés, depuis 1985, par les États-Unis, le Royaume-Uni et la France sont intéressants; les résultats obtenus par le Canada sont mitigés. Ainsi, le gouvernement américain a réussi à ramener le niveau de son déficit de 7 % à 2,5 % du PIB, entre 1983 et 1990. Pour la même période, le gouvernement canadien n'a pu faire mieux que de ramener le sien à 4,2 % du PIB. La situation du Canada est d'autant plus critique que celui-ci n'a pas les marges de manœuvre d'un pays comme les États-Unis. Ainsi, ce pays pourrait couper de moitié son déficit simplement en augmentant de 10 cents le litre d'essence et en réduisant ses dépenses militaires de 15 %[5].

La croissance de la dette canadienne depuis 20 ans[6] a conduit le gouvernement canadien dans un véritable cul-de-sac: les seuls intérêts sur cette dette, 40 milliards de dollars, accaparent 35 % de ses revenus. Cette situation a obligé le gouvernement à augmenter considérablement ses emprunts à l'étranger et le Canada est devenu ainsi un des plus gros créditeurs internationaux, après les États-Unis.

Le Canada, et par ricochet le Québec, à cause de l'état lamentable de ses finances publiques et de la dépendance marquée de sa croissance envers celle des autres pays, pourraient donc se retrouver dans une situation précaire s'il y avait une récession et si les taux d'intérêt se maintenaient à un niveau élevé.

III

Le retour en force des États-Unis

Le XIXᵉ siècle a été le siècle de l'Europe. Une grande partie du XXᵉ aura été dominée par le leadership des États-Unis. Mais ce leadership, même s'il est encore relativement fort, a commencé à s'effriter avec la

---

4. En 1987, le taux d'escompte japonais était de 2,5 % comparativement à un taux de 6,0 % aux États-Unis et 8,7 % au Canada.
5. L'image est de Serge Saucier, président de RCMP.
6. La dette du gouvernement fédéral est passée de 20 milliards de dollars en 1970 à 350 milliards en 1990, soit de 20 % à 55 % du PIB.

perte de son pouvoir économique et la formation de blocs commerciaux par le biais d'ententes.

Par exemple, en 1950, la production américaine comptait pour 57 % du PIB des pays de l'OCDE; sa part avait baissé à 37 % en 1980. Selon la National Science Foundation, environ 80 % des inventions majeures seraient venus des États-Unis dans les années 1950 contre 50 % actuellement. Progressivement, les produits issus des inventions américaines sont fabriqués par des entreprises étrangères. Par exemple, les producteurs américains de téléviseurs couleur accaparaient 90 % du marché domestique en 1970, 60 % en 1960 et 10 % en 1987. Pour les phonographes, le pourcentage du marché américain occupé par des producteurs autochtones est passé de 90 % en 1970 à 1 % en 1987[7]. Les importations de plusieurs produits, y compris les produits de la haute technologie, accaparent une part importante du marché américain. Par exemple, entre 1979 et 1980, la part du marché américain détenue par les importations d'ordinateurs est passée de 94 % à 66 %; celle accaparée par les semi-conducteurs et les machines-outils, de 90 % à 67 % et de 77 % à 54 %. La baisse relative de la croissance de la productivité américaine devait bien un jour avoir des impacts.

Finalement, les États-Unis sont encore aux prises avec une situation budgétaire difficile et une dette extérieure de 400 milliards de dollars, qui pourrait croître de 1 000 milliards d'ici l'an 2000.

Le pouvoir économique du géant américain a diminué, cela lui aura au moins permis de découvrir ses faiblesses. Celles-ci, plusieurs américains commencent à s'en rendre compte, sont beaucoup plus reliées à la baisse de la croissance de la productivité, à l'abandon du secteur manufacturier et au manque d'innovation qu'au protectionnisme des autres ou au faible niveau des salaires de leur main-d'œuvre. Par ailleurs, même si ces faiblesses sont nombreuses, il n'en reste pas moins que l'Amérique n'est pas sclérosée et peut rebondir. C'est du moins ce que pense un grand nombre d'économistes.

Effectivement, plusieurs indicateurs de l'économie américaine portent à l'optimisme. Ainsi, depuis 1982, la productivité du secteur manufacturier américain a augmenté de 4,2 %, en moyenne, par année; la croissance économique a été nettement plus élevée que prévu, en fait plus élevée que dans la plupart des pays de l'Europe. La part des États-Unis dans les exportations internationales a baissé de 14,6 % en 1982 à 11,7 % en 1986, mais la part du commerce international occupée par les multinationales américaines est passée pendant ce

---

7. Tiré de: *Business Week, Innovation in America*, Special issue, 1989.

temps de 17,5 % à 18,3 % des exportations internationales. De toute évidence, les grandes entreprises qui ont toujours fait la force de ce pays sont en train de s'adapter aux nouvelles conditions de la concurrence.

La dette extérieure peut certes constituer un danger, mais les coûts d'une dette de 1 000 milliards de dollars en l'an 2000, ne représenteraient que 1 % du PIB, si la croissance économique demeure soutenue. De plus, le déficit budgétaire du gouvernement fédéral qui atteignait 5,2 % du PIB en 1985, est descendu à 2,6 %, et pourrait descendre en bas de 2 % au cours des deux prochaines années.

Le contexte démographique favorisera aussi la croissance économique des États-Unis. La main-d'œuvre américaine s'accroîtra beaucoup moins vite durant les années 1990; cela favorisera les investissements dans les technologies de production et, ainsi, une hausse plus rapide de la productivité. Par ailleurs, les travailleurs et les travailleuses étant plus expérimentés, ils seront aussi plus productifs. La génération du *baby boom* entrera aussi dans le cycle de la vie où les individus et les ménages épargnent le plus. On prévoit que le taux d'épargne des Américains pourrait doubler au cours des dix prochaines années, favorisant une baisse des taux d'intérêt qui serait susceptible de faire augmenter les investissements. La situation démographique nord-américaine pourrait bien ressembler à celle qu'ont connue le Japon et l'Allemagne durant leurs années de prospérité. Finalement, les États-Unis, à cause d'un niveau de recherche et de développement élevé et d'un grand réseau d'universités, sont bien préparés à entrer dans une nouvelle ère technologique dont ils seront encore en grande partie les artisans. Ils sont aussi favorisés, dans un contexte de forte concurrence, par la présence d'un nombre important de grandes entreprises nationales. Ils pourraient profiter en outre d'une plus grande libéralisation du commerce international des services.

La possibilité que la croissance économique soit relativement élevée aux États-Unis, au cours de la prochaine décennie, représente pour le Québec une occasion intéressante puisque 80 % de ses exportations internationales sont dirigées vers ce pays. Par contre, si elle est associée à une croissance élevée de la productivité des entreprises, elle peut constituer une menace en augmentant la concurrence sur le marché nord-américain.

IV

L'espoir des pays en développement

A priori, le sort des pays en développement ne semble pas avoir une quelconque relation avec le développement économique du Québec. Mais, au-delà des considérations humanitaires, en analysant les relations entre les pays, il ressort que la détérioration ou l'amélioration de l'économie des pays en développement a un effet indéniable sur la croissance économique internationale, et donc sur la sienne. Des firmes comme Lavalin et SNC, ainsi que plusieurs entreprises de consultation en informatique, en administration et en formation, ne sont sûrement pas indifférentes, du strict point de vue économique, au sort de ces pays. L'Institut Nord-Sud[8] estime, pour sa part, que la dette des pays de l'Amérique du Sud coûte 50 000 emplois par année au Canada du seul fait qu'elle freine la consommation et les importations de ces pays.

Les pays en développement qui décollent vraiment, il y en a deux ou trois par décennie. L'exemple de la Corée du Sud démontre que les progrès économiques d'un pays peuvent être spectaculaires. Il n'y a pas véritablement de recette qui permettrait à coup sûr aux pays en développement d'accroître leur niveau de vie. Mais de façon surprenante, à l'encontre de pratiquement toutes les théories du développement, ce sont surtout des pays, sans ressources naturelles, comme la Corée du Sud, Taïwan, Hong-Kong et Singapour qui ont émergé au cours des dernières années. L'Inde, pourvu qu'elle ne soit pas trop minée par ses luttes ethniques, pourrait être parmi les pays en développement à connaître un bon niveau de croissance au cours de la prochaine décennie. Quant à la Chine, ses dirigeants actuels ont choisi le sous-développement.

Mais un obstacle important à la croissance de plusieurs pays, dont ceux de l'Amérique latine, reste le poids de leur dette, estimée à 1 300 milliards de dollars. Depuis huit ans, c'est près de 280 millions de dollars en paiement d'intérêts qui sont sortis des pays en développement vers les pays développés. Pour les pays les plus endettés, le seul paiement des intérêts sur leur dette représente un problème insurmontable. Que dire alors de son remboursement?

La situation financière des pays en développement pose pour les pays développés un triple problème. D'une part, les défauts de paie-

---

8. *La Presse*, le 13 octobre 1989.

ment de ces pays risquent de toucher plusieurs grandes banques et ainsi déstabiliser le système financier. D'autre part, le développement de ces pays étant bloqué par les efforts qu'ils doivent consentir pour le paiement des intérêts et le remboursement de leur dette et par le fait qu'ils sont aussi dans l'impossibilité d'avoir recours à de nouveaux emprunts, les tensions sociales montent, créant une instabilité politique incompatible avec le développement économique international. De plus, ce sont des marchés immenses qui, faute de pouvoir d'achat, sont fermés aux produits et services des pays industrialisés dont les marchés intérieurs n'augmentent que très lentement.

La nécessité sociale et économique étant présente, il ne manque que la volonté politique pour que des solutions soient apportées au problème de l'endettement des pays en développement. Quelques pas viennent d'être faits en ce sens, alors que la France et le Canada ont effacé la dette gouvernementale de pays parmi les plus pauvres et que le Mexique a signé une entente avec ses principaux créanciers, assortie d'ouverture sur de nouveaux prêts.

Pour certains pays de l'Afrique ou de l'Asie, il est clair que la simple remise de leur dette ne règle pas fondamentalement leurs problèmes de développement. Les solutions pour ces pays, et de nombreux autres, passent par des ententes internationales visant à soutenir les prix des ressources naturelles et des denrées alimentaires qu'ils produisent, par la réduction des fluctuations des prix, l'éducation et le contrôle de la croissance de leur population.

Par ailleurs, au plan environnemental, il est maintenant démontré que l'économie de subsistance à laquelle sont contraints les pays pauvres conduit à une destruction presqu'irrémédiable de l'environnement. L'urgence d'apporter des solutions au problème du prix des ressources naturelles et des aliments n'est donc plus seulement liée à la nécessité de mieux partager la richesse à l'échelle mondiale, mais reliée aussi à la qualité de la vie sur toute la planète.

Dans une économie qui se globalise, pour peu qu'on leur donne une chance, plusieurs pays pourraient amorcer leur développement, créant ainsi une dynamique qui, en bout de ligne, est profitable à tous. Pour y arriver, il faudrait sans doute retourner au slogan des années 1960: « Le commerce plutôt que l'aide. »

V

L'environnement devenu une question de survie et de rentabilité

De façon générale, lorsqu'on parle de détérioration de l'environnement, on fait référence à la pollution: pollution de l'air avec les pluies
acides; destruction de la couche d'ozone et effet de serre causés par
l'accumulation de gaz carbonique dans l'atmosphère; pollution de l'eau
causée par le rejet de produits toxiques, par les engrais ou par les
pluies acides; pollution de la terre par l'accumulation de déchets
toxiques et les pluies acides. Le portrait d'ensemble a aujourd'hui une
allure de désastre, mais il montre pourtant une réalité dont seuls
quelques écologistes étaient conscients voilà à peine une quinzaine
d'années, mais à laquelle un grand nombre de Québécois se sensibilise,
à mesure que les effets de ces diverses formes de pollution sont
connus: disparition d'espèces, dépérissement des forêts, diminution
du nombre de rivières et de lacs propices aux activités de plein air, etc.
Même l'eau, pourtant abondante au Québec, est devenue une ressource qui coûte cher et qui coûtera de plus en plus cher.

Facteur important, on commence à découvrir que cette pollution
de l'environnement a indéniablement des effets sur la santé humaine et
sur la qualité de la vie. Par exemple, une étude réalisée par le *U.S.
Administration's Office Assesment* estime que les sulfates, reliés aux
pluies acides, provoquent aux États-Unis, tous les ans, 50 000 morts
prématurées liées à des troubles respiratoires ou cardiaques[9].

La pollution sous toutes ses formes est l'effet le plus connu des
dégâts causés à l'environnement par les activités de production liées
aux progrès technologiques et à la croissance économique. L'exploitation incontrôlée des ressources naturelles, dont plusieurs ne sont
renouvelables que sur des milliers d'années, a des effets tout aussi
importants. Même les progrès technologiques sont devenus parfois
contre-productifs. Par exemple, au cours des années 1960, les savants
prédisaient que la solution au problème de la faim viendrait de la mer.
La pollution et la pêche intensive, en quelques années, ont rendu
caduc ce rêve et cette activité pratiquée depuis toujours est devenue
non rentable. La surexploitation des sols les a appauvris et commence à
donner, malgré les progrès technologiques, des rendements décrois-
sants. L'exploitation intensive des forêts, sans stratégie de reboisement

---

9. Cité dans le *Rapport de la Commission Macdonald sur l'union économique et les perspectives
de développement du Canada.*

appropriée, a augmenté le prix de cette ressource; dans certaines régions des pénuries sont même à prévoir. En ce qui concerne les ressources non renouvelables, dont le pétrole, leur niveau de prix, souvent trop bas parce qu'il ne prend pas toujours en compte l'épuisement des réserves, entraîne souvent une surconsommation à long terme.

Ce que les nations n'ont pas payé hier et ce qu'elles ne paient pas aujourd'hui, elles le paieront demain sous formes de baisse de la qualité de la vie, de coûts de dépollution, d'investissement dans le traitement de l'eau et des déchets, de coûts plus élevés pour les ressources naturelles et de pénuries.

Plus récemment, l'internationalisation des problèmes environnementaux a commencé à ressortir. En hiver, une nappe de brume, venant des régions industrielles de l'Europe et de l'Asie, flotte au-dessus de l'Arctique canadien, réduisant la visibilité de 300 kilomètres à 25 kilomètres. Le niveau de la pollution de l'air dans l'Arctique a augmenté de 75 % depuis 1950, suivant en cela l'augmentation des émissions de bioxyde en Europe et en Asie. On sait donc maintenant que certains types de pollution n'ont pas de frontières. L'interdépendance des économies fait en sorte aussi que la détérioration de l'environnement d'une partie du globe aura des effets, à plus ou moins long terme, sur les autres parties. Ces constatations, si elles permettent une meilleure compréhension du problème, ne rendent pas pour autant les solutions plus faciles.

On savait que l'industrialisation et la croissance de la consommation ont eu des effets négatifs sur l'environnement. Maintenant on découvre que ceux reliés à la pauvreté peuvent être pires; ils contribuent donc à globaliser encore plus le problème. L'effet de serre, par exemple, d'abord décrit comme la conséquence de l'industrialisation, est aussi une conséquence de la déforestation dans les pays en développement.

Le développement de plusieurs pays pauvres est largement tributaire de l'exportation des matières premières et des produits agricoles tropicaux. L'amélioration de leur situation, la diversification de leur économie, la mise en œuvre de plans visant des hausses de la productivité à moyen et à long terme des exploitations agricoles et l'adoption de nouvelles technologies sont étroitement liées au prix des ressources. Si ces prix sont trop bas, les paysans se livreront à une exploitation intensive de leurs terres et à l'agrandissement des surfaces cultivées, sans faire d'investissements pour protéger leur rendement, et sans que cela empêche une croissance de la pauvreté. Ainsi, de plus en plus de forêts seront détruites, sans leur laisser le temps de se reconstituer : on pense d'abord à la survie. Dans certains pays, ce sont les terres déjà pauvres qu'on épuise ; les déserts gagnent ainsi du terrain et la pauvreté s'aggrave.

En 1980, 340 millions de personnes dans 87 pays en développement ne consommaient pas assez de calories pour éviter de graves problèmes de santé. En pourcentage, ce chiffre est légèrement inférieur a ceux de 1970 ; mais en valeur absolue, c'est une augmentation de 14 %. Depuis le début des années 1980, sous l'effet de la crise économique internationale, la situation s'est encore détériorée.

La pauvreté extrême de certains pays justifie en soi des actions immédiates ; la destruction de l'environnement qu'elle entraîne rentabilise ces actions au plan économique, car il est impossible que la destruction de l'environnement puisse continuer sans avoir des effets négatifs, à moyen terme, sur la croissance économique.

Dans les pays occidentaux, les interventions gouvernementales pour protéger et restaurer l'environnement deviendront plus nombreuses et plus sévères. Elles entraîneront certainement des coûts importants pour les entreprises. Les secteurs des ressources naturelles et ceux de la fabrication, qui ont montré des gains de productivité surévalués parce qu'ils n'ont pas payé pour la détérioration de l'environnement, ni pour la diminution des réserves en ressources, devront à plus ou moins long terme investir dans des procédés de production moins polluants, qui feront monter le prix de leurs produits. Cela entraînera un changement dans les prix relatifs des produits des secteurs des ressources naturelles, de la fabrication et des services. Le Québec risque d'être touché si ces changements provoquent une baisse de la consommation des produits liés aux ressources naturelles.

VI

Conclusion

La décennie 1980 aura confirmé la fin de l'hégémonie des États-Unis à l'Ouest et celle de l'URSS à l'Est. Le leadership de ces deux pays, malgré les abus qui l'ont parfois accompagné, a permis une stabilité propice à la croissance économique. Le monde devra vivre maintenant sans régulateur économique international. Nous connaîtrons maintenant un monde multipolaire[10].

Cette absence de pays régulateurs est susceptible de créer de l'instabilité ; les problèmes pourraient aussi dégénérer, à moins que ne se développe une plus grande concertation entre les pays. Dans un tel contexte, les puissances économiques de taille moyenne pourraient être appelées à jouer un rôle plus important.

Tout n'est pas nécessairement parfait en cette fin de siècle qui s'amorce. Les incertitudes sont nombreuses. Il semble bien que les taux de croissance de l'ordre de 2 ou 3 % seront la règle plutôt que l'exception. Cela ne veut pas dire cependant qu'automatiquement le Québec pourra atteindre ce niveau, ni que fatalement il devra s'en contenter.

Une chose est sûre, cependant, la planète terre devient plus petite à mesure que les instruments de communication se raffinent, que les sociétés nationales s'ouvrent et que la concurrence et certains problèmes, dont celui de l'environnement, se globalisent. Il n'est donc plus possible de comprendre une économie nationale, et encore moins de la gérer, sans comprendre ses relations avec les autres économies, même celles avec lesquelles ses échanges sont limités. Il y a peu de possibilités de retour en arrière. Même la protection de l'environnement doit passer maintenant par la collaboration internationale.

---

10. L'expression est de Jacques Lesourne.

Chapitre 3

La concurrence s'amplifie et se diversifie

Les réalignements politiques internationaux, l'ouverture des économies, la croissance des nouveaux pays industrialisés, la globalisation
du commerce et de la production et les développements technologiques, en fait la plupart des changements prévisibles, sont susceptibles
d'amplifier la concurrence que se livrent entre eux les pays et les
entreprises. Le Québec, avec un peu plus de six millions et demi
d'habitants, soit moins que la plupart des grandes agglomérations
urbaines des pays industrialisés, et un niveau de production intérieure
brut (PIB) d'environ 150 milliards de dollars, moins de 3 % du PIB
américain, ne peut évidemment pas prétendre influencer les mouvements économiques internationaux, alors que sa prospérité leur est
intimement liée. Il n'a pas d'autre choix que de suivre le mouvement,
sous peine de s'isoler et voir la croissance de sa richesse interrompue.

En fait, le Québec fait partie des pays dont le dynamisme et la
croissance, à cause de l'importance de leurs exportations, ont toujours
été fortement liés à leur performance sur les marchés internationaux.
Dans le nouveau contexte de la concurrence internationale, les entreprises devront aussi affronter la concurrence sur les marchés locaux.
Même la taille du marché québécois, relativement petite, ne lui permettra pas d'échapper à ce mouvement, surtout que ce marché est relative-

ment concentré et qu'il devient, avec le libre-échange, partie intégrante du grand marché du nord-est américain.

I

Le libre-échange canado-américain

Malgré la démagogie évidente dont auront fait preuve tant les tenants que les opposants de l'Accord, lors du débat qui a précédé sa mise en place, la logique aura finalement eu raison: le libre-échange entre les États-Unis et le Canada est aujourd'hui une réalité et, pour tout dire, le mouvement était déjà amorcé depuis plusieurs années dans cadre des accords du GATT.

Le Canada et le Québec ne sont pas les seuls pays à être pris dans ce tourbillon de la libéralisation des échanges. Un peu partout dans le monde, en Europe, en Asie, dans les Caraïbes et en Afrique, les marchés se réorganisent et s'agrandissent par le biais des unions économiques. La plus connue de ces unions est la Communauté économique européenne qui couvre un marché de 325 millions de personnes.

La croissance du nombre d'accords économiques n'est pas un hasard, elle est la conséquence directe de la montée du commerce international. D'abord développées pour favoriser la croissance économique, en accord avec la théorie des avantages comparatifs[1], les ententes commerciales entre pays visent maintenant à imposer un cadre plus formel pour le commerce afin de diminuer les sujets de dispute et de permettre une plus grande sécurité d'accès des marchés des deux côtés des frontières. Dans certains cas, des ententes plus poussées visent une harmonisation des politiques commerciales et économiques de deux ou plusieurs pays. En poussant plus loin leur intégration économique, les pays d'un bloc économique visent à agrandir le marché naturel des entreprises qui y œuvrent, c'est-à-dire le marché auquel elles ont accès sans barrières, et de cette façon augmen-

---

1. Selon cette théorie, chaque nation est dotée d'un ensemble de ressources ou de facteurs de production dans des proportions différentes, ce qui favorise la spécialisation des économies. L'abolition des barrières à la libre circulation des biens permet une plus grande spécialisation et, ainsi, une augmentation de la richesse de tous les pays engagés.

ter leur productivité. C'est une manière pour eux de se préparer à une nouvelle forme de concurrence, celle entre les blocs économiques.

Les marchés québécois et ontariens, qui étaient les marchés naturels et sans frontières des entreprises québécoises, étaient devenus un peu étroits pour les plus grandes d'entre elles. Du côté ontarien, la situation était un peu différente, entre autres, à cause de la concentration dans cette province de l'industrie automobile, favorisée déjà par une entente. De plus, les entreprises ontariennes, pour des raisons historiques, ont toujours eu une part plus grande du marché canadien de la consommation des biens manufacturés que les entreprises québécoises. L'économie ontarienne est aussi davantage dominée par les multinationales. Elle avait plus de possibilités de développement sans le libre-échange que l'économie québécoise, et elle avait plus à perdre aussi avec la signature d'un accord.

Même avant le libre-échange, le Québec, l'Ontario et le Nord-Est américain formaient un grand marché, où les entreprises manufacturières québécoises écoulaient et écoulent toujours environ 80 % de leur production. En dedans de huit heures de route de Montréal se trouve un marché de 75 millions d'habitants. Avec le libre-échange, les biens et services ainsi que les capitaux pourront circuler sans beaucoup de barrières en Amérique du Nord, accentuant la réalité actuelle. Cela pourrait représenter des occasions de développement intéressantes pour les entreprises québécoises et, éventuellement, leur servir de tremplin pour d'autres marchés.

Mais ce qui est vrai pour les entreprises québécoises, est vrai aussi pour les entreprises étrangères pour lesquelles le marché de la région de Montréal, en particulier, représentera une occasion intéressante pour augmenter leurs ventes. Mais rien ne sera facile, car ce nouveau bloc économique attirera aussi des entreprises étrangères. On ne peut prédire l'issue de cette lutte pour la conquête du marché du nord-est de l'Amérique du Nord.

Ramener ainsi à une dimension plus juste la problématique de la compétition internationale, comme une grande partie des entreprises la vivra, pour être, a priori, moins insurmontable, n'est pas pour autant facile. Si la spécificité culturelle du Québec peut être une protection dans certains secteurs, elle ne peut servir véritablement de rempart contre la concurrence, y compris dans le domaine des services. Par exemple, il y a autant de McDonald's au Québec qu'en Ontario; plusieurs grandes banques étrangères ont pignon sur rue à Montréal, la Banque nationale de Paris poussant même l'audace d'avoir son propre gratte-ciel.

II

L'Europe 92

Au cours du débat sur le libre-échange, à quelques exceptions près[2], personne n'a vraiment relevé l'essoufflement des Accords du GATT, par rapport à l'accélération du commerce international; cet essoufflement rendait pourtant irréaliste la stratégie proposée comme alternative, soit des négociations multilatérales comme moyen d'élargir le marché auquel auraient accès les entreprises canadiennes. Une telle observation aurait été très appropriée, surtout que de l'autre côté de l'Atlantique, les pays de la CEE étaient en train de se préparer à la plus grande intégration économique jamais vue entre pays souverains, et à mettre en place ce qu'on a appelé l'Europe 92.

Première mise au point: 1992 n'est pas le début du processus visant à faire de la CEE un grand marché unique, c'est la date qui a été fixée pour la fin du processus déjà amorcé. Ce dernier, en continuité avec les accords déjà en vigueur, vise l'élimination de la plus grande partie des entraves qui existaient encore à la libre circulation des biens, des personnes, des capitaux et des services. Cela fera de la Communauté économique européenne un marché unifié de 325 millions de personnes; il permettra, à terme, aux entreprises européennes, par le biais d'économies d'échelle, des rationalisations et des associations, de devenir plus concurrentielles.

En réalité, le projet de libéralisation plus poussée des échanges au sein de la CEE, peut être associé à un grand projet de déréglementation, qui va beaucoup plus loin que l'entente canado-américaine. Des pays moins industrialisés, comme l'Espagne où les salaires sont relativement faibles, pourraient bien en profiter pour devenir de véritables puissances industrielles, surtout avec la libéralisation de la circulation des capitaux.

Si la création d'un marché unique vise à rendre plus concurrentielles les entreprises européennes, ce n'est pas seulement pour qu'elles puissent mieux compétitionner sur les marchés intérieurs contre les Japonais ou les Américains, c'est aussi pour qu'elles puissent mieux compétitionner sur les marchés internationaux. L'Europe 92 ne devrait pas être plus fermée que l'Europe d'aujourd'hui. Au contraire,

---

2. Dont l'intervention fouillée du professeur Pierre-Paul Proulx devant la Commission parlementaire québécoise sur la libéralisation des échanges, en septembre 1987.

elle pourrait devenir une véritable puissance économique, ouverte sur l'extérieur, qui sera en mesure de négocier la mise en place de nouvelles règles de commerce international. En particulier, les accords actuellement en négociation en matière de propriété intellectuelle au sein de la CEE pourraient bien servir de modèles pour des accords internationaux élargis.

Au plan technologique, les faits ont précédé les accords. En effet, les grands programmes de recherche et de développement européens précompétitifs[3], financés par les entreprises et les gouvernements, se multiplient. Ainsi sont nés, ESPRIT dans le domaine des technologies de l'information, RACE et EUREKA dans celui des télécommunications, BRITE dans celui des technologies de fabrication, JESSIE dans celui de la micro-électronique et EURAM dans celui des matériaux de pointe.

Un sondage mené par le gouvernement canadien auprès d'entreprises européennes[4] fait ressortir que cette plus grande libéralisation des échanges en Europe aura pour effet de conduire, comme on pouvait le prévoir :

- à une plus grande concentration des entreprises ;

- à l'accélération des opérations de rachat et de fusion nationales et trans-frontalières ;

- au recentrage des entreprises sur leurs activités principales ;

- à la rationalisation des usines à l'échelle européenne, c'est-à-dire la diminution de leur nombre et leur automatisation plus poussée.

Le sondage démontre aussi, comme si cela était encore nécessaire, que les entreprises, alertées par la montée de la concurrence, sont de plus en plus prêtes à participer à des projets collectifs de recherche et développement et favorisent le développement d'équipes de recherche multinationales.

---

3. C'est-à-dire la recherche fondamentale et appliquée à un stade qui précède celui où une découverte est assez avancée pour être commercialisée.
4. Gouvernement du Canada, *1992 Impact de l'unification du marché européen*, Ottawa, ministère des Affaires extérieures, 1989.

III

Les Accords du GATT

Si le commerce international a triplé depuis vingt ans, les accords du GATT (General Agreement on Tariffs and Trade) y sont certainement pour quelque chose. Signé en 1947, le premier accord visait à ce que chaque pays membre traite les autres membres de la même façon, à éviter l'imposition arbitraire de nouveaux droits de douane et à civiliser les rapports commerciaux entre les pays en leur donnant accès à un tribunal neutre pour régler leurs disputes commerciales. Il visait aussi à ce que soient entreprises des discussions en vue de diminuer les barrières au commerce.

Par la suite, les pays membres, dont le nombre n'a cessé d'augmenter, ont signé plusieurs accords successifs qui ont entraîné des baisses importantes sur les tarifs douaniers frappant la plupart des biens. Le Kennedy Round s'est conclu en 1967 par un accord global de réduction de 50 % des tarifs douaniers sur la plupart des biens manufacturés. Avec le Tokyo Round, d'autres progrès étaient accomplis.

Environ les deux tiers du commerce international actuel, d'une valeur de 3 700 milliards de dollars US, sont couverts par les Accords du GATT. La ronde actuelle (Uruguay Round) s'attaque à la partie non couverte par l'Accord, soit les produits agricoles, les textiles et le grand secteur des services. Elle vise aussi à mettre en place des dispositions qui protégeraient la propriété intellectuelle. Il est sûr que si les pays membres en arrivaient à un accord sur la libéralisation du commerce des services qui, malgré les barrières actuelles, compte pour 20 % du commerce international total, les échanges internationaux connaîtraient une croissance spectaculaire. Les États-Unis seraient particulièrement favorisés.

Pour l'instant il est difficile d'évaluer les chances de réussite des négociations en cours. Si elles devaient échouer, cela aurait comme conséquence d'accélérer la mise en place d'accords plus complets entre les pays ou groupes de pays.

IV

Globalisation de la concurrence

En 1987, les États-Unis ont dû revoir leur décision de lever une taxe spéciale, en guise de représailles, sur certaines composantes électroniques en provenance du Japon parce que les entreprises américaines auraient été plus touchées que les entreprises japonaises. C'est un exemple qui illustre bien les effets de la mondialisation de l'économie.

Le commerce international des biens et des services a triplé en vingt ans pendant que la production mondiale ne faisait que doubler. Les échanges financiers sont une dizaine de fois supérieurs aux échanges de biens et services. Le seul commerce des devises atteint quelque 200 milliards de dollars par jour autour du monde. Les flux de capitaux aussi augmentent. Les États-Unis ont exporté pour 20,4 milliards de dollars de capitaux en 1988 et en ont importé pour 42,2 milliards dont la moitié du Japon. Les investissements directs américains dans le monde, à l'extérieur des États-Unis, sont évalués à 375 milliards de dollars et ceux d'étrangers aux États-Unis à 400 milliards.

Il est possible maintenant d'acheter des actions, sans se déplacer, dans la plupart des grandes bourses du monde; les indices boursiers de Tokyo ont un impact sur ceux de la Bourse de New York, et inversement. Les grandes entreprises inscrivent leurs actions sur trois, quatre ou cinq bourses. Rares sont les pays occidentaux qui contrôlent maintenant les entrées et les sorties des devises.

De moins en moins on fabrique et on exporte les produits et les services comme on le faisait auparavant. Les parties d'une automobile assemblée au Canada, par exemple, peuvent venir de quatre ou cinq pays. Les transistors sont faits en Corée du Sud et la boîte de plastique à Taïwan, la radio assemblée en Irlande et vendue partout dans le monde.

Le futuriste Marvin Cetron, président de Forecasting International, prédit qu'au tournant de l'an 2000, les pays industrialisés importeront près de 40 % des pièces utilisées dans la fabrication des biens produits à l'intérieur de leurs frontières[5].

---

5. Cité dans *Fortune*, 26 septembre 1988, p. 45.

L'organisation de la production de l'industrie de l'automobile illustre le mieux cette globalisation de l'économie. Par exemple :

- la Ford Probe est de conception et de fabrication japonaise (Mazda). Ford fabrique aussi des camions pour Mazda ;

- le moteur de la Corvette est de conception anglaise (Lotus) et sa transmission vient de l'Allemagne ;

- Chrysler, qui fait sa promotion sur la base du nationalisme, aux États-Unis, est la compagnie de fabrication d'automobiles dont le contenu américain est le plus faible. Elle détient une participation de 24 % dans Mitsubishi Motors qui elle-même détient des parts dans Hyündai ;

- Ford détient une participation de 25 % dans Mazda, et les deux compagnies possèdent une part de Korea's Kia Motors qui produit la Ford Festiva pour exportation aux États-Unis ;

- GM a une entente avec Toyota pour produire des automobiles sous la marque des deux fabricants aux États-Unis et en Australie.

Cette globalisation a un effet indéniable sur la concurrence entre les nations pour se partager la richesse mondiale. Elle rend pratiquement caduque la théorie des avantages comparatifs qui liait le succès commercial d'une nation à la quantité et à la qualité des ressources naturelles dont elle était dotée. En contrepartie, elle ouvre tout un ensemble de possibilités pour les pays moins dotés en capitaux et ayant des marchés plus petits.

V

L'accélération des changements technologiques

L'évolution des technologies fait partie des changements structuraux les plus susceptibles d'influencer le développement économique au cours de la prochaine décennie et d'accroître la concurrence. Bien sûr, le monde n'en est pas à son premier changement technologique majeur. Ne sommes-nous pas les héritiers d'une série d'innovations, dont la domestication de l'électricité qui encore aujourd'hui occupe une place importante dans la vie de tous les jours ? Ce qui frappe particulièrement dans les changements technologiques en cours, ce n'est pas uniquement leur ampleur, mais aussi leur vitesse. Ainsi, les connaissances scientifiques augmentent à un rythme exponentiel. L'information scientifique et technique double à tous les cinq ans, et sa croissance s'accélère avec la montée du nombre de scientifiques. La mise en place de systèmes informatisés d'information favorise sa diffusion à travers le monde. Il se publie entre 6 000 et 7 000 articles scientifiques par jour. Les savants qui ont commencé à travailler en 1960 auront vu apparaître, de leur vivant, 80 % des connaissances scientifiques.

Sous la pression de la concurrence, grâce au développement de leur capacité innovatrice et à une meilleure gestion de la R-D, les entreprises adoptent plus rapidement les nouvelles technologies et raccourcissent le temps qui s'écoule entre une invention et son utilisation dans le processus de production ou son incorporation dans des produits. Les délais entre la conception d'un nouveau produit et sa fabrication ont aussi tendance à diminuer, accélérant les changements tout en permettant de maintenir les coûts de production à un niveau concurrentiel. Chez 3M, malgré un catalogue offrant 60 000 articles, les produits développés au cours des cinq dernières années comptent pour presqu'un tiers des ventes. IBM a coupé de trois ans à 18 mois le temps de développement de ses gros ordinateurs. Honda peut apporter un nouveau modèle d'automobile sur le marché en trois ans, à partir de sa conception, contre cinq ans il y a quelques années. Cela donne une idée de la vitesse à laquelle les entreprises doivent s'adapter pour rester concurrentielles.

Selon la plupart des observateurs, les sociétés occidentales sont entrées dans une aire de changements technologiques importants susceptibles à long terme de relancer la croissance économique. L'intégration des économies et une concurrence internationale accrue ne laissent pas tellement de marge de manœuvre aux pays qui veulent maintenir leur position relative sur les marchés.

VI

Les impacts des nouvelles technologies

Il est à peu près impossible de prévoir l'ensemble des changements que généreront les nouvelles technologies, pas plus qu'il ne le fut pour ceux apportés par l'invention de la machine à vapeur ou du moteur à explosion. Les études sur l'innovation technologique ont fait ressortir cependant que ces changements ne peuvent être réduits aux seuls aspects techniques. Ainsi, pour que s'impose une nouvelle technologie, il ne faut pas seulement qu'elle soit incorporée dans des biens ou des systèmes de production, elle doit aussi être accompagnée de changements dans les modes de gestion et dans l'organisation du travail ainsi que de la formation et du recyclage de la main-d'œuvre. L'innovation technologique est également susceptible d'influencer de façon qualitative toutes les activités de la vie quotidienne comme l'a fait l'électricité ou plus récemment l'électronique; elle a inévitablement des effets sur les structures socio-institutionnelles. Par exemple, le système d'éducation devra s'adapter aux nouveaux besoins de main-d'œuvre; la redistribution des revenus sera modifiée; les aspirations des citoyens changeront. C'est en ce sens que de plus en plus on parle de *style technologique*[6] pour désigner l'ensemble des conditions qui conduiraient à un nouveau cycle de croissance avec des caractéristiques bien différentes du cycle actuel qui, par ailleurs, aurait atteint ses limites.

Le dernier cycle technologique est né et s'est développé avec la domestication de l'électricité et l'invention du moteur à combustion interne. Mais on ne peut ignorer l'importance qu'a eue l'application des théories tayloristes sur la division du travail qui ont conduit à de nouvelles techniques de production, soit celles de la spécialisation des tâches et du travail à la chaîne, dont la première application spectaculaire fut le fameux modèle T de Ford. L'application des théories tayloristes a aussi changé la structure d'emplois dans les entreprises et, par le fait même, les qualifications exigées. Elle a diminué le besoin de cols bleus et augmenté celui de cols blancs. Elle a créé aussi les structures hiérarchiques à plusieurs niveaux. Indirectement, c'est toute la distribution des revenus qui fut modifiée. Quant aux conséquences indirectes de l'introduction de la production de masse de biens considérés au départ comme des biens de luxe, elles ne se comptent pas: publicité, crédit à la consommation, obsolescence planifiée, commerce international, naissance des multinationales, etc.

Les changements technologiques se font par phase. Par analogie avec l'évolution de la vie, on pourrait identifier quatre phases: l'enfance, période de développement et d'expérimentation; l'adolescence, période pendant laquelle les développements technologiques donnent lieu aux innovations et commencent à changer le système socio-économique avec des rendements de plus en plus croissants, à mesure

---

6. Pour plus de détails sur les impacts des changements technologiques, voir C. Freeman, éditeur, *Design, Innovation and Long Cycles in Economic Development*, New York, St. Martin's Press, 1986.

que deviennent plus adaptées, les unes par rapport aux autres, les technologies, les modes de production, les structures sociales et institutionnelles; l'âge adulte, caractérisé par un développement rapide et l'envahissement des nouvelles technologies dans la vie de tous les jours, accompagné d'un changement radical des modes de vie; puis vient la vieillesse, période pendant laquelle le rendement des vieilles technologies devient décroissant et où commencent à s'imposer de nouvelles technologies. Dans la période de l'âge adulte, des progrès techniques continus permettent une croissance importante de la productivité.

Les impacts des technologies nouvelles sur la croissance économique commencent à se faire sentir vraiment dans la deuxième phase des changements et sont par la suite de plus en plus forts. Le niveau de la croissance dans les années à venir sera donc fortement déterminé par la vitesse d'adoption des nouvelles technologies liées à l'informatique, l'électronique, les télécommunications et les biotechnologies, par les secteurs de production qui sont le plus aptes à les utiliser, par la vitesse à laquelle émergeront les nouveaux secteurs de production, par les coûts des nouveaux produits ou services qu'elles engendreront, par l'efficacité des nouveaux procédés qui les accompagneront et par la capacité d'adaptation des institutions et des modes de gestion. Les pays qui réussiront à transformer le plus rapidement leur économie, sortiront gagnants de la concurrence qu'entraînera la course au développement technologique.

Quant aux impacts des innovations technologiques sur l'emploi, ils sont incertains. D'une part, il est très difficile d'établir un lien entre l'accroissement de la productivité et la croissance de l'emploi, en particulier dans une économie ouverte: un accroissement de la productivité, susceptible de diminuer l'emploi à court terme, augmente la compétitivité des produits et leurs ventes, de même que la richesse collective, engendrant ainsi une demande accrue de biens et de ce fait de l'emploi. Mais certaines pistes peuvent aider à maximiser les effets des changements technologiques sur l'emploi. Ainsi:

  – les économies ouvertes comme celle du Québec doivent non seulement suivre le courant en matière de changement technologique, mais même tenter, dans certains domaines, d'être à l'avant-garde. Tout retard dans l'adoption des technologies dominantes peut avoir un impact négatif sur l'emploi encore plus grand que celui qui pourrait résulter de l'accroissement de la productivité;

- l'efficacité économique et ainsi, la croissance de l'emploi, seront grandement influencées par la capacité des pays à recycler la main-d'œuvre touchée par les changements technologiques, de même que par celle d'adapter le système d'enseignement aux besoins du marché du travail;

- la vitesse et le niveau de développement des branches de production complémentaires ou engendrées par les changements technologiques joueront aussi un rôle important sur le niveau de l'emploi, surtout qu'il faut prendre en compte que même les branches de productions traditionnelles accroîtront leur productivité sans vraiment en contrepartie augmenter leur production.

Quoi qu'il en soit, il est sûr que les ajustements du marché du travail seront importants. Fort probablement, si le nouveau style technologique ramène les pays développés sur le chemin de la croissance rapide de la productivité et de la richesse collective, ils connaîtront une nouvelle diminution du nombre d'heures de travail, laquelle pourrait s'avérer, à terme, le seul moyen, malgré la baisse importante de la croissance de la population active, pour diminuer le niveau du chômage.

VII

L'information, nouveau moteur de l'économie

Dans les années 1950, alors que le Québec tentait d'augmenter le nombre de ses industries de transformation, le monde commençait une nouvelle ère, celle de l'information. L'année 1956 fut marquée par la mise en service du premier câble transatlantique. L'année suivante, le Spoutnik, premier satellite de télécommunication, était lancé. Mais surtout, aux États-Unis, à la fin de cette décennie, le nombre de cols blancs (techniciens, fonctionnaires, gestionnaires, employés de bureau, etc.) surpassait, pour la première fois, le nombre de cols bleus: la société de l'information était née.

De tout temps, l'information, ou plutôt la détention de l'information a joué un rôle déterminant. Avec l'ouverture des frontières, la complexification du monde et de la technologie, elle est en train de remplacer l'énergie comme moteur de l'économie.

Au Canada, en 1951, on estimait à 29 % le nombre d'emplois liés à l'information (cueillette, traitement, transmission et création) et aux technologies associées; en 1971, ce pourcentage était de 40 % et il dépasse aujourd'hui les 60 %. Une analyse sommaire de l'emploi, par catégorie professionnelle, fait ressortir que:

- le nombre d'enseignants dépasse maintenant le nombre d'agriculteurs;

- dans le secteur manufacturier, 50 % des emplois sont hors-production (administration, planification, ingénierie, marketing, etc.). On évalue à seulement 8 % la proportion de l'ensemble de la main-d'œuvre engagée dans des activités de fabrication au sens strict, de montage et de réparation de produits finis;

- les cols bleus occupent maintenant moins de 30 % des emplois.

Dans une société dominée par l'information, le savoir revêt une importance particulière. L'énergie a alimenté la société industrielle; les humains ont travaillé pendant des décennies à la domestiquer, à diversifier leurs sources d'approvisionnement et à trouver des nouvelles formes pour son utilisation. L'information alimentera la société de demain et nous serons submergés. Pour vraiment pouvoir l'utiliser, il faudra apprendre à la domestiquer et à l'utiliser; c'est à ce stade qu'interviennent l'informatique et les logiciels.

Donc, qui dit information, dit informatique, pour son stockage et son traitement. La révolution dans ce domaine, quoiqu'en pensent quelques dinosaures, ne fait que commencer, surtout au niveau des applications. On ne connaît pas les limites qu'atteindront les microprocesseurs. De plus en plus de gens sérieux pensent que 50 à 75 % des ouvriers en usine pourraient être remplacés par des robots. Aux États-Unis, on estime qu'il y avait un terminal d'ordinateur par 5 cols blancs en 1985; ce chiffre passerait à 1 par 3 cols blancs en 1990. Le dernier bombardier « invisible » américain a été conçu uniquement par ordinateur et il a volé dès la première tentative, sans aucun essai en soufflerie. Étape finale, et pour son plus grand bien, malgré les résistances, l'ordinateur rentrera dans le bureau du p.-d.g. et des cadres supérieurs en devenant un véritable outil pour la prise de décision.

VIII

Une concurrence accrue

La montée de l'importance de l'information et des technologies qui l'accompagent dans le système de production des pays développés, son accessibilité à un plus grand nombre de pays et d'entreprises, ainsi que l'accélération de la vitesse à laquelle elle est diffusée, sont susceptibles de s'ajouter aux facteurs qui favoriseront une concurrence accrue. En fait, en matière de concurrence, nous n'avons encore rien vu tant les facteurs susceptibles de l'accélérer sont nombreux: le nombre d'accords internationaux se multiplie; les pays de l'Est s'ouvrent à l'Ouest non seulement pour acheter, mais aussi, à long terme, pour vendre; les entreprises rationalisent leur production, fusionnent, s'achètent et se vendent, passent par-dessus leur bataille sur le marché pour s'unir le temps d'un grand projet de recherche.

La troisième guerre mondiale sera une guerre économique. Ses enjeux ne seront plus le contrôle de territoires, mais celui des marchés qui croissent moins rapidement et qui sont de plus en plus segmentés. Les armes seront l'innovation, stimulée par des connaissances scientifiques disponibles rapidement pour tous les pays, pourvu que ceux-ci aient les personnes formées pour les utiliser et les exploiter, et le capital, facteur de production de plus en plus mobile qu'il faudra aller chercher par toutes sortes de moyens là où il se trouve, tout en développant aussi une capacité de retenir celui qui est autochtone.

On s'est surtout habitué au cours des années lorsqu'on parlait de concurrence internationale à faire surtout référence au commerce des biens. L'examen des statistiques des échanges internationaux continuera, encore longtemps, de montrer que le niveau des échanges internationaux des services est petit comparativement à celui des biens. Effectivement, en 1987, le Canada exportait pour seulement 18,2 milliards de dollars de services contre 125,8 milliards de dollars de biens, soit 7 fois plus. Cependant, il avait un déficit de 5 milliards de dollars au chapitre du commerce des services et un surplus de 10 milliards au chapitre du commerce des biens.

Mais surtout, ces chiffres ne donnent pas une idée juste de l'importance des services dans le commerce international car les mesures dans ce domaine sont loin d'avoir évolué au même rythme que la diversification des formes que prend maintenant le commerce international. Par exemple, en 1987, on comptait 57 banques étrangères ayant des succursales au Canada. Dans le secteur bancaire, une grande partie de la production et de la consommation se faisant simultanément, aucune donnée n'assimile, en tout ou en partie, à du commerce international, les activités de ces banques. Pourtant il y a, derrière les services que les banques produisent et vendent, un ensemble d'activités (comme l'administration des fonds, le traitement de l'information, la recherche, le marketing, etc.) qui ne sont pas nécessairement produites dans le pays où le service est consommé. Cette partie intangible des services bancaires qui, d'une façon ou d'une autre, sera payée à la maison-mère, entrera dans la comptabilité internationale comme un transfert de capital, sous-estimant ainsi le commerce des services.

La concurrence dans les secteurs des services prendra une autre forme que la concurrence dans les secteurs des biens, mais elle sera tout aussi forte, surtout qu'il y a un vaste courant tant en Amérique du Nord qu'en Europe pour la faciliter. Elle se traduira par l'établissement de réseaux de distribution ou de franchises dans une foule de domaines. Par exemple, en 1986, 45 % des ventes au détail au Canada étaient reliées au franchisage ; le Conseil canadien du commerce prévoit que ce pourcentage atteindra 60 % en l'an 2000. De plus en plus, un peu comme une automobile qui est montée dans un pays et vendue dans un autre, les services seront « emballés » dans un pays et vendus dans l'autre. En d'autres mots, la conception du service sera faite dans un pays et ce service, par la force des choses, sera produit où il est consommé.

IX

Les acquisitions et les regroupements

Une des conséquences les plus spectaculaires de la montée de la concurrence est la concentration de la production par le biais des acquisitions et des regroupements d'entreprises. Pouvait-on s'imaginer, voilà à peine cinq ans, qu'un jour Molson et O'Keefe fusionneraient ? Il semble bien que gros n'est plus assez gros. Ainsi, en 1988, aux États-Unis, Philip Morris, le géant du tabac, a acheté pour 12,6 milliards de dollars la Compagnie Kraft, pour former, même après la vente d'une partie des actifs acquis, la plus grande compagnie au monde de production de biens de consommation. Impérial, une filiale d'Exxon, a acheté Texaco Canada pour 5 milliards de dollars. Face au refus du gouvernement du Québec de lui vendre Domtar, Power Corporation vend Consolidated Bathurst, devenue trop petite malgré des revenus de plus de 2 milliards.

Aux États-Unis, l'an passé, il y a eu 42 transactions d'acquisition ou de fusion d'entreprises dont le montant dépassait un milliard de dollars. Bien entendu, c'est un record. Au total, les acquisitions et les fusions ont atteint une valeur de 222 milliards de dollars, en hausse de 25 % par rapport à 1987, et à un niveau 5 fois plus élevé qu'en 1980[7]. Les entreprises qui veulent étendre leur marché le font largement par des acquisitions. Dans une entrevue à *Fortune*, en mai 1989, le président de Emerson Electric, une compagnie dont le chiffre d'affaires approche les 7 milliards de dollars, déclarait que son entreprise évalue le potentiel de 600 compagnies par année et finalement en achète une dizaine. Des compagnies comme General Electric, Bombardier et Domtar ne procèdent pas autrement. Phénomène relativement nouveau aussi, et conséquence directe de la concurrence, les entreprises, à partir d'une planification stratégique précise, cherchent à regrouper davantage leur production dans les secteurs qu'elles connaissent le mieux et dans lesquels elles sont le plus performantes, et pour se faire se départissent même d'activités rentables. Les désinvestissements ont compté pour un tiers des ventes d'entreprises aux États-Unis. Par exemple, Mobil Oil a vendu ses opérations de carte de crédit.

Cette vague d'acquisitions et de regroupements a aussi la particularité d'être transnationale. C'est une entreprise canadienne, Campeau Corporation, qui a acheté pour 6,5 milliards de dollars Federated Dept. Stores; l'opération a été financée en majeure partie par des banques américaines. Maxwell Communication, compagnie britannique, a acheté pour 2,6 milliards de dollars MacMillan. Crédit Suisse et la banque First Boston ont fusionné l'an passé. Sony, une firme japonaise, a acheté CBS Records pour 2 milliards de dollars.

Ces quelques chiffres sont impressionnants et démontrent qu'il y a, en préparation de cette GUERRE commerciale qui s'amorce, une rationalisation de la production des entreprises et des restructurations qui amèneront une plus grande concentration de la production.

Le Québec n'est pas épargné. Nul doute que les gains qui avaient été faits pour le contrôle de son économie sont aujourd'hui menacés.

---

7. Chiffres tirés de *Business Week*, juillet 1989.

Chapitre 4

La compétitivité
de l'économie québécoise

I

La taille du marché québécois et du marché canadien nécessite que les entreprises qui y œuvrent, puissent exporter pour profiter des économies d'échelle reliées à un niveau élevé de production. Dans les années à venir, la croissance de ces marchés étant ralentie par la faiblesse de l'augmentation de la population, la progression des exportations deviendra alors un facteur influençant encore plus la croissance économique. De plus, pris dans le tourbillon de la concurrence internationale, si les entreprises sont incapables d'exporter à cause de leur manque de compétitivité, il est à peu près sûr qu'elles perdront aussi du terrain sur leur marché national.

À la lumière de l'évolution de la richesse du Canada par rapport aux autres économies industrialisées, depuis quelques années, il est permis de douter de sa capacité de résister à la montée de la concurrence. Ainsi, le niveau de vie des citoyens canadiens, en tenant compte du pouvoir d'achat du dollar canadien, se situe encore au deuxième rang, derrière les États-Unis, mais celui-ci a augmenté moins vite que ceux de la plupart des pays de l'OCDE, comme le montre le graphique 5.

En ne tenant pas compte du pouvoir d'achat des monnaies, les PIB per capita du Danemark, de la Suède, du Japon et de l'Allemagne dépassent maintenant celui du Canada, alors qu'ils en étaient très loin il y a vingt ou trente ans. C'est essentiellement au faible coût de ses

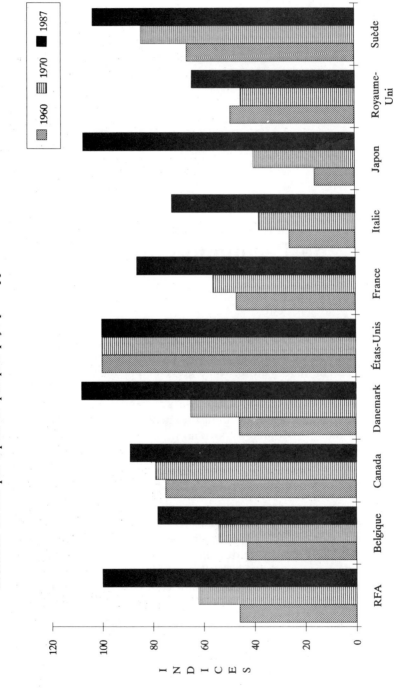

GRAPHIQUE 5

Évolution du PIB per capita de quelques pays par rapport à celui des État-Unis (= 100)

ressources naturelles et de l'habitation que les Canadiens et les Québécois doivent l'avantage d'avoir encore un des niveaux de vie le plus élevé au monde.

Plusieurs facteurs peuvent entrer en ligne de compte pour expliquer que le Canada et le Québec aient fait moins bien que les autres dans l'amélioration de leur niveau de vie. Ainsi, au départ, ils partaient avec un niveau de vie plus élevé, donc plus difficile à améliorer; la croissance de la population ayant été plus forte au Canada que dans la plupart des pays développés, à croissance économique égale, le PIB per capita augmente donc moins vite. Mais la détérioration de leur compétitivité a joué un rôle déterminant.

II

La valeur du dollar canadien: un enjeu important, à court terme, pour la compétitivité de l'économie québécoise

À court terme, il peut être difficile de changer radicalement le niveau de compétitivité de l'économie québécoise, autrement que par le biais d'une variation de la valeur du dollar canadien par rapport aux autres devises. Celle-ci, au cours des quinze dernières années, a beaucoup fluctué, au rythme de la performance de l'économie canadienne et de la politique conjoncturelle de la Banque du Canada. En 1976, le dollar canadien s'échangeait au pair contre le dollar américain. Il baissa ensuite jusqu'à 0,80 $ US au début des années 1980. À la suite du relâchement des taux d'intérêt, après la récession, il baissa jusqu'à 0,70 $ US, stimulant ainsi les exportations. La bonne performance de l'économie canadienne, par rapport à l'économie américaine, et le retour des taux d'intérêt élevés, ramena le dollar à 85 $ US, en octobre 1989, niveau beaucoup plus élevé que celui que justifierait la compétitivité de l'économie canadienne.

Lors d'une enquête de l'Association des manufacturiers canadiens auprès de ses membres[1], en 1988, 67 % des répondants estimaient qu'un dollar canadien à 0,85 $ US conduisait à un désavantage compétitif important; ce pourcentage était de 36 % pour un dollar canadien valant 0,83 $ US. Et ces taux ne tiennent pas compte du fait que plusieurs des répondants ne sont pas des exportateurs et sont donc

---

1. Tiré de: Association des manufacturiers canadiens, *The Aggressive Economy: Daring to Compete*, Toronto, juin 1989, p. 6-3.

peu touchés par les variations du dollar. Pour illustrer l'effet de la valeur du dollar sur la compétitivité de l'économie québécoise, mentionnons simplement que chaque hausse d'un cent du dollar canadien, par rapport au dollar américain, entraîne une baisse des profits de 50 millions de dollars pour l'industrie du bois.

Un dollar trop élevé, au moment où les tarifs baissent à cause du libre-échange et où la compétition internationale s'intensifie, fait en sorte que les biens produits au Québec deviennent trop chers pour les autres pays et que les produits importés coûtent moins cher. L'AMC évalue à environ 0,80 $ US la valeur du dollar canadien sur la base des facteurs de compétitivité tels que la croissance de la productivité et des coûts du travail. Selon Raymond Théoret, de l'Université du Québec à Montréal, la vraie valeur du dollar canadien, basée sur la compétitivité de l'économie, est plutôt de 0,75 $ US[2].

La force actuelle du dollar canadien est une conséquence directe de la politique monétaire de la Banque du Canada influencée essentiellement par la situation de l'économie ontarienne, comme ce fut presque toujours le cas, et le déficit du gouvernement fédéral. C'est la politique monétaire de la Banque du Canada qui fait en sorte que les taux d'intérêt canadiens sont si élevés. En novembre 1989, l'écart entre les bons du Trésor américains et les bons du Trésor canadiens étaient de 4,5 points de pourcentage; le dollar a atteint presque 0,86 $ US. Cette hausse du dollar a par ailleurs eu des effets immédiats sur les exportations alors que pour les trois premiers trimestres de 1989, le surplus de la balance commerciale a baissé de 75 % par rapport à 1988, passant de 7,9 milliards à 4,2 milliards de dollars.

Seules des corrections majeures au déficit du gouvernement fédéral et une nouvelle façon de considérer la politique économique canadienne seraient donc susceptibles de ramener rapidement le dollar canadien à une valeur compatible avec la compétitivité réelle de l'économie canadienne.

---

2. Cité dans *Les Affaires*, 25 novembre 1989, p. 3.

III

Les coûts de production

Les coûts de production sont probablement le facteur de compétitivité le mieux compris et dont on fait le plus état. C'est également celui qui est le plus souvent cité pour expliquer la percée du Japon ou d'autres pays asiatiques sur les marchés occidentaux.

Les entreprises québécoises ont largement profité, à ce jour, de coûts relativement faibles pour l'accès aux ressources naturelles, dont l'énergie et le bois. Dans les années à venir, elles devront cependant payer pour la mauvaise gestion de la forêt, dont elles sont en partie responsables, de telle sorte que cet avantage devrait devenir moins important. Non seulement les coûts d'exploitation de la forêt augmenteront-ils, mais certaines régions, en rupture de stock, ne pourront plus compter sur cette ressource pour leur développement. Même l'électricité, tout en continuant de constituer un avantage comparatif intéressant, deviendra plus chère au fur et à mesure qu'il faudra construire de nouvelles installations pour répondre à une demande croissante, dont celle provenant des alumineries.

Examinée sous l'angle des coûts unitaires de main-d'œuvre, la compétitivité de l'économie du Canada a diminué depuis 30 ans, par rapport aux dix principaux pays de l'OCDE. Entre 1961 et 1972, la baisse a été de 7,7 % ; entre 1972 et 1982, elle a été de 17,2 %. C'est essentiellement la dévaluation du dollar qui a fait en sorte que la perte de compétitivité de l'économie canadienne n'ait pas été plus importante.

Le tableau 1. illustre la perte de compétitivité, entre 1979 et 1985, du secteur manufacturier nord-américain, associée à la croissance des coûts unitaires de main-d'œuvre (colonne 2), même en tenant compte des taux de change. Mais la tendance s'est renversée complètement, depuis 1986, sous l'effet de la dépréciation du dollar américain par rapport aux devises européennes et japonaises, laquelle était devenue inévitable à la suite justement de la baisse de la performance de l'économie américaine. Pour le Canada, les gains n'ont cependant pas été aussi spectaculaires, de telle sorte que sur l'ensemble de la période qui s'étend de 1979 à 1987, sa situation s'est passablement détériorée.

En ne considérant que les hausses des coûts unitaires de main-d'œuvre, exprimées en monnaie nationale (colonne 1), pour l'ensemble de la période 1979-1985, on constate que le taux de croissance des coûts unitaires de main-d'œuvre a été moins élevé au Canada que dans la

TABLEAU 1.

Croissance annuelle moyenne des coûts unitaires de main-d'œuvre du secteur manufacturier des principaux pays de l'OCDE

Pays	1979-1987*		1979 1985		1986		1987	
	(1)	(2)	(1)	(2)	(1)	(2)	(1)	(2)
Belgique	1,4	−4,5	1,7	−9,6	0,0	32,8	*	*
Canada	5,2	3,6	5,8	3,1	4,1	2,4	2,7	7,7
Danemark	6,2	2,7	6,2	−5,5	4,5	36,8	7,7	27,4
États-Unis	2,2	2,2	3,3	3,3	−0,4	−0,4	−1,5	−1,5
France	7,3	2,7	9,4	−3,4	2,5	32,9	−0,2	14,9
Italie	8,9	3,0	11,1	−3,3	2,4	31,1	2,6	18,0
Japon	−0,6	4,7	−0,8	−2,3	3,2	46,1	−2,5	13,5
Norvège	7,7	3,9	7,1	−1,9	10,4	28,2	8,4	19,0
Pays-Bas	1,0	−1,8	0,7	−7,4	2,7	39,2	*	*
RFA	2,9	3,2	3,0	−4,8	2,7	39,2	2,7	23,9
Royaume-Uni	5,2	1,9	6,0	−2,4	4,8	18,5	1,1	13,0
Suède	6,1	1,0	6,3	−5,4	7,2	29,3	4,2	17,0
Moyenne	4,5	1,9	5,0	−3,3	3,7	28,0	2,5	15,3

* Pour la Belgique et les Pays-Bas, les données de 1987 sont manquantes.
(1) Exprimés en monnaie nationale.
(2) Exprimés en dollar américain.
Sources: Gouvernement du Québec, *Le secteur manufacturier et le commerce au Québec en 1988*, ministère de l'Industrie et du Commerce, janvier 1989, p. 36.

majorité des douze pays étudiés; en fait, il se classe au 6ᵉ rang. Cependant la hausse des coûts de main-d'œuvre a été plus élevée au Canada qu'aux États-Unis, son principal partenaire commercial, de quelque 3 points de pourcentage par année entre 1979 et 1987, ce qui se traduit, sur l'ensemble de la période, par un écart de 27 %. Même après correction des données pour tenir compte de la différence dans le taux d'inflation entre les deux pays, lequel peut expliquer une partie de l'écart, celui-ci est encore de 10 %, environ, ce qui est énorme. Ce tableau met aussi en lumière l'importance des taux de change sur la compétitivité.

Au Québec, les augmentations des coûts de main-d'œuvre ont été traditionnellement plus élevées que dans l'ensemble du Canada, en moyenne, au cours des années 1970 et au début des années 1980. Cette tendance s'est renversée au cours des dernières années, les coûts unitaires de main-d'œuvre des secteurs manufacturiers augmentant même moins vite que l'inflation, en 1986 et 1987.

IV

La productivité générale de l'économie québécoise

La productivité est un concept beaucoup plus complexe qu'on veut bien le laisser croire habituellement. À cause de la disponibilité des données, et aussi parce que c'est la mesure dont la construction et le suivi sont les plus faciles, la productivité du travail[3] reste le concept de la productivité le plus utilisé, entre autres pour les comparaisons internationales. C'est d'ailleurs la seule mesure publiée par Statistique Canada sur une base régulière. Dans le passé, et encore trop souvent aujourd'hui, les données sur la productivité du travail, laquelle se veut avant tout un indicateur commode, ont souvent été mal utilisées ou mal interprétées, servant même à alimenter des préjugés sur l'ensemble des travailleurs et travailleuses et, en particulier, les jeunes et les femmes. Ainsi, souvent, a-t-on entendu dire, à la lumière de ces données, sans vraiment de preuves précises, que les travailleurs canadiens et québécois étaient moins productifs que les Japonais ou les Allemands. Plusieurs ont même prétendu, toujours faussement, que la baisse de la productivité au cours des années 1970 aurait eu comme origine l'accroissement rapide de l'emploi des jeunes et des femmes.

Pour pallier les carences du concept de productivité du travail, les économistes qui analysent la productivité d'une économie utilisent plutôt le concept de *productivité globale des facteurs (PGF)*, qui est l'augmentation nette de la production à la suite de l'augmentation nette de l'ensemble des facteurs de production tels que le travail, les machines, les matériaux, l'énergie.

Ce concept de productivité globale peut être expliqué à l'aide de l'un des paradoxes apparents[4] de la science économique. Par exemple, prenons une entreprise dont on suivrait l'évolution sur dix ans. Si on calcule le taux global d'augmentation des divers facteurs de production (capital, main-d'œuvre, matériel, énergie) nécessaires à la fabrication d'un produit, on trouvera presque toujours que l'augmentation des facteurs de production est plus faible que l'augmentation de la produc-

---

3. La productivité du travail est le plus souvent mesurée comme le rapport entre le PIB et le nombre de personnes employées. Parfois, surtout au niveau sectoriel, elle sera mesurée comme le rapport entre la production brute et le nombre d'heures travaillées, ou encore comme le rapport entre la valeur ajoutée nette et le nombre d'heures travaillées.

4. Explication tirée de : Conseil économique du Canada, *Affermir la croissance : choix et contraintes*, Vingt-deuxième Exposé annuel, Ottawa, 1985.

tion elle-même. Cela s'explique simplement par le fait que les facteurs ont été utilisés avec plus d'efficacité et d'efficience dans l'entreprise. Le même phénomène se produit dans l'économie: la différence entre l'augmentation réelle de la production (PIB) et l'augmentation pondérée du capital et du travail est égale à la productivité globale des facteurs. Car il n'y a que deux façons, globalement, d'augmenter la production: l'augmentation des facteurs de production et l'augmentation de leur productivité.

Un peu de la même façon, en comparant la hausse composite des prix des facteurs de production, on découvrira généralement que celle-ci est plus forte que la hausse des coûts unitaires de production. Cet écart peut aussi servir de mesure de la croissance de la productivité des facteurs. Si cette différence ne va pas en baisse de prix, elle ira en hausse des salaires, et d'une façon ou d'une autre en hausse du niveau de vie. La productivité globale des facteurs doit augmenter pour que les revenus réels augmentent. Ainsi, au Canada, entre 1958 et 1973, les coûts unitaires des facteurs ont augmenté globalement au même rythme que le niveau général des prix, soit environ 3,3 %, en moyenne par année, tandis que le prix moyen des facteurs de production progressait en moyenne de 5,5 % par année. La différence est expliquée par la PGF qui a augmenté de 2,4 % par année. Entre 1974 et 1982, le niveau général des prix et des coûts unitaires des facteurs de production a augmenté respectivement de 10,2 % et 10,4 %, en moyenne par année; le prix des facteurs de production a donc augmenté à peu près au même rythme, reflétant la variation pratiquement nulle de la PGF.

Cette mise au point sur la mesure de la productivité sert à faire comprendre que la productivité ne tombe pas du ciel; il n'y a pas de raison, en soi, qu'une machine ou un ouvrier tout à coup produise plus ou moins. Ce sont donc un ensemble de facteurs qui feront que les facteurs de productions seront plus ou moins efficaces. En particulier, si les travailleurs et les travailleuses ont à leur disposition une quantité plus forte de capital, ils devraient être plus productifs. Il existe d'ailleurs une relation mathématique, dans une économie, entre la productivité globale des facteurs et le capital par employé.

La productivité du travail, faute de mieux, demeure utile pour faire des comparaisons internationales. À ce titre, le graphique 6. permet de constater que depuis 1960 la productivité de l'économie canadienne a été bien en deçà de celle des principaux pays industrialisés. La situation du Québec n'est pas vraiment plus enviable que celle du Canada.

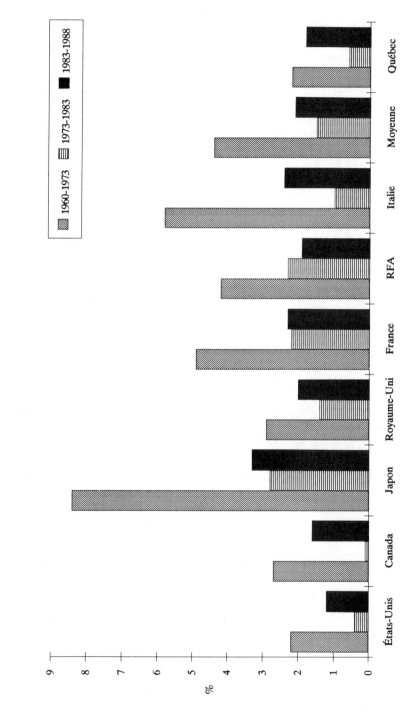

GRAPHIQUE 6
Taux de croissance annuels moyens de la productivité du travail dans quelques pays industrialisés

Ces données font ressortir clairement que la compétitivité des économies canadienne et québécoise, mesurée de cette façon, a chuté au cours des dernières années. Et les causes sont nombreuses. Commençons d'abord par celle la plus fréquemment citée : leur structure industrielle.

Effectivement, la proportion des emplois dans les secteurs de la fabrication, où les gains de productivité sont traditionnellement plus forts, est beaucoup moins importante au Québec et au Canada que dans les pays auxquels on les compare habituellement. Mais elle est loin d'expliquer la faiblesse générale de la croissance de la productivité, d'autant plus que le rythme de tertiarisation des économies a été aussi rapide ailleurs[5], exception faite du Japon, pendant la période analysée. Il faut donc regarder ailleurs.

V

Productivité, main-d'œuvre et investissement

En mettant en relation les données sur la population active, l'emploi, la productivité, on peut faire ressortir qu'il y a une très forte relation, même si elle n'est pas absolue, entre la croissance de la productivité et celle de la population active. Et cela s'explique facilement. Ainsi, une forte hausse de la main-d'œuvre active entraîne presque toujours une baisse relative du coût du travail par rapport au capital. Dans ces conditions, face au choix entre l'achat de machines et d'équipements qui augmenteraient la productivité de leurs employés, et l'engagement de nouveaux employés, les entreprises auront tendance, pour rencontrer une hausse de la demande, à engager des travailleurs supplémentaires. C'est un peu ce qui s'est produit au Québec, au Canada et aux États-Unis, où les hausses de la population active et de l'emploi ont été beaucoup plus fortes que dans les autres pays durant les années 1970 et 1980.

Dans une économie, le niveau des investissements est un indice important du rythme de renouvellement des machines et des équipements, de l'augmentation du stock de capital par travailleur et de la pénétration des nouvelles technologies.

---

5. La structure industrielle reste cependant un facteur important d'explication des niveaux différents de productivité d'un pays à l'autre.

Une comparaison du niveau d'investissement canadien, exprimée en pourcentage du PIB, par rapport aux autres pays (voir graphique 7.), démontre qu'il est globalement comparable à celui des principaux pays industrialisés. Mais la main-d'œuvre canadienne ayant augmenté plus rapidement, le stock de capital par employé a donc augmenté relativement moins vite au Canada, même après avoir fait les ajustements qui s'imposent pour tenir compte des différences dans la croissance économique. De plus, le Canada investit relativement moins dans les machines et les équipements que les autres pays, ce qui est aussi de nature à ralentir le rythme de croissance de la productivité et dénote une tendance à remplacer moins rapidement son stock de capital et ainsi à adopter moins rapidement les nouvelles technologies, comme le confirment d'ailleurs d'autres données.

Par rapport aux *Petits Dragons*, la Corée du Sud, Taïwan, Hong-Kong et Singapour, des pays nouvellement industrialisés, il n'y a pas de comparaison possible : les investissements de ces pays atteignent en moyenne 30 % de leur PIB.

Un bref coup d'œil sur la situation relative du Québec, permet de constater qu'elle est pire que celle du Canada, bien que les investissements québécois se soient relativement mieux comportés au cours des trois dernières années. Ainsi, pour la période 1982-1988, les dépenses brutes de formation de capital, au Québec, n'ont atteint en moyenne que 16 % du PIB comparativement à 21 % pour l'ensemble du Canada. Pour la même période, l'emploi a augmenté légèrement plus vite au Québec, ce qui implique une détérioration relative nette du stock de capital par employé. À long terme cette détérioration a un impact indéniable sur la productivité de l'économie.

Ainsi, compte tenu de l'augmentation plus forte de sa main-d'œuvre, il aurait fallu que le Québec investisse plus depuis vingt ans, pour atteindre des niveaux de productivité plus élevés. Il semble bien que les conditions n'étaient pas remplies pour que cela se produise. Dans les années à venir, la baisse du taux de croissance de la main-d'œuvre favorisera une augmentation du stock de capital par travailleur. Le vieillissement de la population fera sans doute augmenter le niveau de l'épargne et baisser le niveau des taux d'intérêt, favorisant ainsi une hausse des investissements. Le Japon est actuellement aidé par une telle conjoncture. Mais cette hausse ne sera pas automatique ; les déficits gouvernementaux pourraient bien jouer les trouble-fête.

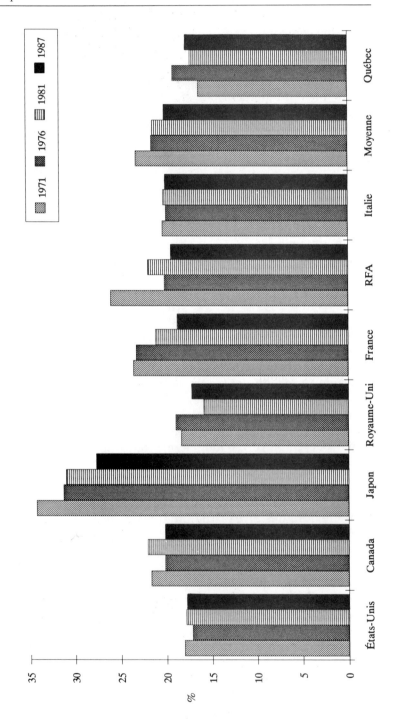

GRAPHIQUE 7

Formation brute de capital fixe, en pourcentage du PIB, pour certaines années, pour quelques pays

VI

Les économies d'échelle

Dans l'économie du Québec, les PME n'ont pas démenti leur importance au cours des dernières années. Bien au contraire, elles ont joué un rôle primordial dans la création de l'emploi. Ces PME apportent sans aucun doute une grande souplesse à l'économie et, en ce sens, aident à la croissance de la productivité. Cependant, une économie ouverte qui veut compétitionner au niveau international se doit d'avoir de grandes entreprises dans des secteurs d'exportation. Plus de 90 % des exportations du Québec proviennent des entreprises de 200 employés et plus; ce sont de plus les grandes entreprises exportatrices qui, souvent, alimenteront la croissance des PME. La croissance du rôle des PME dans la plupart des économies s'explique, par ailleurs, en partie par les changements des méthodes de production des grandes entreprises qui ont entraîné un recours accru à la sous-traitance.

Le phénomène par lequel les grandes entreprises sont habituellement capables de produire à un coût moins élevé que les PME, s'appelle les économies d'échelle. De telles économies existent lorsque, à la suite de l'ajout d'intrants, la production augmente relativement plus que ces nouveaux intrants. Le lien entre les économies d'échelles et la productivité est donc très étroit.

Une étude du Conseil économique, publiée en 1983[6], a démontré que la taille des usines canadiennes des secteurs manufacturiers est inférieure, en moyenne, à environ 30 % de celle des entreprises américaines, laquelle peut théoriquement être considérée comme optimale, compte tenu du choix qui se présente aux manufacturiers américains. Par ailleurs, cette même étude fait ressortir que les secteurs d'exportation du Canada et du Québec étaient justement ceux où la taille des usines canadiennes approchait ou dépassait la taille des usines américaines.

Les raisons qui favorisent de telles économies d'échelle sont nombreuses, les principales étant les indivisibilités dans les facteurs de production, l'existence de coûts fixes et l'accès, pour les grandes entreprises, à de meilleures technologies.

---

6. J. R. BALDWIN et P. K. GORECKI, *Trade, Tariffs and relative plant scale in Canadian manufacturing industries: 1970-1979*, citée dans Conseil économique, *op. cit.*

Les données sur la valeur ajoutée des PME des secteurs manufac-turiers viennent aussi appuyer ce lien entre la taille des industries et la productivité. Ainsi, en 1988[7], les PME des secteurs manufacturiers, avec 46 % des emplois de ces secteurs, n'engendraient que 27 % de la valeur ajoutée. De plus, alors que les PME ont fait des gains pour la proportion des emplois qui leur incombent, leur proportion de la valeur ajoutée a diminué, montrant une croissance moins forte de la productivité que celle des grandes entreprises.

À l'heure de la globalisation des économies et du libre-échange, il est donc important que les entreprises québécoises fassent des choix en terme de spécialisation qui leur permettraient de profiter des écono-mies d'échelle. Les données démontrent d'ailleurs que c'est la voie que celles qui exportent ont empruntée. En effet, les vingt principaux produits d'exportation comptaient pour 62 % des exportations interna-tionales du Québec en 1981 et 70 % en 1988. À ce rythme, avec le libre échange, vers le milieu des années 1990, c'est 75 % des exportations des firmes québécoises que couvriront ces vingt principaux produits. En soit, si elle est accompagnée d'une hausse des exportations, cette tendance est plutôt positive. Une diversification des exportations de-meure toujours un objectif souhaitable, mais il ne doit pas être atteint au détriment de la productivité.

La forte croissance de la valeur ajoutée par heure-personne, dans certains secteurs, démontre aussi qu'une spécialisation des entreprises est en train de s'opérer. Entre 1983 et 1987, la valeur ajoutée des industries du secteur manufacturier québécois a augmenté de 25 % ; les hausses de celle des industries des secteurs du bois, des pâtes et papier et de la première transformation des métaux ont été particulièrement fortes.

Par ailleurs, la concentration des investissements laisse plutôt voir que cette spécialisation ne se fait que dans certains secteurs.

Il reste cependant que la taille des entreprises québécoises et canadiennes demeure, de façon générale, un handicap sérieux à leur compétitivité. Someshwar Rao, du Conseil économique du Canada, estime que 70 % des usines du secteur manufacturier canadien sont trop petites pour concurrencer dans un marché nord-américain de libre-échange[8].

7. Données tirées de : Gouvernement du Québec, *Statistiques des PME manufacturières au Québec*, Édition 1989, Bureau de la statistique du Québec, 1989.
8. Cité par J.-P. GAGNÉ, dans *Les Affaires*, 12 juillet 1989.

VII

Conclusion

L'économie du Québec est-elle concurrentielle? C'est une question à laquelle il est difficile de répondre globalement. Il y a au Québec des secteurs où les entreprises québécoises peuvent de toute évidence affronter la concurrence internationale. Mais globalement, tant au plan de la croissance des coûts de production qu'au plan de celle de la productivité, la compétitivité de l'économie québécoise ne s'est pas réellement améliorée au cours des dernières années. En fait, c'est plutôt parce que les Américains n'ont pas fait mieux que les effets de cette stagnation ne se sont pas véritablement fait sentir. Malgré la spécialisation croissante des entreprises dans certains secteurs, il reste que la taille des entreprises demeure encore, en général, trop petite.

Le Forum européen de gestion, dans son rapport de 1986 sur la compétitivité internationale, où sont comparés la compétitivité de vingt-deux pays de l'OCDE et les facteurs qui influent sur celle-ci, « classe le Canada au 6e rang des pays les plus compétitifs au monde. On pourrait certes dire que ce n'est pas mal, mais ce serait une erreur. Car, de fait, notre niveau mesuré de compétitivité nous situe à 50 % seulement des leaders. Et notre position est loin d'être assurée, vu que nous occupons un rang médiocre pour deux des facteurs les plus importants pour notre compétitivité future. Ainsi, en orientation extérieure, mesure de notre aptitude à soutenir la concurrence dans la globalisation croissante de l'économie mondiale, nous sommes au douzième rang ; en orientation intérieure innovatrice, mesure de notre aptitude à soutenir la concurrence dans le cas de facteurs tels que la technologie, nous sommes neuvième[9]. » Le dernier rapport confirme ces résultats en plaçant le Canada au 4e rang en ce qui a trait à la performance économique générale, mais au 14e rang en ce qui a trait à son aptitude à s'imposer sur les marchés extérieurs et à ses capacités innovatrices. Ce jugement vient confirmer le diagnostic que nous permettent de poser les diverses données évolutives sur les facteurs reliés à la compétitivité de l'économie québécoise.

---

9. Association des manufacturiers canadiens, *La concurrence dans le village terrestre*, Montréal, septembre 1982.

Chapitre 5

Les changements technologiques

I

Un portrait global alarmant

Depuis quelques années, nous sommes entrés dans une nouvelle ère technologique. Dans les années qui viennent, de nouveaux produits naîtront et certains des produits existants seront radicalement transformés. Les entreprises participant à une guerre des prix et de la qualité, de même qu'à la course aux nouveaux clients, tenteront de tirer leur épingle du jeu en faisant des changements constants et rapides à leurs produits et leurs processus de production. La technologie aura un rôle important à jouer tant dans l'abaissement des prix que dans la transformation des produits.

Diverses études sur la productivité ont démontré que le progrès technologique serait responsable d'une partie importante des gains de productivité. J. W. Kendrick[1] a évalué que durant la période 1948 à 1969, aux États-Unis, le progrès technique a été responsable de 72 % de l'augmentation de la productivité. Au minimum, ce serait 40 % des gains de productivité qui viendraient des changements technologiques.

---

1. J. W., KENDRICK, *Productivity in the United States: Trends and Cycles*, Baltimore, John Hopkins University Press, 1980.

Le niveau de pénétration de la technologie dans un pays, ou même dans une industrie, est plutôt difficile à mesurer. En fait, les seules mesures fiables qui ont été développées en matière d'innovation ou d'adoption des nouvelles technologies sont plus reliées aux intrants, soit la recherche et le développement et les investissements, qu'aux innovations proprement dites. Ce qui veut donc dire que ces mesures sont plus facilement attaquables. Par exemple, il est difficile de réfuter formellement l'affirmation, maintes fois entendue, qu'il n'y a pas nécessairement de lien entre le niveau de recherche et de développement et l'innovation ou l'adoption des nouvelles technologies. On peut effectivement donner des exemples d'innovations qui ne proviennent pas d'un long processus de recherche et de développement. Mais en pratique, comme le prouvent d'ailleurs plusieurs études, « il est démontré hors de tout doute que les compagnies avec les plus fortes performances sur leurs marchés sont aussi celles qui dépensent le plus, proportionnellement, en R&D[2]. »

Effectivement, le lien entre l'innovation, l'adoption des technologies nouvelles et les dépenses en recherche et développement ne sont pas des liens de proportionnalité, ne serait-ce qu'à cause des indicateurs très globaux qui cachent des réalités souvent complexes. Par exemple, en terme relatif, le Japon et les États-Unis ont un niveau comparable de dépenses en recherche et développement. De l'avis de tous, le premier est nettement plus innovateur que le second. Il n'est pas rare que le Japon, par l'innovation, parte d'une invention américaine pour fabriquer des biens qui seront des succès commerciaux, le plus bel exemple étant la radio transistor. Mais il faut cependant éviter de tirer trop rapidement des conclusions : le Japon a un niveau de recherche et de développement plus que respectable, en particulier dans le domaine industriel où les Japonais dépassent aisément les Américains. L'idéal est sûrement de pouvoir être à la fois inventif et innovateur.

Les données comparant la productivité et la compétitivité des pays sont aussi très éloquentes : il existe un lien clair entre les efforts d'un pays au plan des moyens pour inventer, innover et diffuser les technologies nouvelles, sa compétitivité et la croissance de sa productivité et de sa richesse.

Un Conseil consultatif, au premier ministre de l'Ontario, sur la science et la technologie, a publié le résultat d'une recherche visant à mesurer la performance du Canada en science et technologie. Les

---

2. La conclusion est tirée d'une étude de *Business Week*, « Innovation in America », numéro spécial, 1989, p. 177.

auteurs de l'étude ont procédé à des comparaisons internationales à partir de données de l'OCDE et de diverses sources. Leurs résultats, résumés dans le tableau 2., font ressortir un portrait inquiétant de la performance du Canada en matière technologique, tant au niveau des montants investis en R-D qu'au niveau de sa capacité de transformer ces montants en produits.

TABLEAU 2.
**Sommaire de la performance du Canada
en science et technologie**

Mesure de compétitivité	Le niveau du Canada parmi huit pays*
Les dépenses en R-D en pourcentage du PIB	Dernier
R-D financés par l'industrie en % PIB	Dernier
R-D financés par le gouvernement en % PIB	Avant-dernier
R-D faits par le gouvernement en % PIB	Médian
R-D de l'enseignement supérieur en % PIB	Avant-dernier
Brevets accordés aux résidents par 100 000 habitants	Avant-dernier
Brevets internationaux accordés par 100 000 habitants	Dernier
Nombre de certificats accordés en science et en génie par 100 000 habitants	Médian
Scientifiques et ingénieurs dans la main-d'œuvre par 100 000 habitants	Dernier
Nombre d'industries à forte intensité de technologie ayant une balance commerciale positive	Dernier

* France, Allemagne de l'Ouest, Japon, Suisse, Suède, Royaume-Uni, États-Unis et Canada.

Source: Canada Consulting et Telesis, cité dans Association des manufacturiers canadiens, *op. cit.*, 1989.

Ce tableau se passe de commentaires: le Canada se classe dernier ou avant-dernier pour presque tous les indicateurs mesurant la capacité d'un pays à capitaliser sur les découvertes technologiques, c'est-à-dire innover. Les analyses qui suivent vont venir confirmer et préciser ce portrait inquiétant.

II

Les dépenses en recherche et développement

L'indicateur le plus souvent utilisé pour analyser et comparer la situation d'un pays, par rapport aux autres, au plan du progrès technologique, est le niveau des dépenses en recherche et développement. Cet indicateur permet habituellement de mesurer aussi les efforts d'innovations technologiques et, dans une moindre mesure, les efforts d'adoption des technologies nouvelles. Ce n'est qu'une mesure d'input, mais il y a de fortes chances qu'en terme relatif les niveaux d'output soient globalement comparables.

Selon les dernières données disponibles[3], en 1987, le Canada consacrait 1,41 % de son produit intérieur brut (PIB) à la recherche et au développement, soit 7,2 milliards de dollars. Durant la même année, au Québec, le montant des dépenses en R-D était de 1,5 milliards de dollars, soit 1,25 % du PIB, en baisse par rapport au niveau de 1,38 % atteint en 1985, mais en hausse par rapport au niveau atteint au début des années 1980. Le niveau des dépenses en R-D n'était alors que 1,0 % du PIB. Mais le Québec a perdu du terrain par rapport à l'Ontario. Dans cette province le niveau des dépenses en R-D atteignait 1,90 % du PIB en 1986, par rapport à 1,5 % en 1981. En fait, la part du Québec dans les dépenses en R-D au Canada n'a pratiquement pas bougé depuis 10 ans; elle se situe à 21 % comparativement à 54 % pour l'Ontario dont la domination ne cesse de s'affirmer.

Pour donner un aperçu de l'importance de la R-D au Québec, soulignons simplement que son niveau équivaut à moins du tiers de la dépense de General Motors ou IBM en R-D, soit 4,7 milliards de dollars pour la première et 4,4 milliards pour la seconde.

Comme le démontre le graphique 8., le Québec est loin d'occuper une place enviable par rapport à l'Ontario; en comparaison avec les autres pays industrialisés, c'est encore pire. Parmi les dix plus importants pays industrialisés, le Canada occupe l'avant-dernier rang, avec un niveau relatif de dépenses en R-D deux fois moins élevé que ceux des États-Unis, de l'Allemagne, de la Suède et du Japon. Le Québec suit derrière. Ce retard du Québec et du Canada dure depuis des

---

3. Les données de ce chapitre, à moins d'avis contraire, ont été tirées de: Conseil de la science et de la technologie, *Science et technologie: Conjoncture 1988*, Québec, septembre 1988.

GRAPHIQUE 8
Dépenses intérieures en R-D, en pourcentage du PIB

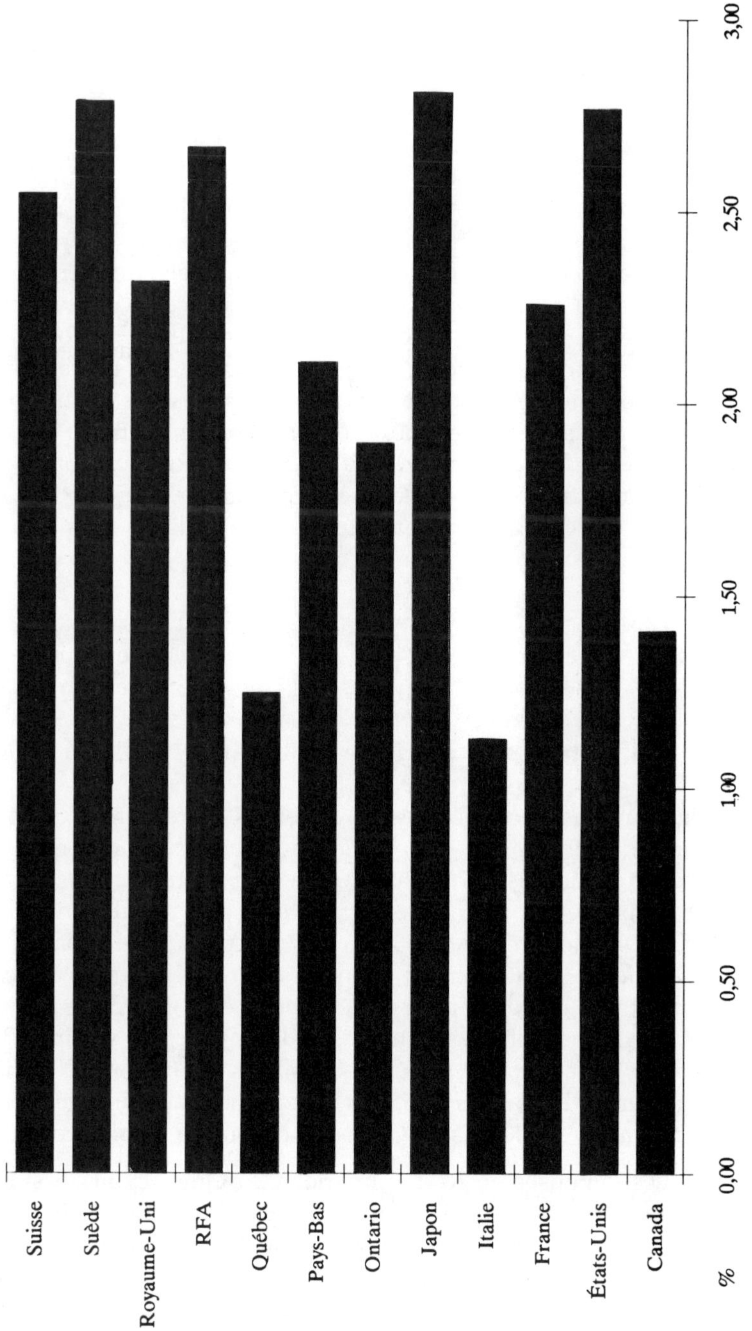

années et s'est même accentué par rapport à certains pays dont le Japon, où le niveau de R-D est passé, entre 1979 et 1985, de 2,1 % à 2,81 % du PIB, et la Suède, où les dépenses en R-D ont bondi de 1,7 % à 2,8 % du PIB durant la même période.

Mais la proportion des dépenses en recherche et développement par rapport au PIB recouvre plusieurs réalités et il se peut donc qu'elle ne soit pas une mesure exacte de la capacité d'un pays à compétitionner au plan technologique. Les efforts des entreprises en R-D, c'est-à-dire la recherche et le développement industriels, donnent sans doute, à ce niveau, une meilleure idée de l'importance accordée aux activités de R-D liées au marché. Le graphique 9. montre que le portrait que l'on peut alors tracer est encore moins reluisant que le précédent : pour la recherche et le développement des entreprises, les États-Unis, l'Allemagne, la Suède et le Japon dépensent en proportion de leur PIB deux fois et demie de plus que le Canada et le Québec. Compte tenu de l'importance du PIB de certains de ces pays, au niveau des montants que cela représente, il n'y a plus de comparaison possible.

III

Un portrait plus précis de la R-D industrielle au Québec

Malgré la croissance récente des dépenses de recherche et de développement des entreprises, la position du Québec par rapport à l'Ontario se détériore depuis 1979, en ce qui a trait au niveau des dépenses en R-D. Ainsi, cette province a augmenté sa part des dépenses canadiennes en R-D industrielle de 53 % à 60 %, pendant que la part du Québec passait de 25 % à 23 % : au cours des dernières années, la croissance des dépenses des entreprises québécoises en R-D a donc été nettement plus faible que celle des entreprises de la province voisine. Est-il utile d'ajouter qu'avec des dépenses globales d'environ 900 millions de dollars en R-D industrielle, sur une production intérieure brute de 135 milliards de dollars le Québec ne peut se permettre de stagner ?

Les dépenses en R-D industrielle du Québec ont aussi la caractéristique d'être concentrées dans quelques industries et dans quelques entreprises. À elles seules, les entreprises des secteurs de l'aéronautique et du matériel de communication font près de 40 % de la R-D

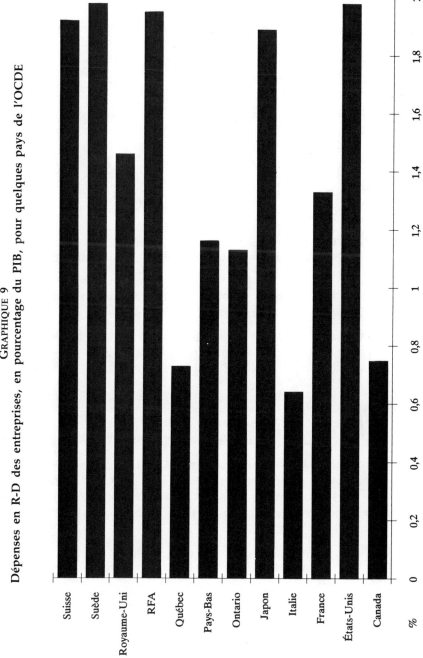

GRAPHIQUE 9

Dépenses en R-D des entreprises, en pourcentage du PIB, pour quelques pays de l'OCDE

industrielle[4]. Les autres secteurs investissant significativement en R-D, mais venant loin derrière les deux secteurs précédents, sont ceux des produits chimiques, des machines de bureau, des médicaments, des pâtes et papier et des services, dont les dépenses des bureaux d'ingénieurs qui ont connu une augmentation de 45 % entre 1981 et 1986. Voici d'ailleurs quelques comparaisons qui situent mieux la R-D québécoise:

- globalement, la part du Québec, dans les dépenses canadiennes en R-D des industries de la fabrication, est passée de 28 % à 25 %, entre 1981 et 1986;

- entre 1979 et 1986, la part de la R-D industrielle exécutée au Québec, dans les industries à forte intensité technologique[5] est passée de 34,5 % à 24,5 %, pendant que celle de l'Ontario passait de 61,1 à 67,8 %;

- durant la même période, la part des dépenses en R-D de l'industrie de l'aéronautique québécoise dans l'ensemble canadien, passait de 71 % à 55 %;

- le secteur des médicaments a aussi perdu des points alors que sa part des dépenses canadiennes est passée de 61 % à 32 %;

- seulement 15,4 % de la R-D canadienne dans le secteur du matériel électronique sont faits au Québec, alors que 36 % des livraisons proviennent de la province;

- les dépenses en R-D des entreprises de services informatiques, malgré la forte hausse des dernières années, ne représentent que 9 % des dépenses totales dans ce domaine au Canada, alors que 22 % des services sont produits au Québec.

Concentrée au niveau des secteurs, la R-D industrielle est aussi concentrée au niveau des entreprises. En 1987[6], il y avait à peine 857 entreprises et l'équivalent de 9 000 personnes, à plein temps, engagées dans la R-D industrielle. Autre indice de la concentration des dépenses

---

4. Les vedettes de la R-D industrielle sont Pratt & Whitney, la plus importante avec près de 1 500 personnes affectées à la R-D, Canadair, Bell Helicopter, Marconi, Bell-Northern, Northern Telecom, CAE.
5. Selon la classification de Statistique Canada, la catégorie des industries à forte intensité technologique regroupe les industries des avions et pièces, des caoutchoucs et plastiques, des drogues et médicaments, des autres produits chimiques, des machines de bureau, des équipements de communication, du matériel scientifique et professionnel.
6. Données tirées du Gouvernement du Québec, *La R-D au Québec: Répertoire 1987-1988*, Québec, ministère de l'Industrie, du Commerce et de la Technologie, 1988.

de recherche et de développement: les 10 entreprises faisant le plus de recherche et de développement comptent pour 52 % des dépenses totales comparativement à 34 % dans l'ensemble du Canada. Près de 75 % des dépenses en R-D sont faites par les 50 entreprises qui dépensent le plus dans ce domaine, par rapport à 57 % seulement dans l'ensemble du Canada.

La conclusion qui ressort de ces quelques chiffres est claire: la recherche et le développement est essentiellement le lot de la grande et, surtout, de la très grande entreprise.

La concentration des dépenses en R-D, dans un petit pays comme le Québec, n'est pas nécessairement une caractéristique négative, bien au contraire. Mais il ne faudrait pas oublier que nous avons comparé le Québec avec le reste du Canada et que ce pays, dans les secteurs fortement concurrentiels au niveau international, occupe une place peu enviable. À titre d'exemple, dans le secteur des pâtes et papiers, secteur important s'il en est un pour le Québec, les entreprises n'investissent qu'environ 0,6 % de leurs ventes en R-D, par rapport à 1 % pour les entreprises américaines et 2,6 % pour les entreprises suédoises[7]. Les entreprises québécoises, avec ce rythme de dépenses, risquent de toujours être à la remorque des technologies étrangères, bien que les conditions de l'exploitation forestière au Québec soient parfois bien différentes de celles des autres pays.

IV

Le soutien général à la recherche et au développement

Les comparaisons internationales montrent que la participation directe des fonds publics au financement de la R-D au Canada et au Québec se situe dans la moyenne. Cependant, en tenant compte des dépenses en R-D reliées à la Défense, qui accaparent respectivement 70 %, 32 %, 51 % et 26 % des crédits de R-D des gouvernements américain, français, anglais et suédois, comparativement à 7 % au Canada, la participation des gouvernements à la recherche et au développement, au Canada, est donc relativement importante.

---

7. Chiffres tirés de: D. BELLON, *L'industrie papetière au Québec*, dans: Gouvernement du Canada, *L'économie du Québec 1988*, Montréal, ministère de l'Industrie, de la Science et de la Technologie du Canada, 1989.

Les gouvernements font eux-mêmes de la recherche et du développement; ils en font exécuter à contrat et subventionnent les institutions d'enseignement et les universités et offrent des encouragements fiscaux. Au cours des dernières années, le gouvernement fédéral et le gouvernement du Québec ont nettement favorisé l'aide indirecte à la R-D plutôt que l'aide directe. Le Canada est d'ailleurs parmi les pays les plus généreux pour les mesures fiscales favorisant la recherche et le développement. Les mesures récentes du gouvernement provincial font du Québec la province offrant le meilleur soutien fiscal à la R-D. Le coût de ces mesures fiscales du gouvernement du Québec est estimé à environ 125 millions de dollars par le ministère des Finances.

Il est difficile de mesurer les effets des mesures fiscales sur le niveau de la recherche et du développement. Plusieurs études[8] ont démontré que, règle générale, ce sont les grandes entreprises qui en profitaient et qu'elles n'ont pas l'effet d'accroître sensiblement l'effort de la R-D. Tout au plus, les mesures fiscales permettraient d'accélérer le rythme de la R-D lorsque les autres conditions pour son développement sont remplies. Le fait qu'au Canada et au Québec elles se soient multipliées sans que le portrait général de la R-D ne change, est probablement la meilleure preuve de leur inefficacité.

Si on voulait porter un jugement global sur le financement de la R-D au Canada, on pourrait dire que les gouvernements font des efforts louables, mais que les industries ne suivent pas. Cependant, pour parler de véritable leadership de la part du gouvernement, il faudrait que les montants alloués soient plus importants ou que l'aide soit davantage orientée et mieux adaptée. Car il semble que ce soit là les faiblesses majeures de l'aide des gouvernements à la R-D, au Canada.

Par exemple, en 1987, le gouvernement fédéral a dépensé 4,1 milliards de dollars pour la science et la technologie. Un examen de la répartition de ces dépenses[9] montre, d'une part, qu'une faible partie d'entre elles était dirigée vers l'industrie, soit environ le quart de l'aide, et que, d'autre part, elles n'étaient pas dirigées vers des secteurs et des produits susceptibles d'améliorer la productivité du Canada et de répondre aux besoins des entreprises. En un mot, la répartition des subventions du gouvernement fédéral à la recherche et au développe-

---

8. Dont quelques-unes sont citées dans: Conseil de la science et de la technologie, *Science et technologie: Conjoncture 1985*, Québec, avril 1986.
9. Selon une étude de Canada Consulting et Telesis Analysis, citée dans Association des manufacturiers canadiens, *op. cit.*, 1989, p. 3-9.

ment, en partie à cause de la forme qu'elles prennent, favorise très peu la R-D susceptible de conduire à l'innovation et à l'amélioration de la compétitivité de l'industrie, contrairement à l'aide apportée par le gouvernement de certains pays, dont le Japon.

La voie fiscale, en absence d'une véritable politique de R-D est un moindre mal; mais c'est loin d'être la solution idéale. Vouloir garder la neutralité que garantissent les mesures fiscales en matière de R-D, compte tenu du retard du Québec et du Canada et de leur taille qui limitent les possibilités, est un non sens.

V

La diffusion des technologies

Il existe peu de données sur l'état de la diffusion de la technologie au Canada et au Québec. Une étude du Conseil économique du Canada a montré que, sur la période 1960-1979, il existait un décalage moyen de 8,7 ans entre l'introduction d'un procédé de production dans le monde et son adoption au Canada. Une étude plus récente du même organisme, amorcée en 1985[10], « a montré que l'informatique a connu un taux de pénétration important dans l'industrie canadienne au cours de la période 1980-1985 mais que, malgré tout, il continue d'accuser un retard important sur les autres pays industrialisés. » Autres exemples[11] :

- les machines-outils à commande numérique ne représentaient, en 1983, que 4,4 % de l'ensemble des machines-outils achetées au Canada, le plaçant loin derrière le Japon (38,1 %), les États-Unis (12,9 %) et le Royaume-Uni (8,1 %);

- en 1984, le Canada se situait au neuvième rang des dix principaux pays industrialisés en ce qui concerne l'utilisation des robots. On y comptait 3,7 robots par 10 000 emplois, comparativement à 20,2 en Suède, 7,2 en Allemagne et 4,7 aux États-Unis.

---

10. G. BETCHERMAN et K. MCMULLEN, *La technologie en milieu de travail — Enquête sur l'automatisation au Canada*, Conseil économique du Canada, 1988. Cité dans Gouvernement du Canada, *op. cit.*, 1989.
11. Tirés de C. VALIQUETTE et C. LUSSIER, *Diffusion de technologies*, dans Gouvernement du Canada, *op. cit.*, 1989.

Revenons au Québec. Une enquête de Statistique Canada en 1986 avait montré une différence significative dans la pénétration des technologies entre le Québec, l'Ontario et le Canada. Le retard du Québec dans les technologies des communications était particulièrement inquiétant. Au niveau sectoriel, cette enquête de 1986 révélait que, systématiquement, les entreprises du Québec utilisent moins de technologies de production avancées que l'Ontario. L'écart entre le Québec et l'Ontario était notamment fort dans les industries traditionnelles, et en particulier dans l'industrie des aliments. Dans le secteur de pointe des produits électriques et électroniques, 57 % des entreprises québécoises utilisaient au moins une technologie avancée de fabrication par rapport à 80 % en Ontario. Pour l'ensemble du secteur manufacturier, 45 % des entreprises québécoises, en 1986, utilisaient au moins une technologie avancée de production comparativement à 57 % en Ontario.

Une nouvelle enquête menée en mars 1989 montre des progrès, mais il en ressort toujours que, de façon générale, les technologies de production de pointe (la conception et la fabrication assistées par ordinateur, les robots, les machines à commandes numériques, les systèmes automatisés de gestion du matériel et les machines informatisées de contrôle des procédés de fabrication) sont peu utilisées au Canada, et que le Québec, accuse toujours un retard sur l'Ontario. La situation des PME serait catastrophique.

Selon les compilations de l'Association de CAO/FAO, 65 % des entreprises québécoises œuvrant dans les huit secteurs représentant des défis majeurs, au plan de la concurrence, n'utilisaient aucune des technologies de pointe énumérées précédemment (voir graphique 10.)[12].

VI

Les conséquences

Les conséquences d'un retard dans la diffusion des nouvelles technologies sont importantes. D'abord, la productivité du Québec augmente moins rapidement que celle de plusieurs des pays développés avec lesquels il doit compétitionner sur les marchés internationaux. Ensuite,

---

12. Tiré de : *Les Affaires*, 18 novembre 1989.

GRAPHIQUE 10

Proportion des entreprises utilisant des technologies de pointe, dans huit secteurs majeurs

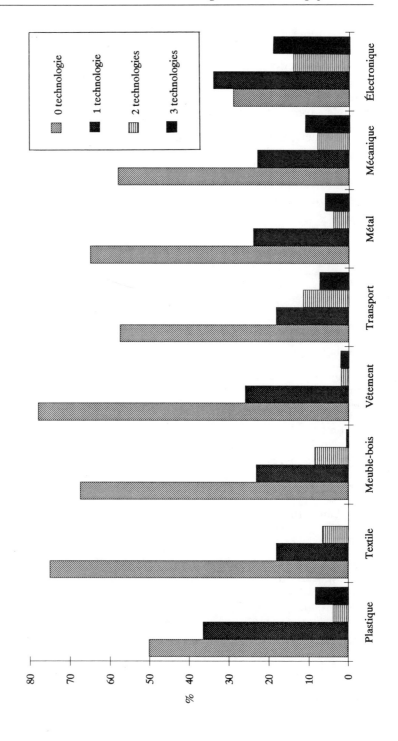

nécessairement, un niveau d'innovation déficient entraîne une performance médiocre au plan du commerce des produits de la haute
technologie. Ainsi, sur dix pays répertoriés par l'*European Management
Forum*, le Canada est celui qui met le plus de temps à commercialiser
une innovation technologique, sept ans comparativement à trois ans
pour le Japon[13].

La performance canadienne dans l'innovation est illustrée aussi,
par les données du tableau 3. qui permettent une comparaison internationale des demandes de brevets, seule mesure, malgré ses faiblesses,
de l'innovation et du niveau d'avancement technologique d'un pays.
Les résultats, là aussi, démontrent une faiblesse évidente.

TABLEAU 3.
Indicateurs d'invention et d'innovation

		Demande de brevets			
	Dépenses en R-D en % PIB	nationales totales	dont de l'étranger (%)	à l'étranger	Total par 100 000 hab.
Allemagne	2,67	75 231	56,6	93 974	208
Canada	1,41	27 574	92,4	6 426	34
États-Unis	2,77	121 188	47,3	149 707	89
France	2,26	54 766	77,8	36 773	89
Italie	1,13	38 427	94,6	16 596	33
Japon	2,81	305 345	10,2	74 363	289
Pays-Bas	2,11	30 634	92,7	13 496	109
Royaume-Uni	2,32	67 953	70,8	37 553	101
Suède	2,79	29 571	86,9	15 219	229
Suisse	2,55	27 898	87,0	24 790	435

Source: OCDE.

Une autre mesure des effets de la faiblesse de la R-D au Québec et
au Canada est la performance sur les marchés internationaux des biens
de haute technologie, qui est habituellement mesurée par la capacité
d'un pays à couvrir ses importations, pour cette catégorie de biens, par
des exportations. Les résultats, là aussi, sont conformes à ce qu'on
pourrait prédire. Ainsi, les exportations canadiennes incorporant des
technologies avancées ne couvrent que 46 % des importations de tels
biens, tandis que ce taux est de 129 % pour l'Allemagne, 80 % pour la
Belgique, 88 % pour le Danemark, 83 % pour les États-Unis, 99 % pour

---

13. Cité dans S. GODIN, *Bâtir le Québec technologique*, notes d'un discours prononcé devant
les membres de la Fédération d'informatique du Québec, Montréal, mai 1989.

la France, 570 % pour le Japon et 100 % pour le Royaume-Uni. En fait, seuls quelques pays vraiment sous-développés au plan technologique font moins bien que le Canada.

La performance du Québec dans le commerce international des biens ayant un contenu technologique, à cause des méthodes de comptabilisation des importations, ne peut être mesurée que par les exportations. Entre 1981 et 1987, à cause surtout d'une hausse des exportations des produits de l'aéronautique et des équipements électroniques et du matériel de télécommunication, les exportations des produits de la haute technologie ont doublé pendant que l'ensemble des exportations augmentait de 20 %. Cependant les exportations québécoises de ce type de produits sont stagnantes depuis trois ans autour de 2 milliards de dollars. De plus, les exportations ontariennes, en croissance rapide, sont maintenant 3,5 fois plus élevées que les exportations québécoises.

VII

Les causes

Si le Canada, en proportion de sa richesse mesurée comme le PIB per capita, dépensait autant que les principaux pays industrialisés, son niveau de dépenses en R-D serait à environ 2,7 % de son PIB; celui du Québec serait à 2,5 % de son PIB. Il y a donc sûrement des raisons qui expliquent ce retard.

La première est le niveau élevé de croissance de la main-d'œuvre qui, depuis plusieurs années, favorise l'utilisation de ce facteur de production au détriment des technologies nouvelles à faible intensité de main-d'œuvre. Le second facteur est la structure industrielle du Québec, et en particulier l'importance des industries plus traditionnelles, faibles consommatrices de technologies. Cependant, cette différence dans la structure industrielle n'expliquerait que 25 % de la différence entre la R-D industrielle au Québec et la R-D industrielle en Ontario. L'autre 75 % d'écart serait le résultat d'une différence importante d'intensité de dépenses entre les entreprises des deux provinces.

La taille relativement plus petite des entreprises québécoises influence incontestablement aussi le niveau de la R-D: la R-D est le lot essentiellement des grandes entreprises. Les PME jouent un rôle plus important au Québec qu'en Ontario et aux États-Unis. Ainsi, dans le secteur manufacturier, au Québec, 31 % des emplois sont concentrés dans les entreprises de 100 employés et moins, tandis que cette proportion n'est que de 23 % en Ontario et aux États-Unis.

L'importance de la place prise dans l'économie par les entreprises de propriété étrangère est une autre raison souvent citée pour expliquer le faible niveau de recherche et de développement au Québec et au Canada. Mais cette affirmation doit être pondérée, à la lumière de quelques données supplémentaires. Ainsi, les multinationales sont beaucoup plus présentes en Ontario qu'au Québec et cela n'empêche pas cette province d'avoir un niveau de R-D deux fois et demie plus élevé qu'au Québec. D'autre part, 12 % des entreprises qui font de la R-D industrielle au Québec sont de propriétés étrangères, mais elles effectuent 33 % de la R-D industrielle. Ces données s'expliquent, bien sûr, par la taille des entreprises sous propriétés étrangères et par les secteurs dans lesquels elles sont présentes. Néanmoins, faute d'entreprises nationales pour prendre la relève, l'apport des multinationales ne doit pas être sous-estimé, surtout lorsqu'elles ont des mandats internationaux de R-D, comme Pratt & Whitney et IBM. De plus, ces filiales de multinationales sont souvent de fortes importatrices de technologie en provenance des maisons-mères[14], lesquelles sont susceptibles de créer des effets d'entraînement sur les entreprises nationales.

Finalement, parmi les autres facteurs susceptibles d'influencer l'innovation, la R-D et la diffusion de la technologie, il y ceux qui sont d'ordre sociologique et ceux reliés à la disponibilité d'une main-d'œuvre qualifiée. Il se peut aussi, que l'absence d'un leadership assumé par les universités, les entreprises ou les gouvernements fasse grandement défaut.

VIII

La dynamique entre les divers intervenants dans la R-D

Les intervenants majeurs, au Québec, en matière de R-D sont les entreprises, les gouvernements fédéral et provincial et les universités.

---

14. Selon le relevé de 1983, 70 % des paiements pour transfert international de technologies, au Québec, étaient faits par des filiales d'entreprises à propriétés étrangères. La moitié des montants reçus au Québec pour la vente de technologies étaient aussi le lot de multinationales.

Au Québec, la participation des entreprises et des organismes publics dans le financement des 1,5 milliards de dollars de R-D se répartit également, chacun assumant 45 % des dépenses. Le reste est financé par des organismes privés sans but lucratif (OPSBL), essentiellement des fondations qui viennent en aide aux universités. Les exécutants de la R-D sont:

- pour 16 % des dépenses, les gouvernements, dont 12 % sont assumés par le gouvernement fédéral et 4 % par le gouverne-ment du Québec. En Ontario, à cause de la place du gouverne-ment fédéral dans la R-D, les gouvernements font 22 % de la R-D. En fait, seulement 12,3 % des 1 417 millions de dollars de dépenses en exécution de R-D du gouvernement fédéral sont faits au Québec comparativement à 55,7 % en Ontario. Sur la base de la répartition de la population, cette proportion devrait être respectivement 25 % et 35 %;

- pour 58 %, l'industrie (60 % en Ontario). Près de 13 % de ces dépenses sont financés par les gouvernements, dont 11 % par le gouvernement fédéral;

- pour 24 %, les institutions d'enseignement supérieur (17 % en Ontario).

Le gouvernement du Canada, à cause de la forte présence des ministères et des centres de recherche dans la région de la capitale fédérale, ne fait pratiquement pas de recherche au Québec. Et il ne se reprend pas nécessairement par des subventions ou des contrats plus élevés. Globalement, le Québec ne reçoit que 28 % des dépenses fédérales en recherche *extra-muros*. Donc, il n'y a que 15,4 % des dépenses totales en activités scientifiques du gouvernement canadien, qui reviennent au Québec sous différentes formes par rapport à 57,3 % en Ontario. Avec les 200 millions de dollars de plus qui devraient lui échoir, sans préjuger des autres dépenses qui pourraient ainsi être engendrées, les dépenses en R-D du Québec monteraient à 1,4 % du PIB contre 1,25 % actuellement.

Depuis plusieurs années, la contribution du gouvernement fédé-ral à la R-D des entreprises au Québec a fait l'objet de nombreuses critiques. En particulier, les entreprises québécoises reçoivent moins de 10 % des contrats de recherche octroyés par le gouvernement fédéral comparativement à 65 % pour les entreprises ontariennes. Pour sa défense, le gouvernement fédéral soutient qu'une plus grande part des subventions va au Québec. C'est effectivement le cas. En 1986, le Québec a reçu 49 % des subventions à la recherche et au développement destinées aux entreprises et l'Ontario 31 %. Cependant 65 %[15] de ces subventions ont été versés au titre du Programme de productivité de l'industrie du matériel de défense. Il est reconnu que ce type de subventions a peu d'effet sur l'innovation et la compétitivité d'une économie.

Au cours des dernières années, les gouvernements ont tenté de changer la dynamique entreprises-universités afin de créer entre ces deux groupes majeurs une meilleure collaboration dans la R-D[16]. En vue donc de favoriser les échanges entre les universités et les entreprises, le gouvernement fédéral a rendu une partie de ses nouveaux fonds dédiés aux universités conditionnelle à une participation des entreprises au financement des projets. Bien entendu, cela n'a pas changé radicalement la situation antérieure, de telle sorte que le Québec est défavorisé *de facto*.

Quant à la coordination des actions des gouvernements fédéral et québécois, au-delà de l'harmonisation des politiques fiscales, elle est supposée passer par l'entente auxiliaire sur le développement de la science et de la technologie. En fait, ces ententes sont plus un moyen de canaliser des fonds qui existent déjà qu'un moyen de servir d'outils de coordination, quoiqu'on en dise dans les discours.

IX

Conclusion

Récemment, le gouvernement du Québec, tout en se fixant des objectifs ambitieux, a décidé de geler pratiquement les crédits directs de soutien à la R-D, préférant la voie fiscale. L'Ontario, à travers une politique articulée, s'apprête à canaliser 400 millions de dollars dans des projets industriels de nature coopérative ou précompétitive. Elle investira aussi 200 millions dans sept centres d'excellence. « Pendant

---

15. En fait, des 119 millions de dollars en subventions à la recherche et au développement au secteur privé versés par le ministère de l'Expansion économique régionale en 1987, 94 millions, soit 79 %, ont été alloués au titre du Programme de productivité de l'industrie du matériel de la défense.
16. Les entreprises ne financent que 2,8 % des dépenses de R-D des universités, au Québec. En Ontario, cette proportion est 4,9 %. Parmi les universités québécoises, il y a aussi des inégalités, l'Université McGill recevant relativement plus de commandites de la part des entreprises que les université francophones.

plusieurs années, le Québec avait été le leader des provinces en matière de recherche scientifique et technologique et dans la mise en œuvre de nouveaux programmes de soutien. Ce rôle est aujourd'hui dévolu à l'Ontario[17]. » Le *virage technologique*, publié en 1982, était à l'époque l'énoncé de politique scientifique et technique le plus élaboré n'ayant jamais été publié au Canada. Il a été à la base de l'avancement récent du Québec au plan technologique. Sans être complètement dépassé, cet énoncé de politique doit être révisé. Mais une politique scientifique, pour être efficace, doit être àccrochée à une politique de développement industriel. *Bâtir le Québec* n'avait-il pas précédé *Le virage technologique*!

Le mot de la fin de ce portrait un peu désastreux de l'état de la recherche et du développement au Québec revient à Serge Godin, président de CGI et ex-président de la chambre de commerce de Montréal : « La situation (de la R-D) est dramatique : au rythme où nous laissons aller les choses, nous sommes bien partis pour devenir un pays sous-développé au plan technologique[18]. »

---

17. Conseil de la science et de la technologie, 1988, *op. cit.*, p. 138.
18. S. Godin, *op. cit.*, p. 16.

Chapitre 6

À la recherche de l'excellence

I

Quelques constatations générales

Dans le seul numéro du 23 octobre 1989 de *Fortune*, deux des quatre articles qui faisaient la une portaient sur l'excellence. Le premier, *The Best Cities for Business*, présentait les résultats d'une étude des facteurs qui caractérisent les centres urbains qui attirent les entreprises. En tête de la liste, se retrouve la disponibilité d'une main-d'œuvre de qualité.

Le second, *Why U.S. Carmakers are losing ground*, mettait l'accent sur l'excellence dans la production. Selon l'auteur de l'article, on ne peut reprocher aux trois grands de l'automobile de ne pas avoir pris le virage de la qualité, de la productivité et de la technologie ; pourtant, ils continuent de perdre du terrain par rapport aux manufacturiers japonais, leur part de marché aux États-Unis étant passée de 84 % en 1978 à 68 % en 1989. Parmi les causes de cet échec, illustrées par un sondage mené auprès des acheteurs de voitures neuves, se retrouve la différence dans la qualité des produits.

Ainsi, au cours des deux dernières années, le nombre de défauts rapportés pour les automobiles neuves américaines, pendant les 90 jours qui suivent leur achat, est passé de 177 par 100 véhicules à 163, un gain de 8 %. Pour les voitures japonaises importées, pendant ce temps, le nombre de défauts rapportés est passé de 129 à 119 par 100 véhicules.

John Krafcik du MIT a visité quarante usines de fabrication d'automobiles, dans 13 pays. Selon ses estimations, les usines japonaises sortent une automobile avec 20,3 heures de travail; la production de la même automobile nécessite 24,4 heures de travail aux États-Unis et 32,9 heures en Europe. Selon Krafcik, « les succès des Japonais ne doivent pas être attribués à une plus grande automatisation ou à des automobiles plus simples à construire, mais surtout à un management supérieur et une plus grande implication des travailleurs[1]. » L'écart entre les salaires des ouvriers américains et des ouvriers japonais continue à diminuer, il n'est plus que de 9 %, avec la dévaluation récente du dollar américain. Il faudra bien un jour ou l'autre se résoudre à regarder ailleurs pour expliquer la domination des Japonais sur les marchés des biens de consommation.

Dans un tout autre ordre d'idées, *La Presse* du 1er novembre 1989 titrait en première page: « 40 pour cent des nouveaux étudiants de l'Université de Montréal échouent au test de français. » Dans un autre article, le 20 novembre 1989, le journal titrait: « 30 pour cent de la population adulte francophone du Canada serait analphabète. »

Le deux tiers des emplois créés au cours des prochaines années exigeront au moins un diplôme du secondaire; mais 30 % des étudiants, au Canada, quittent l'école avant d'avoir terminé leur secondaire. Le taux d'abandon au niveau du Cégep est de 40 %. Il serait de l'ordre de 30 % dans les universités.

Un sondage mené auprès de 20 000 PME, par la Fédération canadienne des entreprises indépendantes, fait ressortir que l'embauche de personnes qualifiées est devenue un problème pour cinquante pour cent des entreprises; ce problème serait particulièrement important dans les entreprises ayant entre 50 et 100 employés. L'analyse du sondage, par Normand St-Hilaire du journal *Les Affaires*, l'amène à conclure que « c'est au Québec qu'on embauche le personnel le moins scolarisé et où, par surcroît, les entreprises consacrent le moins d'efforts à sa formation. » En effet, seulement 52 % d'entre elles font un minimum d'activités de formation, comparativement à 68 % pour l'ensemble du Canada et 75 % en Ontario.

Par 100 000 habitants, il y a entre 90 à 100 chercheurs et scientifiques au Canada, comparativement à 140 en Grande-Bretagne, 150 en

---

1. *Fortune*, « Why U.S. Carmakers are losing ground », 23 octobre 1989, p. 100.

Allemagne, 240 au Japon et 280 aux États-Unis. Le Québec, avec 25 % de la population canadienne, n'a que 15 % des chercheurs d'élite dans les domaines des sciences et de la technologie.

Une étude sur la compétitivité comparée de 28 pays conclut d'ailleurs que le Canada fait piètre figure dans la qualité des produits, leur conception, leur style, leur sécurité, leur délai de livraison et le service après-vente[2].

Dans une société où les changements sont rapides, où une partie importante de la concurrence se jouera sur l'innovation, la productivité et la capacité de répondre aux besoins des consommateurs, où la qualité n'est plus suffisante, il faut viser l'excellence. Les quelques données qui précèdent montrent que l'écart qui sépare le Québec des meilleurs est énorme.

II

L'importance de la qualité des ressources humaines

Dans une économie basée sur l'information, la créativité et le savoir sont des caractéristiques essentielles pour ceux qui visent l'excellence. L'innovation, définie comme la modification des processus de production pour qu'ils soient plus performants, ou des produits pour qu'ils répondent mieux aux besoins des consommateurs, exige des connaissances techniques, la manipulation des statistiques, une capacité d'analyser l'environnement, de gérer la technologie et le changement et d'anticiper l'avenir. Ce sont là un ensemble d'habiletés que devraient développer, chez leurs étudiants, les institutions de l'enseignement supérieur et technique. La formation de base devrait ouvrir des possibilités futures d'apprentissage. La formation professionnelle devrait, quant à elle, permettre aux personnes de continuer à apprendre une fois dans leur milieu de travail et tout au long de leur vie.

Les entreprises qui en ont la possibilité, choisissent maintenant leur localisation en fonction de la disponibilité d'une main-d'œuvre qualifiée. Le dynamisme de la région de Bromont au Québec et le développement du secteur de l'aéronautique illustrent très bien cette

---

2. Cité dans: Gouvernement du Canada, *Rapport de la Commission royale sur l'union économique et les perspectives de développement du Canada*, Approvisionnement et Services Canada, 1985.

constatation. Aux États-Unis, des villes et des États attirent les entreprises en leur fournissant littéralement des travailleurs formés sur mesure. Par exemple, la compagnie SPERRY qui était à la recherche d'un site pour implanter une usine de fabrication d'ordinateurs dédiés à la défense, a choisi parmi 46 villes, celle de Pueblo au Colorado parce que celle-ci a offert un cours intensif de formation, approprié aux besoins de ce type d'industries, à tous les employés potentiels de l'usine[3]. La Caroline du Nord a mis sur pied un véritable réseau de formation parallèle à celui dédié à l'enseignement régulier; les institutions de ce réseau peuvent dépenser des milliers de dollars par étudiant pour lui donner une formation qui répond spécifiquement aux besoins des entreprises. Par exemple, l'État a mis sur pied un mini collège, équipé de 50 terminaux d'ordinateurs, simplement pour former 1 800 agents de service à la clientèle pour American Express. Le Collège communautaire Lenoir a cherché, à travers le monde, les instructeurs qui pourraient donner un cours de dix semaines aux travailleurs de Lenox China, afin de leur apprendre à décorer la vaisselle fine.

Plus près de nous, lorsque Hyundaï est venue s'installer au Québec, elle a exigé que la formation des travailleurs fasse partie de l'entente qui définissait l'aide du gouvernement du Québec.

Un des principaux résultats de l'entente de libre-échange entre Israël et les États-Unis a été d'augmenter le nombre d'entreprises qui font de la R-D dans ce pays, essentiellement parce que l'État hébreux possède un bon noyau de chercheurs de haut niveau. Aucun pays ne peut d'ailleurs espérer accéder à un niveau important de R-D et d'innovation sans un bassin de ressources humaines bien formées. La qualité d'enseignement est essentielle à tous les niveaux pour le développement de l'économie, mais l'enseignement supérieur joue un rôle capital parce qu'il prépare les scientifiques, les innovateurs et les dirigeants de demain.

---

3. Exemple cité dans *Forbes*, 16 juin 1989, p. 73.

III

La formation universitaire: des progrès importants, mais insuffisants

En 1971, 93 600 étudiants fréquentaient l'université, au Québec; en
1986, ce nombre était de 233 900, soit une augmentation de 150 %[4]. Le
taux de fréquentation des universités au Québec a maintenant pratiquement rejoint le niveau canadien. Par contre, au plan des diplômes
émis, le chemin à parcourir demeure important, en particulier parce
qu'une large part de l'augmentation de la fréquentation universitaire
provient de la croissance de la clientèle à temps partiel, qui représente
51 % de la clientèle totale, par rapport à 40 % quinze ans plus tôt, et le
développement des programmes courts, qui conduisent au certificat.
Ainsi, en 1986, les universités québécoises ont émis six fois plus de
certificats que les universités ontariennes, mais deux fois moins de
baccalauréats. C'est d'ailleurs ce retard important dans le nombre de
diplômes de baccalauréats qui explique le retard encore considérable
du Québec dans la production de diplômés de deuxième et troisième
cycles, et qui rend difficile le rattrapage. En 1985, le Québec a émis 69
diplômes de maîtrise et de doctorat par 100 000 habitants comparativement à 85 pour l'Ontario, soit un écart de 24 %. Dans le domaine des
sciences naturelles et du génie, l'écart est de 31 %. Par rapport à des
pays comme le Japon, le retard du Québec, dans le domaine des
sciences, est encore plus important. Par exemple, 23 % des étudiants
universitaires japonais sont inscrits en sciences appliquées et en génie
comparativement à 13 % au Québec.

En dépit d'investissements importants dans le secteur de l'éducation, depuis vingt-cinq ans, comme le montre le tableau 4., le Québec a
reculé par rapport à l'Ontario, en ce qui a trait au nombre de déten-
teurs de grades universitaires: l'écart entre la proportion de la population ayant un grade universitaire est de 1,9 points de pourcentage pour
les personnes âgées de 45 à 54 ans et de 4,1 points de pourcentage
pour celles âgées entre 25-34 ans. De plus, pendant que la proportion
des personnes détentrices d'un grade universitaire, au Québec, passait
de 7,1 % en 1981 à 8,6 % en 1986, durant la même période, en Ontario,
elle passait de 9 % à 10,8 %.

---

4. Les chiffres de cette section sont tirés de: Conseil des Universités, *Pour une nouvelle
politique de financement du réseau universitaire québécois*, Québec, 1988.

TABLEAU 4.

Proportion de la population de 15 ans et plus ayant fréquenté l'université ou ayant obtenu un grade universitaire au Québec et en Ontario, en 1986 (en %)

Groupes d'âge	Québec		Ontario	
	Études universitaires sans grade [1]	Grade universitaire	Études universitaires sans grade [1]	Grade universitaire
15-24 ans	8,8	3,8	11,1	4,6
25-34 ans	8,7	13,1	10,2	17,2
35-44 ans	9,2	13,6	10,2	17,4
45-54 ans	6,3	8,3	7,0	10,4
55-64 ans	4,4	5,2	5,8	7,0
65 ans et +	3,4	3,7	4,6	4,8
Total	7,3	8,6	8,7	10,8

1. Incluant les certificats.
Source: Conseil des universités, *op. cit.*

Ce tableau ne tient pas compte, de plus, d'une réalité importante, soit la fréquentation universitaire particulièrement faible chez les francophones. Selon Pierre Dion, conseiller en gestion chez Caron Bélanger Woods Gordon [5], le nombre de diplômés anglophones au Québec serait de 878 par 100 000 de population comparativement à 449 par 100 000 habitants pour les francophones.

Récemment, le Québec a enregistré des gains: le nombre de diplômés par 100 000 habitants a augmenté de 40 % au cours des douze dernières années (de 315 à 442), permettant une diminution de presque 50 % de l'écart entre les deux provinces, lequel est passé de 246 diplômés par 100 000 habitants à 127 par 100 000 habitants. Cependant, cet écart demeure élevé et préoccupant. Seule consolation, compte tenu du taux d'abandon actuel des étudiants universitaires, des progrès demeurent possibles. Mais encore faut-il connaître les causes des abandons et leur apporter des solutions.

---

5. *Les Affaires*, 7 octobre 1989, p. 8.

IV

La qualité de l'enseignement

Si la fréquentation scolaire est une réalité statistique relativement facile à cerner, il en va tout autrement de l'évaluation de la qualité de la formation et de l'enseignement. Selon une étude sur l'enseignement des sciences, faite par l'Association internationale pour l'évaluation du rendement scolaire, les élèves francophones du Québec de fin de l'élémentaire, sur 16 pays, se classaient au 4e rang pour le rendement scolaire en science; ceux de la 3e du secondaire se classaient au 7e rang et ceux de la fin du secondaire derniers. Environ 20 % des professeurs de science du secondaire enseigneraient en dehors de leur champ de formation professionnelle[6].

Cet indice de la qualité des résultats scolaires est en quelque sorte conforme aux outils mis à la disposition des étudiants et des professeurs. Ainsi, au Québec, il se dépense en moyenne, pour acheter des livres, 1,25 $ par étudiant au primaire et 3 $ par étudiant au secondaire; en 1974, c'était 5 $ par étudiant, et depuis, les prix des livres ont quadruplé. Les jeunes Québécois ont dans leur bibliothèque scolaire 3 fois moins de livres que les Américains, 4 fois moins que les Australiens et 6 fois moins que les Danois.

Pour survivre après les coupures dans les subventions gouvernementales, les universités québécoises, ayant identifié un besoin de formation auquel ne répondent pas les autres institutions d'enseignement, ont multiplié les programmes conduisant à l'obtention de certificats. Une partie importante de la clientèle de ces certificats sont des étudiants à temps partiel qui travaillent à plein temps. Les exigences pour l'admission des étudiants sont souvent minimales.

Il faut se demander d'une part, si ces certificats sont réellement adaptés aux besoins de ceux et celles qui les postulent et, d'autre part, si c'est le rôle de l'université de donner une formation professionnelle complémentaire qui, pour répondre aux besoins du marché du travail, se doit d'être spécifique. En fait, il se peut très bien que l'université pallie le manque d'implication des cégeps dans un enseignement professionnel avancé pour les adultes, adapté aux besoins des entreprises.

---

6. Chiffres cités dans S. GODIN, *op. cit.*

Un autre indice souvent utilisé pour mesurer la qualité de l'enseignement est le niveau d'encadrement donné aux étudiants, soit le rapport étudiant/professeur à temps plein. Ce rapport se situait à 14,1 étudiants par professeur en 1972; il a grimpé à 18,7 en 1984 comparativement à 16,1 dans les universités ontariennes[7]. Dans les universités renommées pour leur excellence, ce rapport est beaucoup plus faible: 7,8 à Harvard, 9 à MIT, 10,1 à Stanford et 13 à Carnegie-Melon.

Le niveau de la recherche et du développement est aussi une mesure de la qualité de l'enseignement que donnent les universités. À ce chapitre, le retard du Québec sur l'Ontario s'est accentué au cours des années. Ainsi, entre 1979 et 1986, les dépenses universitaires en R-D, en dollars constants, ont augmenté de 16,3 % au Québec, mais de 30 % en Ontario. De plus, récemment, le gouvernement ontarien a annoncé qu'un effort supplémentaire sera fait dans ce domaine. L'écart entre les universités québécoises est lui-même très important, l'Université McGill étant nettement plus engagée dans de telles activités que la plupart des universités francophones.

V

Le sous-financement des universités

Les universités québécoises ne sont pas les seules responsables des problèmes de qualité de l'enseignement et du faible niveau de fréquentation universitaire. Depuis plusieurs années, maintenant, elles sont soumises à des contraintes budgétaires sévères. D'abord considérées comme le résultat de la crise budgétaire du gouvernement du Québec au début des années 1980, ces contraintes ne se sont pas vraiment relâchées depuis, malgré la croissance économique et l'amélioration des finances publiques. Rarement a-t-on vu d'ailleurs un dossier, foncièrement simple, et dont les solutions sont connues, prendre autant de temps à aboutir. Pourtant, le Québec n'est pas dans une position pour se permettre de tels délais.

Les preuves de ce sous-financement sont nombreuses. Ainsi, à partir d'un indice développé dans le Rapport Bovey sur l'avenir des universités en Ontario, le Conseil de la science et de la technologie estime que la capacité des universités québécoises à financer la R-D

---

7. *Idem* p. 21.

aurait baissé de plus de 20 % depuis 1980. Selon les données du Conseil des universités[8], le montant des subventions par étudiant à plein temps, en dollars constants, a baissé d'environ 10 % entre 1981 et 1988, créant un manque à gagner de l'ordre de 150 à 200 millions de dollars. Ce sous-financement est d'autant plus dramatique qu'il est chronique et qu'il a un effet indéniable sur la qualité de l'enseignement. Il est une des causes principales de la multiplication des chargés de cours dans les universités et du vieillissement du corps professoral régulier. Le sous-financement et les méthodes de financement actuelles favorisent aussi la multiplication des programmes attirant des clientèles nombreuses, incluant les certificats, souvent au détriment de la recherche de l'excellence. Il a indéniablement, aussi, un effet sur la qualité des équipements qui aident à l'apprentissage.

Par exemple, les dépenses d'acquisition des bibliothèques universitaires québécoises, par étudiant, sont égales à 60 % des dépenses ontariennes. Le Québec arrive même derrière les Maritimes en ce qui concerne la qualité des laboratoires des facultés de génie. Autre exemple : à l'Université de Montréal, la faculté d'art dentaire utiliserait des équipements vieux de 25 ans[9].

VI

La formation professionnelle

Un peu partout dans le monde, les gouvernements et les entreprises ont compris que la formation professionnelle et le recyclage de la main-d'œuvre sont une nécessité pour le fonctionnement efficace de l'économie et qu'ils sont l'armature principale d'une politique de l'emploi. De moins en moins, la formation initiale reçue sera terminale. Tout au long de leur vie, les personnes devront continuer à apprendre ; la formation devient une activité permanente.

Pour marquer l'importance de ces activités, plusieurs gouvernements en ont fait des priorités. En France, les employés ont droit au congé de formation rémunéré par les employeurs, l'État ou un fonds destiné à cette fin. Les entreprises de 10 employés ou plus doivent

---

8. Conseil des universités, *Le financement du réseau universitaire en 1988-1989*, Québec, 1988.
9. C. Picher, *La Presse*, le 26 octobre 1989, p. C-1.

dépenser 1,1 % de leur masse salariale à la formation des adultes. Mais en moyenne, c'est plutôt 1,9 % qu'elles y consacrent[10]. Des commissions consultatives de formation doivent être créées dans toutes les entreprises de 200 employés et plus. On estime à environ 15 % la proportion des travailleurs et travailleuses participant à des activités de formation continue, chaque année.

La Suède, où le plein emploi est une réalité depuis plusieurs années, est un des pays où les traditions de formation continue sont le plus fortement implantées. Le droit au congé de formation pour les employés existe depuis 1974. Ce congé est rémunéré sous forme de bourses et de prêts dans une proportion 70:30. Les allocations sont financées par une taxe spéciale de 0,75 % sur la masse salariale. On estime que 70 % des employés suédois travaillent dans des entreprises avec des plans de formation. De plus, la Suède est probablement le pays ayant la meilleure politique d'intervention rapide auprès des chômeurs ou ceux qui sont sur le point de perdre leur emploi. Un programme de formation professionnelle qui vise le recyclage de la main-d'œuvre, permet, dans un pays où le taux de chômage est de 1,9 %, à plus de 3 % de la main-d'œuvre de participer à des stages de formation d'une durée moyenne de cinq mois. On est loin des comités de reclassement prévus dans la loi québécoise.

En Allemagne, le congé d'éducation existe aussi dans cinq des onze *länder*. Dans ce pays où la participation des entreprises à la formation des employés est volontaire, celle-ci couvre quand même 80 % des coûts de la formation des adultes. En 1982, on estimait qu'environ 4,1 millions de salariés avaient participé à des actions de formation, soit 12 % de la main-d'œuvre employée, ainsi que 200 000 chômeurs.

Au Japon, où les préoccupations à long terme prennent le pas sur les considérations à court terme, la formation est aussi perçue comme un processus continu. D'abord, le système scolaire destiné aux enfants met l'accent sur la formation générale, aucune formation professionnelle n'étant donnée avant l'âge de quinze ans. L'âge moyen d'entrée sur le marché du travail est de vingt ans. En 1981, on estimait que 70 % des entreprises donnaient de la formation comparativement à 22 % à peine 7 ans plus tôt. Mais l'originalité du système de formation japonais réside dans son intégration au processus de production et à l'organisa-

---

10. Les données de cette section sont tirées de: M. LAMARRE, *Le perfectionnement et le recyclage de la main-d'oeuvre dans quelques pays industrialisés*, Québec, Conseil supérieur de l'éducation, 1988.

tion du travail. Les actions de formation sur le tas à la japonaise sont relativement bien connues maintenant : organisation du travail par équipes où les individus s'initient mutuellement à des tâches nouvelles, rotation des tâches dans le but de maîtriser l'ensemble d'un processus et un éventail plus large d'habiletés, cercles de qualité, etc.

Aux États-Unis, une enquête du *National Manpower Institute* indiquait, en 1978, que 90 % des entreprises avaient des programmes de formation dont les quatre cinquièmes étaient des activités internes. Un rapport de la *Carnegie Foundation*, en 1985, estimait que les entreprises américaines dépensaient 40 milliards de dollars par année en formation pour leurs employés, soit à peu près l'équivalent des dépenses annuelles de l'enseignement supérieur. Environ huit millions d'employés seraient ainsi touchés à chaque année.

À côté de ces pays, le Québec fait figure de parent pauvre. Seulement 52 % des entreprises offrent des activités de formation au Québec, comparativement à 70 % en Ontario. « Les entreprises japonaises consacrent entre 100 et 200 heures par années à la formation de leurs employés, les entreprises canadiennes consacrent, à ce chapitre, deux heures par année, en moyenne [11]. »

Une autre faiblesse de la formation professionnelle des adultes au Canada réside dans le fait qu'elle est peu spécifique. Selon une étude de Statistique Canada [12], sur les trois millions de personnes ayant participé à des activités de formation des adultes en 1983, seulement 40 % ont suivi des cours reliés au travail, et 42 % de ceux-ci étaient fournis par l'employeur. Au total, les entreprises, sous différentes formes, auraient investi aussi peu que 325 millions de dollars dans la formation de leurs employés. On est évidemment loin de l'objectif de 1 % de la masse salariale.

Les programmes québécois et fédéraux de formation des adultes, à cause, entre autres, des batailles de juridiction entre les deux gouvernements, ont été conçus en fonction du lieu où la formation se donne, beaucoup plus qu'en fonction des besoins des personnes et des entreprises. De plus, au Québec, selon les époques, il y a eu trois ou quatre ministères qui s'occupaient en même temps de faire de la formation professionnelle. En particulier, les guerres de juridictions que se sont livrées le ministère de la Main-d'œuvre et celui de l'Éducation, ont parfois été épiques.

---

11. L. J. MÉNARD, *Commerce Montréal*, Revue de la chambre de commerce de Montréal, novembre 1989, p. 7.
12. M. S. DEVEREAUX, *Une personne sur cinq*, Statistique Canada, Ottawa, 1984; citée dans Lamarre, *op. cit.*, p. 64.

Les dernières informations disponibles au sujet des intentions du gouvernement en cette matière peuvent se résumer à l'aide de quelques titres de journaux:

- « Québec entreprend une campagne pour relancer la formation professionnelle », *La Presse*, 17 novembre 1989;

- « Formation de la main-d'œuvre: Bourbeau se prépare à croiser le fer avec Ottawa », *La Presse*, 23 novembre 1989;

- « Un sommet sur l'investissement dans les ressources humaines » (précédé par le 4ᵉ document de consultation important, provenant des gouvernements, en l'espace de dix ans, sur la formation professionnelle des adultes), *La Presse*, 13 novembre 1989.

En fait, rien ne change vraiment au Québec au sujet de la formation professionnelle: les deux niveaux de gouvernement discutent de juridiction et on publie des études. Pendant ce temps, sur un budget total de 165 millions de dollars devant être consacrés à la formation professionnelle, au ministère de la Main-d'œuvre et de la Sécurité du revenu, 35 millions n'ont pas été dépensés, en 1989.

VII

La gestion des entreprises

Il n'est pas rare qu'une entreprise en difficultés financières ou même en faillite, prise en main par un nouveau propriétaire ou une nouvelle équipe de direction, connaisse du succès. C'est ainsi que Cascades s'est bâtie et s'est développée. La qualité de la gestion n'est pas étrangère au succès d'une entreprise, comme le démontrent d'ailleurs plusieurs exemples d'entreprises qui ont réussi.

On se souviendra que, dans la deuxième moitié des années 1970, le Québec était perçu comme un endroit où le climat de travail était plutôt mauvais. Il détenait alors le record des jours perdus à cause des grèves et des lock-out; un sommet avait été atteint en 1979 et en 1980, avec respectivement 3 659 000 et 4 315 000 jours-personnes perdus. Par comparaison, en 1988, le nombre de jours-personnes perdus à cause des grèves et des lock-out s'élevait à 1 442 000. Le chemin parcouru est énorme. Le changement d'attitude des syndicats a certes eu un rôle à jouer dans ce progrès, mais celui des patrons aussi.

On ne gère pas une économie, où le premier facteur de production est l'information, comme une usine de production à la chaîne. Il ressort de plus en plus que la sous-utilisation des ressources humaines constitue une des principales causes du plafonnement de la productivité en Amérique du Nord. C'est le diagnostic que portait l'Institut national de la productivité en 1983. Une enquête du ministère de l'Industrie et du Commerce, à la même époque, auprès des dirigeants de PME, permettait de dégager les conclusions suivantes[13]:

- un grand nombre de ceux-ci considérait qu'une PME a besoin de peu ou pas de gestion;

- beaucoup ne fixent que des objectifs très flous;

- ils communiquent très peu avec leurs collaborateurs;

- ils éprouvent beaucoup de difficultés à déléguer;

- ils font peu de planification et réagissent au lieu d'agir.

Comment, à partir de ces quelques considérations, qualifier la gestion des entreprises au Québec sans tomber dans le piège des a priori et des fausses impressions? Difficilement. Certes, il y a eu des progrès dans les relations de travail. Par contre, le retard des entrepreneurs québécois à adopter les technologies nouvelles est un indice négatif de la qualité de leur gestion. Il faut, pour mieux l'évaluer, examiner comment, globalement, la qualité est gérée dans les entreprises.

VIII

La qualité dans les entreprises québécoises

On pourrait croire, à la façon dont les Japonais l'exploitent pour vaincre leurs concurrents, qu'ils sont les inventeurs de la qualité. Pourtant, ce sont les Américains qui, pressés de mettre en place une industrie de guerre performante au cours des années 1940, ont inventé le concept de cercle de qualité et l'ont mis en application. C'est après la

---

13. Cité dans: P. St-Amour et J. Schryer, *Productivité et performance de l'économie québécoise*, Montréal, Institut national de productivité, 1984.

guerre seulement, sous l'instigation de deux Américains, les Dr W. E. Deming et J. M. Juran, que les Japonais l'ont adopté. Pendant presque quarante ans, les industries américaines l'avaient oublié pour le redécouvrir tout récemment. Une grande partie de l'histoire du déclin relatif de l'économie nord-américaine peut s'expliquer par cette seule anecdote.

L'entreprise nord-américaine type, dans le secteur manufacturier, perdrait chaque année, en moyenne, 20 % de son chiffre d'affaires à cause de la non-qualité. Pour les entreprises de services, cette proportion peut aller jusqu'à 40 %. Le coût de la non-qualité serait de l'ordre de 15 milliards, au Québec.

L'exemple suivant illustre très bien l'apport de la gestion de la qualité au succès commercial des Japonais. En mars 1980, lorsque Hewlett-Packard décida de contrôler la qualité de 300 000 mémoires d'ordinateurs fournies par six fabricants (trois Japonais et trois Américains), les résultats furent une véritable révélation. Les taux de défaut de fonctionnement des mémoires provenant des trois firmes japonaises variaient de 10 à 20 par 100 000 mémoires testées ; ceux provenant des firmes américaines variaient de 59 à 267 par 100 000 mémoires testées[14].

Avant-gardistes dans la mise en place des cercles de qualité, les Japonais ont dépassé ce stade et se sont engagés dans la qualité totale qui, plus que le contrôle de la qualité, est une véritable philosophie de gestion. Les enjeux de la qualité pour les entreprises sont majeurs :

- amélioration de la performance (compétitivité, productivité, innovation, qualité de vie au travail, etc.) ;

- baisse des coûts reliés à la non-qualité (les réparations, les rejets, les retours, etc.) et diminution des coûts de fabrication, d'où une meilleure rentabilité et une plus grande compétitivité ; et

- une plus grande satisfaction de la clientèle.

Périgord définit ainsi la qualité totale : « C'est un ensemble de principes et de méthodes organisés en stratégie globale, visant à mobiliser toute l'entreprise pour obtenir une meilleure satisfaction du client au moindre coût[15]. »

---

14. Exemple cité dans : M. PÉRIGORD, *Réussir la qualité totale*, Paris, les Éditions d'Organisation, 1987, p. 40.
15. M. PÉRIGORD, *op. cit.*, p. 72.

Cela nous aura pris environ 25 ans avant de comprendre que ce n'est pas au bas prix de leur main-d'œuvre, ni à leur culture, ni à une utilisation de technologies développées ailleurs, ce que les autres nations peuvent aussi faire, que les Japonais doivent leur succès. Cela aura donc pris aussi 25 ans à comprendre qu'ils ne sont pas invincibles, comme l'illustre l'exemple suivant[16].

Au début des années 1980, il n'y avait plus beaucoup de personnes qui croyaient à la survie de Harley-Davidson, le dernier constructeur de motocyclettes en Amérique du Nord. En moins de dix ans, sa part de marché était passée de 75 % à 25 % ; les Japonais avaient pris la place avec leurs Honda, Yamaha et Kawasaki. En 1981, l'entreprise a été achetée par treize de ses cadres supérieurs. Aujourd'hui, elle détient à nouveau presque 50 % du marché. Essentiellement, ce redressement aux dépens des concurrents s'est fait en instaurant la qualité totale dans l'entreprise, en passant par l'implication des employés et par un rapprochement des besoins des consommateurs. Le succès de Harley fait d'ailleurs dire à son ancien p.-d.g. : « Nous avions été balayés par les Japonais parce qu'ils étaient des meilleurs managers. Ce n'était pas la robotique, ni la culture, ni les chants du matin, c'était les managers professionnels qui comprenaient leur business et qui portaient attention aux détails qui nous avaient vaincus[17]. »

Ce diagnostic est confirmé par une enquête auprès de 500 entreprises japonaises et 500 entreprises américaines[18]. Celle-ci a démontré qu'en diminuant les coûts de surveillance de la qualité des produits et en les transférant à la prévention, les Japonais réussissent à produire 50 % de moins de non-qualité. À chiffre d'affaires égal, les Japonais dégagent une marge nette de profit supplémentaire de 8 % seulement, en combattant la non-qualité. C'est énorme.

Il y a peu d'information permettant de mesurer où en est la qualité au Québec. On connaît les quelques grandes entreprises qui en ont fait une priorité, telles que IPL, Prévost Car, Culinar, Cascades ou Logidec qui, selon son président, s'est récemment éveillée à la qualité : « depuis un an », dit-il, « on accorde plus d'importance à la qualité. Avant, tout se faisait sur le tas, maintenant, c'est plus systématique. On s'est rendu compte que nos travaux étaient mal vérifiés ; on a appris que le contrôle de la qualité ne se faisait pas à la fin, mais à toutes les étapes. » La plupart des PME, cependant, en sont à peine rendues au

---

16. Tiré de *Fortune*, 25 septembre 1989.
17. *Fortune*, 25 septembre 1989, p. 156.
18. Cité dans M. PÉRIGORD, *op. cit.*, p. 110.

stade du contrôle a posteriori du produit. Pour plusieurs entreprises, la qualité, et plus spécifiquement la conformité des produits à des normes, est vue plus comme une exigence des clients que comme un moyen d'augmenter la productivité et la rentabilité.

En 1988, une enquête du ministère de l'Industrie, du Commerce et de la Technologie[19], fait ressortir aussi que si les dirigeants des entreprises québécoises sont préoccupés par la qualité et qu'ils pensent qu'elle peut augmenter la rentabilité de leur entreprise, en contrepartie, tous ne sont pas prêts à prendre l'initiative pour améliorer leur performance. Ainsi, en rapport avec la satisfaction des besoins des clients, 33 % des entreprises disent bien connaître les besoins de leurs clients ; 18 % travaillent en concertation avec ces mêmes clients ; et 50 % font un suivi après vente pour évaluer la qualité des fournitures et le respect des délais. Le premier impératif de la qualité, soit la préoccupation de la satisfaction du client, est carrément ignoré par un nombre important d'entreprises.

Au plan de la production proprement dite, 52 % des entreprises déclarent faire de l'entretien préventif et 38 % n'interviennent qu'au moment des pannes ; dans 75 % des cas, les employés n'interviennent au niveau de l'amélioration de la qualité du produit que de façon relativement passive, en signalant les imperfections au contremaître ; dans seulement 36 % des cas, les employés sont bien informés du niveau de qualité requis et ont la possibilité de participer à son amélioration. Peu d'entreprises, soit 35 %, prennent les moyens pour qu'une pièce non conforme soit repérée avant la fin du processus de production. Ainsi, au moins trois des principes d'implantation d'un système efficace et rentable de gestion de la qualité semblent être ignorés par un grand nombre d'entreprises, soit : l'implication des employés, la prévention et le contrôle de la qualité en cours de production.

Dans plus de la moitié des entreprises interrogées pour ce sondage, il n'y a personne clairement identifié comme responsable de la qualité ; plus de la moitié n'ont pas de réunion avec leurs employés où cette question est clairement abordée. Seulement 21 % des entreprises qui ont répondu possèdent un plan pour mener des actions d'amélioration de la qualité tandis que 64 % se contentent de réagir de façon ponctuelle.

---

19. Gouvernement du Québec, *Les PME au Québec : État de la situation, 1988*, Québec, ministère de l'Industrie, du Commerce et de la Technologie, 1988, p. 36.

Lorsqu'on demande aux dirigeants d'entreprises quelles sont les principales causes de la non-qualité, en tête de liste, se retrouve, selon eux, dans 61 % des cas, le personnel et, à la queue, dans 25 % des cas, les machines. Ces conclusions sont aux antipodes de ce qui est observable : selon J. M. Juran, le management est responsable de 80 % des erreurs et des défauts.

Tous ces résultats, et en particulier le dernier, démontrent que les entreprises québécoises sont loin de la qualité à la japonaise. Certes, les gens d'affaires québécois sont sensibles à l'importance de la qualité, mais plusieurs d'entre eux ne savent pas trop comment faire pour y parvenir.

Archier et Sérieyx écrivent que dans l'entreprise hautement structurée selon les principes de Taylor, « il y a ceux qui pensent et ceux qui vissent. C'est d'avoir su mobiliser les seconds dans la bataille mondiale pour la qualité, toute cette intelligence en jachère qui donne à certains pays du Pacifique cette vitesse qui n'en finit plus de nous sidérer... et de nous laisser sur place [20]. »

IX

La participation des employés à la vie de l'entreprise

L'implantation de la qualité dans les entreprises ne peut se faire sans un apprentissage de la gestion des ressources humaines, et sans la mise en place d'un système de reconnaissance des employés lié à leurs efforts et aux résultats.

Tout le monde au Québec connaît l'histoire de Cascades, cette entreprise qui est née de la prise en main d'une vieille usine de pâtes et papiers, à Kingsey Falls, fermée depuis sept ans. Tout le monde connaît aussi le défi relevé par les Lemaire jusqu'en Europe : réussir là où les autres ont échoué ; c'est-à-dire acheter des usines pratiquement en faillite et les transformer en entreprises rentables. Le président de Cascades, Bernard Lemaire, « est convaincu que la réussite des années quatre-vingt-dix reposera sur l'esprit d'appartenance des employés... La principale richesse d'une compagnie est son capital humain [21]. »

---

20. G. ARCHIER, H. SÉRIEYX, *Pilotes du 3ᵉ type*, Paris, Les Éditions du Seuil, 1986, p. 34.
21. La Corporation professionnelle des comptables en management du Québec, *op. cit.*, p. 286.

Pour cascades, la participation des employés à la vie de l'entreprise, entre autres par le partage des profits et une participation à l'actionnariat, est un facteur de réussite important.

Selon Robert Hayes, considéré come un des leaders en théorie du management aux États-Unis, l'ancienne façon de gérer une industrie selon laquelle une personne de rang élevé pensait à une amélioration et alors l'enseignait à des subordonnés, est dépassée. L'entreprise efficace des années 1990, selon lui, en sera une où les employés s'enseigneront l'un à l'autre et s'entraideront dans la recherche de solutions. Le principe est simple : si on veut que les employés prennent les intérêts de la corporation, ils ne doivent pas être traités comme une nécessité, comme un facteur de production dont on aimerait bien se passer, que l'on utilise parce qu'on n'a pas le choix ou parce qu'il coûte le moins cher. Un dirigeant qui veut que ses employés prennent les intérêts de l'entreprise, doit traiter ces employés comme des propriétaires, leur donner une voix dans l'entreprise, les faire participer au processus de décision. Et cette participation des employés devra dépasser le simple cercle de qualité.

Parmi les moyens stratégiques de concrétisation de cette participation des employés à la vie des entreprises, il y a les programme de partage des profits et d'actionnariat des employés. Aux États-Unis, en 1976, il n'y avait pas plus de 300 entreprises ayant un régime de participation des employés à la propriété de leur entreprise ; à la fin de 1979, il y en avait plus de 3 700 et on estime qu'aujourd'hui environ 7 000 à 8 000 entreprises ont de tels régimes. On prévoit qu'à la fin de ce siècle, 25 % de tous les travailleurs américains seront propriétaires d'une partie de leur entreprise.

Au Québec, en 1986, on estimait que 1 500 entreprises avaient un plan structuré de partage des profits avec les employés. L'intéressement au capital-actions serait encore moins populaire. Cascades constitue le cas le plus connu parmi les entreprises qui favorisent ces deux formes de motivation des employés. Ainsi, 15 % des profits avant impôt des usines sont partagés avec les employés ; plus de 40 % des employés possèdent des actions de la compagnie.

Il n'y a pas de signes qui laissent croire que la participation des employés à la gestion de l'entreprise et au partage des profits soit une priorité pour les entreprises, de façon générale. Le fait, encore une fois, qu'une grande partie des travailleurs et travailleuses québécois travaillent dans des entreprises dont la propriété n'est pas québécoise ou qui sont des PME, est sûrement un des facteurs explicatifs à considérer. Il n'y a pas de mouvement perceptible du renversement de la tendance actuelle.

X

La productivité sociale

On a fait beaucoup de cas de la productivité des entreprises au cours des dernières années, au détriment peut-être de la productivité sociale, qui est la mesure de l'utilisation globale des ressources humaines au sein d'une société.

La population de 15 ans et plus, qui constitue pour les fins des statistiques sur le marché du travail, la population en âge de travailler, était de 5 178 000 en 1988, au Québec. Le niveau annuel moyen de l'emploi est à 58 % de la population en âge de travailler. En Ontario, ce rapport était de 66,1 %. Non seulement une plus grande proportion de la population en âge de travailler fait-elle partie de la population active, en Ontario (69,6 % comparativement à 64 % au Québec), mais aussi une partie plus grande des personnes disponibles pour travailler trouvent un emploi. Pendant que le chômage oscille entre 9,5 et 10 % au Québec, il se maintient aux alentours des 5 % en Ontario. Pour avoir au Québec, le même rapport entre l'emploi et la population en âge de travailler qu'en Ontario, il faudrait 400 000 emplois de plus. Sans variation dans la population active, pour avoir un taux de chômage de 5 %, sur la base des données de 1988, il faudrait 150 000 emplois de plus.

Ces chiffres démontrent que le Québec est loin d'atteindre l'efficacité de l'économie ontarienne dans l'utilisation des ressources humaines. Le fait que le taux de chômage dépasse encore les 9 %, après sept ans de croissance continue, est aussi inquiétant.

Lise Poulin-Simon et Diane Bellemare, les deux instigatrices, au départ, du *Forum sur l'emploi*, ont démontré, dans leur premier livre[22], qu'un niveau de chômage élevé avait des conséquences non seulement sociales, mais aussi économiques. Elles ont estimé, sur la base des

---

22. D. BELLEMARE et L. POULIN-SIMON, *Le défi du plein emploi*, Montréal, Les éditions Saint-Martin, 1986 et *Le plein emploi: Pourquoi?* Sillery, Les presses de l'Université du Québec, 1983.

données de 1981, que le coût du chômage au Québec, en comptant les coûts directs en dépenses d'assurance sociale et les pertes de production, aurait été alors d'environ 15 milliards de dollars, soit 20 % du PIB.

Dans leur deuxième livre, *Le défi du plein emploi*, elles ont jeté un nouvel éclairage théorique sur les possibilités de l'économie du Québec d'atteindre un objectif de pleine utilisation de ses ressources humaines, lequel devrait être au cœur des préoccupations sociales. Elles ont démontré aussi, à l'aide d'exemples, que cet objectif n'était pas une utopie. Les moyens qu'elles ont mis de l'avant, pour atteindre le plein emploi, sont simples et réalistes. En particulier, elles soulignent que, d'abord, cet objectif doit constituer une priorité gouvernementale. De plus, son atteinte passe par la concertation au-delà des idéologies et des coalitions stratégiques entre les différents intervenants dans l'économie. En fait, elles proposent une coalition de tous les acteurs économiques pour l'atteinte du plein emploi.

Il apparaît irréaliste dans un contexte de changement technologique, de ne pas inscrire la recherche d'un niveau élevé d'emplois, dans les stratégies de développement économique. Opposer productivité et emploi serait une erreur qui, inévitablement, se traduirait par un refus d'adaptation de la main-d'œuvre à une réalité destructrice de l'emploi. Le seul moyen d'éviter une telle opposition entre la croissance de la productivité et celle de l'emploi, est justement de mettre en place une politique réelle de l'emploi. Les données liant le développement technologique et l'emploi ne permettent pas, d'ailleurs, de tirer une conclusion qui irait dans le sens d'une opposition entre la poursuite concurrente des deux objectifs.

Chapitre 7

Vers une économie d'investissements

I

Les défis économiques que le Québec doit relever sont nombreux et ses moyens, comparativement aux géants que sont les États-Unis, le Japon, la France et les autres grandes puissances industrielles, sont modestes. Mais il y a plusieurs petits pays, dont la Suède, la Suisse, l'Australie, les Pays-Bas, le Danemark et la Norvège, qui ont réussi à se tailler une place sur le plan international avec, somme toute, un potentiel pas plus grand que le sien. La clef de leur réussite est d'avoir justement su exploiter à fond tous leurs avantages et au besoin d'en créer.

Le potentiel d'un pays, d'une nation ou d'une économie demeure quelque chose en devenir tant qu'il n'est pas exploité. Par exemple, au début des années 1960, les États-Unis étaient sans doute le pays avec le plus grand potentiel de développement. Pourtant, pendant les vingt années qui ont suivi, sa croissance a été moins forte que la moyenne des pays de l'OCDE.

II

Des avantages compaialifs aux avantages compétitifs[1]

Historiquement, le potentiel de développement et de croissance d'un pays se mesurait par l'ampleur de ses ressources naturelles, y compris l'agriculture. Par la suite, il s'est mesuré par la disponibilité des ressources énergétiques et des capitaux. La montée récente de quelques pays dépourvus de ressources naturelles et de ressources énergétiques et l'échec de certains autres, dont l'Argentine et le Brésil, qui en étaient pourvus, ont entraîné une remise en question du vieux cadre d'analyse des capacités concurrentielles d'une nation.

Depuis plusieurs décennies, les succès économiques des entreprises et des nations ont été expliqués par la théorie des avantages comparatifs selon laquelle la richesse d'un pays est très étroitement liée à la quantité et au coût des facteurs de production. Dans les industries associées aux ressources, ce lien demeure effectivement important pour expliquer la performance des entreprises ou leur présence dans un pays plutôt que dans un autre. Mais, pour expliquer la performance de l'ensemble d'une économie, le succès de certains pays et les échecs d'autres ou la force d'une industrie dans un pays plutôt que dans un autre, cette théorie est de moins en moins valable. La plupart des pays ayant connu des niveaux de croissance économique élevés au cours des dernières années ne sont d'ailleurs pas particulièrement bien dotés en ressources naturelles.

Comme l'illustre le tableau 5., la répartition des grandes entreprises entre les pays, qui est un indicateur de leur succès commercial international, ne suit pas la logique des bas salaires ou de la disponibilité des ressources naturelles. Par exemple, le fait que 11 des 500 plus grandes entreprises industrielles soient localisées en Corée du Sud ne peut s'expliquer uniquement par le niveau des salaires dans ce pays de 45 millions d'habitants. D'autres pays, avec des salaires moins élevés n'ont pas connu un tel succès.

La Suisse, dont la population est comparable à celle du Québec, sans ressources naturelles, avec des travailleurs bien payés, compte 10 des 500 plus grosses entreprises industrielles au monde dans des domaines aussi diversifiés que les produits alimentaires, les matériaux

---

1. La théorie des avantages compétitifs a été élaborée par M. E. PORTER, *The Competitive Advantage of Nations*, New York, The Free Press, Macmillan, Inc., 1990.

TABLEAU 5.
**Répartition des 500 plus grandes entreprises industrielles
au monde, selon leur rang et le pays de leur siège social**

Pays/Rang	1-100	101-200	201-300	301-400	401-500	Total
Afrique du Sud	0	1	0	1	0	2
Arabie saoudite	0	0	0	0	1	1
Australie	0	2	2	2	4	10
Belgique	1	1	1	0	0	3
Brésil	1	0	2	0	0	3
Canada	0	3	2	6	2	13
Chili	0	0	0	1	0	1
Espagne	1	1	0	1	2	5
États-Unis	35	34	34	30	34	167
Finlande	0	1	1	0	5	7
France	9	4	6	5	5	29
Grande-Bretagne	8	7	9	11	9	44
Inde	0	1	1	2	2	6
Italie	5	2	0	1	0	8
Japon	17	26	22	28	18	111
Corée du Sud	2	2	4	1	2	11
Koweit	1	0	0	0	0	1
Luxembourg	0	0	1	0	0	1
Malaisie	0	0	0	1	0	1
Mexique	1	0	0	0	0	1
Norvège	0	2	0	0	0	2
Nouvelle-Zélande	0	1	0	0	0	1
Panama	0	0	0	0	1	1
Pays-Bas	2	1	2	1	2	8
RFA	11	7	7	1	6	32
Suède	2	2	1	6	4	15
Suisse	3	1	2	2	2	10
Taïwan	0	1	0	0	0	1
Turquie	0	0	3	0	0	3
Vénézuéla	1	0	0	0	0	1
Zambie	0	0	0	0	1	1

Source: « The Global 500 », *Fortune*, 30 juillet 1990.

de construction, les produits pharmaceutiques, les équipements industriels, l'aérospatial et l'aluminium. On retrouve en Suède, pays de
8,5 millions d'habitants, auquel on compare souvent le Québec, 15 des
500 plus grandes entreprises industrielles au monde. Les grandes
entreprises suédoises sont elles aussi présentes dans des domaines très
variés: les produits chimiques, l'électronique, les produits forestiers,
les produits métalliques, l'automobile et les produits de beauté. Pourtant, les salaires en Suède sont très élevés, les programmes sociaux
développés et les syndicats très forts.

Trois des grandes entreprises canadiennes ont leur siège social au Québec (Canadien Pacifique, Alcan et Bell Canada), mais elles ne sont pas contrôlées par les Québécois et n'ont pas fait du Québec le centre de leurs activités.

Il y a un ensemble de raisons pouvant expliquer l'insuffisance, aujourd'hui, de la théorie des avantages comparatifs comme modèle d'explication du développement des économies. La première est la montée du commerce international avec la globalisation de la concurrence qui l'accompagne. Dans plusieurs industries, et de plus en plus dans les services, la compétition est internationale et la stratégie des entreprises pour la distribution, leur localisation et leur approvisionnement, l'est aussi. Les entreprises d'un pays forment des alliances avec celles des autres pays. L'accès à des capitaux abondants n'est même plus un avantage comparatif dans la mesure où les barrières à leur transfert, d'un pays à l'autre, sont devenues faibles.

Les changements technologiques ont pris beaucoup d'importance depuis vingt ans, ils s'accélèrent et sont accessibles à toutes les nations. Ils ont transformé tous les secteurs de la production, de telle sorte que les économies d'échelle sont présentes dans tous les secteurs, y compris ceux reliés aux ressources naturelles. Cela favorise la concentration des entreprises. Il n'y a plus une entreprise qui peut prétendre avoir une avance insurmontable dans un secteur ou une technologie. Les productions se déplacent continuellement d'un pays à l'autre.

La montée de l'information, comme facteur de production, et surtout son accessibilité, fait en sorte qu'il n'y a plus vraiment de nations qui peuvent dire qu'elles ont au départ un ensemble de facteurs de production qui lui permettront de dominer les autres économiquement. Aucun niveau de croissance ou de richesse ne peut non plus être tenu pour acquis. On ne peut plus dire, comme on l'a si souvent dit, que le Québec, parce « qu'il est doté de ressources naturelles abondantes et bon marché, qu'il a un réseau d'éducation moderne et qu'il a accès à des capitaux, a nécessairement tous les atouts pour réussir. » Il faut plus!

Les entreprises qui réussissent maintenant sont celles qui sont capables de créer des avantages compétitifs par rapport à leurs concurrents, par leurs stratégies, en innovant dans les méthodes de production, en utilisant de nouveaux intrants ou de nouvelles technologies, ou en investissant.

III

Les avantages compétitifs[2]

Certaines industries se développent dans quelques pays seulement. Contrairement à ce qu'on pourrait s'attendre avec la globalisation des industries et leur internationalisation, il semble donc que la nation a un rôle à jouer dans le développement des entreprises. Selon Porter, les nations qui réussissent au plan international dans une industrie en particulier sont celles qui peuvent modeler un environnement qui facilite le développement d'avantages compétitifs pour les entreprises œuvrant dans le secteur en question : « Un avantage compétitif est créé et entretenu à travers un processus très local. La différence dans les structures économiques nationales, les valeurs, la culture, les institutions et l'histoire contribuent grandement au succès de la concurrence d'une nation. Le rôle de la nation semble être plus fort que jamais. Même si la globalisation de la compétition semble devoir diminuer l'importance de la nation, au contraire, elle l'augmente[3]. » Les conclusions des analyses de Porter ouvrent donc la porte sur la possibilité d'élaborer des stratégies qui faciliteraient le développement de tels avantages compétitifs pour les entreprises.

Même si leur rôle sera moins important, le coût et la disponibilité des facteurs de production continueront d'expliquer la compétitivité de certaines entreprises. Leur influence ne doit pas être sous-estimée. Le coût du capital et la qualité de la main-d'œuvre seront des facteurs particulièrement importants pour la compétitivité des entreprises. À côté des facteurs de production traditionnels (ressources humaines, ressources naturelles et capital), deux nouveaux facteurs prendront une importance déterminante : la disponibilité et le développement des connaissances sur toutes leurs formes et la qualité des infrastructures, incluant celles qui sont de nature à améliorer l'environnement. Contrairement aux ressources naturelles, ces nouveaux facteurs seront disponibles pour toutes les nations de telle sorte qu'ils ne représenteront un avantage compétitif que pour celles qui investiront le plus dans leur développement et qui les rendront disponibles à un coût avantageux pour leurs entreprises.

---

2. Les facteurs de compétitivité sont analysés selon la typologie utilisée par M. E. PORTER.
3. M. E. PORTER, *op. cit.*, p. 19.

Les conditions de la demande à laquelle doivent répondre sur les marchés locaux les entreprises, sont aussi de nature à jouer un rôle dans le développement des avantages compétitifs. Ainsi, une demande plus forte, dans un pays, pour un bien spécifique est de nature à favoriser le développement de la production de ce produit. Si la production de ce produit exige l'utilisation de technologies avancées, les entreprises locales qui le produiront seront d'autant plus préparées à entrer en compétition au plan international. Si les firmes d'ingénierie se sont développées au Québec, c'est en grande partie parce qu'elles ont répondu à une demande forte et exigeante au plan technique. Bombardier a tiré profit de la forte demande, au Québec, pour la motoneige, dans un pays dont le climat favorisait aussi le développement de ce sport. Il a su développer au maximum un avantage compétitif, entre autres en regroupant dans des clubs les utilisateurs de motoneige pour rehausser l'image de ce sport et permettre le développement des infrastructures facilitant sa pratique avec le minimum d'inconvénients pour l'environnement. La taille d'un marché local est aussi un avantage compétitif important, particulièrement à cause des économies d'échelle et des capacités de développement qu'il est susceptible d'apporter aux entreprises. Le marché québécois est relativement petit sauf si on considère son extension naturelle avec le libre-échange, soit le marché du nord-est américain.

Les entreprises seront aussi plus compétitives si elles peuvent compter sur des fournisseurs efficaces. Une des raisons qui expliquent le développement de l'industrie de l'aéronautique à Montréal est justement cette présence de fournisseurs efficaces, particulièrement pour l'usinage de pièces produites sur commande selon des spécifications précises. Ce n'est pas un hasard si, en parallèle, se développe aussi l'industrie des instruments de mesure.

Une nation pourra également développer des avantages compétitifs si se côtoient des industries ayant des interrelations entre elles, c'est à dire partageant des technologies, des processus de production, des réseaux de distribution ou des services. Par exemple, l'industrie des équipements de télécommunication et celle des ordinateurs ont beaucoup de technologies et de procédés de fabrication en commun. On constate aussi que l'existence d'un noyau d'entreprises dans une industrie crée une dynamique (par rapport au développement de fournisseurs efficaces, à la disponibilité d'une main-d'œuvre spécialisée, à la R-D et à la concurrence), qui favorise la croissance. Cette observation implique que la concentration de la production dans quelques industries bien précises, et non une trop grande diversification, devra être encouragée.

Finalement, les stratégies des firmes, leur structure et la concurrence sont susceptibles de jouer un rôle déterminant dans le développement d'avantages compétitifs. En influençant ces variables, les nations peuvent de façon très directe agir aussi sur la compétitivité des entreprises. Par exemple, les sociétés qui investissent en fonction du long terme plutôt qu'en fonction des résultats financiers à court terme sont susceptibles de se développer davantage. Les entreprises où il y a une collaboration entre les employés et les dirigeants sont plus susceptibles de l'emporter sur les entreprises où les objectifs des partenaires divergent. Les priorités nationales stimuleront pareillement le développement de secteurs, comme ce fut le cas pour l'aérospatial aux États-Unis. Mais surtout, les entreprises seront plus susceptibles d'être compétitives au niveau international si elles doivent affronter la concurrence au niveau local. Ne serait-ce que de ce point de vue, le libre-échange Canada-États-Unis est une bonne chose.

IV

Le Québec fait partie des pays privilégiés, mais...

Tous les éléments sont déjà en place pour une véritable guerre commerciale : la concurrence s'accélère à mesure que les économies se globalisent et que de nouveaux pays entrent dans la course à la production de biens de consommation ; les marchés les plus riches, qui consomment ces biens, n'augmentent que très lentement sous l'effet d'une baisse de la natalité ; les consommateurs sont plus vieux, plus instruits et donc plus sélectifs ; les connaissances scientifiques augmentent et se diffusent rapidement ; le capital n'a plus de frontière et se déplace là où les possibilités de rendement sont le plus fortes. Les résultats de cette guerre sont incertains, la victoire ira aux pays dont les entreprises seront le plus compétitives, c'est-à-dire productives et innovatrices.

Lorsqu'une guerre commerciale se déclare entre deux géants de l'alimentation, par exemple, les petits commerces, les épiceries de quartier, en souffrent inévitablement, parce qu'ils ne sont pas en mesure de supporter pendant très longtemps les coûts que cette guerre implique. Leur survie passe par la spécialisation ou le développement de nouveaux services, comme par exemple l'ouverture du magasin le soir, ou par les regroupements. Le Québec ne pourra échapper à la guerre commerciale qui s'est déjà amorcée entre les blocs et les grandes entreprises. Malgré tous les atouts qu'il a en main, même le maintien de ses positions n'est pas assuré.

Au cours des dernières années, l'économie du Québec a grandement profité de la croissance de la demande, interne et externe, et des prix élevés des ressources naturelles et des matières brutes entrant dans la fabrication des biens de consommation. Dans les prochaines années, ne pouvant plus compter sur une croissance importante de son marché intérieur, sa croissance économique sera encore plus tributaire du commerce international et, puisque le Québec ne peut transformer radicalement sa structure économique du jour au lendemain, celle-ci continuera de s'appuyer sur des secteurs très sensibles à la conjoncture économique internationale. Les secteurs de la haute technologie, bien qu'en croissance rapide, n'ont pas encore atteint les niveaux de production et d'emploi des secteurs des ressources et des secteurs plus traditionnels de la fabrication.

Une croissance plus forte des pays en développement, un taux de croissance modéré au sein des pays industrialisés et l'ouverture des économies de l'Est entraîneraient une demande accrue pour les matières brutes que les firmes québécoises produisent et pour le *know how* technologique de base (ingénierie, informatique, administration, etc.) qu'elles possèdent. Mais à long terme, puisqu'ici comme ailleurs l'exploitation des ressources naturelles a ses limites et que celles-ci ont presqu'été atteintes, le développement économique du Québec passe plutôt par le développement des secteurs liés aux connaissances.

V

Le Québec: une économie de ressources

L'économie du Québec, sous plusieurs aspects, est encore une économie de ressources, c'est-à-dire une économie dont le niveau de production, le développement et la croissance sont largement liés au secteur des ressources naturelles qui, en plus des capitaux importants, exige essentiellement une main-d'œuvre semi-spécialisée et peu d'innovation[4]. Les indicateurs qui appuient cette affirmation sont assez nombreux.

D'abord les exportations : celles associées aux ressources naturelles comptent toujours pour plus de 40 % des exportations totales. La production de produits manufacturés est relativement faible, à peine 20 % du PIB. Les investissements sont encore fortement concentrés dans des secteurs liés aux ressources naturelles. Par exemple, en 1989, 65 % des investissements du secteur manufacturier étaient concentrés dans des secteurs représentant moins de 30 % de la production, soit l'industrie du bois, celle des pâtes et papiers et celle des métaux. En tenant compte des investissements d'Hydro-Québec, et en excluant les investissements dans l'habitation et ceux des organismes publics, c'est toujours plus de 60 % des investissements qui, en 1989, sont allés aux secteurs reliés aux ressources naturelles. En 1990, cette proportion sera encore plus importante. Autre indication que le Québec est une économie de ressources : que ce soit dans le domaine des pâtes et papiers ou de la métallurgie, il importe une grande partie de sa technologie et de ses capitaux, contrairement à des pays comme la Suède. Il n'est d'ailleurs pas surprenant que, dans ces conditions, le niveau de la R-D soit aussi faible au Québec, y compris dans les secteurs reliés aux ressources.

Le développement de l'économie à partir des ressources naturelles a une limite. Le Québec n'est pas loin d'avoir atteint cette limite : à cause de l'imprévoyance passée, il est difficile à court terme d'augmenter le rendement des forêts ; le développement des ressources hydro-électriques deviendra plus onéreux, surtout si on commence à tenir compte de leurs effets sur l'environnement. La limite d'un développement qui part des ressources naturelles est d'autant plus marquée au Québec que les compagnies qui exploitent ou utilisent ces ressources sont des entreprises étrangères qui ne considèrent pas le Québec comme la base de leur développement et qui investiront ailleurs les profits et les liquidités engendrés par leurs activités.

Un jour ou l'autre, avec l'arrêt du développement économique par le biais des ressources naturelles, pour soutenir un secteur tertiaire important et pas nécessairement assez productif pour avoir un fort niveau d'exportation, le Québec devra être performant dans de nouveaux secteurs de production. Ceci s'avérera d'autant plus important

---

4. Même le développement du grand secteur de l'ingénierie, très important dans la structure économique québécoise, a dépendu de celui du secteur des ressources et des industries qui lui sont associées.

que les secteurs traditionnels devraient continuer d'être affectés par la montée de la concurrence internationale. Certes, les secteurs du matériel de transport et des produits électroniques (surtout le matériel de communication) ont connu une croissance intéressante depuis cinq ans et pourraient faire partie des créneaux dans lesquels le Québec pourraient s'insérer, mais ils occupent encore une place modeste dans l'économie et sont largement dominés par les entreprises à propriété étrangère. Le développement d'une économie n'est pas neutre par rapport à la propriété des entreprises, et les progrès des Québécois dans ce domaine, au cours des dernières années, sont insuffisants.

Quoi qu'il en soit, pour pouvoir augmenter sa productivité et concurrencer sur les marchés internationaux dans des secteurs autres que ceux privilégiés par le faible coût des ressources, les investissements en développement d'entreprises, en technologie et dans la formation des ressources humaines devront augmenter de façon significative. Ce sont les conditions qui permettraient cette éclosion qui, pour l'essentiel, constitue la deuxième partie de cet ouvrage.

Deuxième partie

Quelques pistes pour le changement

Chapitre 8

Quelques tendances plus spécifiques au Québec

Même si les tendances internationales et l'évolution technologique sont susceptibles d'apporter des opportunités et de nécessiter des ajustements majeurs à son économie, il ne faudrait pas pour autant ignorer les transformations que connaîtra le Québec dans les prochaines années. Peut-être moins spectaculaires, ces changements n'en sont pas moins importants pour la grande majorité des entreprises, dont la prospérité dépend grandement de leur performance sur les marchés intérieurs. En particulier, et de façon immédiate, la capacité des gouvernements à contrôler leur déficit aura un impact important sur les investissements et la croissance économique du Québec à moyen et à long terme.

I

Les déficits gouvernementaux

En 1971, le déficit du gouvernement du Québec était de 340 millions de dollars; treize ans plus tard, il était neuf fois plus élevé, soit environ 3 milliards de dollars. Grâce à un effort important de contrôle des dépenses, un certain dégraissage et des coupures draconiennes, dont celles qui ont douloureusement touché les salaires des fonctionnaires provinciaux, le gouvernement du Québec a réussi à ramener son déficit à 1,5 milliards de dollars en 1989. Mais pendant cette période de presque vingt ans, la dette totale aura passé de 11 % à 30 % du PIB. Le coût des intérêts, en incluant celui sur la provision relative aux régimes de retraite, aura passé de 4 % à 13 % des revenus totaux.

La situation budgétaire du gouvernement du Québec, bien que difficile, semble relativement maîtrisée par rapport à celle du gouvernement fédéral. Ainsi, le déficit fédéral était à 8,7 % du PIB, en 1984, comparativement à 4,1 % pour le déficit du gouvernement du Québec. En 1988, en proportion du PIB, le déficit fédéral a diminué à 4,8 %, mais celui du Québec a chuté à 1,1 % du PIB.

En 10 ans, soit entre 1975 et 1984, le gouvernement fédéral aura réussi le tour de force de faire passer son déficit de 6 milliards de dollars à 38 milliards. Depuis, malgré une conjoncture économique favorable, il n'a pu faire mieux que de le ramener à 30 milliards. La dette publique nette du gouvernement fédéral est passée de 20 % du PIB en 1975 à 55 % aujourd'hui. Les dépenses d'intérêts expliquent à elles seules le niveau actuel du déficit ; au milieu des années 1970, elles accaparaient 12 % des revenus, elles en accaparent maintenant tout près de 30 %. De plus, seules des hausses successives de taxes ont empêché une véritable explosion du déficit.

La situation budgétaire du gouvernement fédéral est un véritable cul-de-sac, dans le sens où le déficit, à cause des charges qu'il fait peser sur les dépenses, s'entretient de lui-même. Une telle situation, dans une entreprise, exigerait un réel coup de barre, le délestage d'activités et une restructuration. On attend toujours de telles initiatives, de la part du gouvernement fédéral. Les seules coupures sérieuses du gouvernement fédéral au cours des dernières années ont touché les transferts aux provinces.

Un des principaux effets négatifs de ces déficits est de contribuer à maintenir les taux d'intérêt à un niveau élevé et d'accaparer une partie importante de l'épargne disponible. Par exemple, le seul déficit du gouvernement fédéral, en 1986, représentait près de 50 % de l'épargne privée nette. Au cours des dernières années, le taux d'épargne des particuliers a baissé de 18 % en 1982 à 9 % en 1988. Les besoins en capitaux du fédéral, s'ajoutant à ceux du secteur privé, ont nécessité des emprunts à l'étranger. Ainsi, en 1986 et 1987, les entrées nettes de capitaux au Canada ont été de plus de 10 milliards de dollars par année. À la fin de 1987, la dette extérieure du Canada était de

220 milliards de dollars, faisant du Canada le second pays le plus endetté au monde après les États-Unis[1]. Le gouvernement fédéral n'est pas directement responsable de l'ensemble de cette dette, mais en accaparant une partie importante de l'épargne privée, il oblige les entreprises et les organismes publics, dont les municipalités, à emprunter sur les marchés étrangers. Si ces montants empruntés à l'extérieur du pays allaient tous en investissements productifs, les paiements d'intérêts ou de dividendes qu'ils exigent seraient au moins engendrés par des rendements. Mais tel n'est pas le cas: les emprunts du gouvernement fédéral servent essentiellement à défrayer le coût des dépenses courantes, dont les intérêts pour le service de la dette causée par les déficits antérieurs.

Après sept ans de croissance, le gouvernement fédéral n'a pas réussi à réduire son déficit à un niveau acceptable: cela fait douter de sa capacité à le faire à court terme. De plus, contrairement au déficit américain qui a été causé essentiellement par une baisse importante des impôts, le déficit canadien vient d'une incapacité à contrôler la hausse des dépenses.

La situation financière du gouvernement fédéral, compte tenu de l'ampleur de la catastrophe, a certainement besoin beaucoup plus de solutions draconiennes que d'études et de raisonnements sophistiqués. Mais à terme, une solution durable au problème des finances publiques canadiennes ne peut être trouvée sans une véritable remise en question du rôle de l'État fédéral, qui pourrait bien passer par une plus grande décentralisation fiscale.

II

Les changements démographiques

Le Québec vit actuellement des changements démographiques qui auront éventuellement des impacts importants sur toute la société. Au cours des dix prochaines années, même si un jour son tour viendra et que ses effets commencent à se faire sentir, ce n'est pas le vieillissement de la population qui sera le changement le plus marquant, mais

---

1. Données du Fond monétaire international et citées dans E. A. CARMICHAEL et K. MACMILLAN, *Focus on Follow-through: Policy Review and Outlook, 1988*, Toronto, C. D. Howe Institute, 1988.

celui de l'immigration et, toujours, celui du *baby boom*, qui n'en finit plus de faire des vagues. Ces vagues, cette fois-ci, ne nécessiteront pas de dépenses élevées de la part de l'État, comme ce fut le cas auparavant, ni d'efforts particuliers par rapport au marché du travail, comme c'est le cas depuis le début des années 1970. En fait, les nouvelles vagues engendrées par le *baby boom* auront surtout à être gérées par les entreprises.

La génération du *baby boom*, c'est-à-dire la génération des enfants nés entre 1947 et 1960, a alimenté l'économie de plusieurs façons dont, entre autres, la croissance de la consommation. Et ce n'est pas tout à fait fini, puisque cette génération est encore à un âge où ses revenus augmentent. Mais ce n'est qu'un sursis, car cette génération a et aura moins d'enfants, refusant ainsi de perpétuer cette croissance de la production par le biais d'une croissance naturelle de la demande[2].

La génération du *baby boom* est une population vieillissante. Ainsi, l'âge moyen de la population du Québec était de 25 ans en 1965, il est de plus de 30 ans aujourd'hui et se dirigera vers les 40 ans au cours de la prochaine décennie. C'est aux mains de cette génération vieillissante que sera concentré le pouvoir d'achat au cours des prochaines années. Selon une étude américaine[3], en l'an 2000, les *boomers* seront à la tête d'environ 45 % des ménages et compteront pour plus de 50 % des achats des consommateurs dans la plupart des catégories de dépenses de consommation, sauf les maisons et les appartements, bien entendu. Plus instruits, plus âgés, consommateurs mieux éduqués, ils sont donc plus rationnels dans leurs achats et plus difficiles à satisfaire. Ayant fini d'éduquer leurs enfants, leurs coûts de logement diminuant, et voyant venir la retraite, ils contribueront aussi à une augmentation de l'épargne.

Quant aux effets de l'arrivée de cette génération au pouvoir, en particulier dans les entreprises, plusieurs y voient des signes précurseurs d'un changement majeur, influencé par l'idéal démocratique. Il se pourrait aussi, comme certains sociologues commencent à le percevoir, qu'une partie de cette génération, au début de la quarantaine, et pour la première fois voyant compromises ses chances d'avancement, redevienne plus contestataire, épouse des causes, comme l'environnement, et s'engage davantage dans les organismes communautaires.

---

2. À l'apogée du *baby boom*, le taux de natalité, au Québec, s'établissait à 28,8 naissances par 1 000 personnes. En 1972, ce taux avait chuté à 14,6 et il continue de baisser.
3. Citée dans *Fortune*, 26 septembre 1989, p. 63.

Par ailleurs, le mouvement à la baisse de la natalité amorcé dans les années 1960 aura, à court terme, au moins un effet positif, soit la baisse des entrées sur le marché du travail.

Au début des années 1970, on prévoyait, pour le début des années 1980, des pénuries de main-d'œuvre; la réalité fut tout autre: le Québec a connu le plus haut taux de chômage depuis la crise des années 1930. Comme toujours, les raisons pour lesquelles les économistes se sont trompés, a posteriori, sont simples: la décennie 1970 a été marquée par la plus forte croissance de la population en âge de travailler que le Québec n'ait jamais connue; on avait surestimé la croissance économique et, surtout, sous-estimé le taux de participation des femmes sur le marché du travail. Avoir été témoin de telles erreurs de la part de mes collègues, m'incite donc à la plus grande prudence. Mais néanmoins, il existe des faits qui ne démentent pas.

Ainsi, pour maintenir constant le taux de chômage entre 1971 et 1981, il aurait fallu créer environ 70 000 emplois par année, il s'en est créé en moyenne 55 000; ce qui était très bon. Entre 1981 et 1988, toujours pour maintenir constant le niveau du chômage, il aura fallu en créer environ 40 000 par année, objectif atteint malgré une des pires crises économiques de l'histoire du Québec. Au cours des dernières années, le nombre de jeunes entre 15 et 25 ans a diminué de 150 000. De plus, on ne prévoit pas d'accélération de la croissance du taux de participation des femmes sur le marché du travail, les plus jeunes ayant pratiquement atteint déjà le niveau de participation de leurs collègues masculins. Le taux de croissance de la main-d'œuvre active qui a été de 2,6 % par année, en moyenne, au cours des années 1970, devrait chuter en bas de 2 % durant les années 1980 et en bas de 1 % dans les années 1990[4]. Peut-être, dans ces conditions, le Québec connaîtra-t-il, vers la fin du siècle, le plein emploi, faute de combattant, si le niveau de croissance économique se maintient et s'il y a des investissements majeurs en formation et en recyclage de la main-d'œuvre. Des pénuries de main-d'œuvre qualifiée sont donc à prévoir.

Sans une augmentation de l'immigration ou de la natalité, la population du Québec devrait cesser de croître vers l'an 2000[5]. Mais déjà en 1991, la population des moins de 65 ans arrêtera d'augmenter. Qui dit déclin démographique, dit aussi déclin de la formation des

---

4. D'après les prévisions les plus fortes, mais les plus plausibles de J.-P. BÉLANGER et P. LAMONDE, *L'utopie du plein emploi*, Montréal, Les éditions Boréal, 1986.
5. Pour une description fort éloquente des effets de la baisse de la croissance de la population, voir G. MATTHEWS, *Le choc démographique*, Montréal, Les éditions Boréal Express, 1984.

ménages. Le secteur de la construction devrait être touché de façon particulière, de même que celui du commerce et des meubles. C'est un peu dans la foulée des observations précédentes que Matthews parlait de la fin de la dénatalité rentable, c'est-à-dire de celle qui, dans les années récentes, a permis, au Québec, une baisse du taux de dépendance de la population et ainsi, un plus grand niveau de vie pour tous.

C'est naturellement vers l'immigration qu'il faudra se tourner pour répondre de façon crédible à la baisse de la natalité.

L'immigration a déjà été pour le Canada un moyen de peuplement extraordinaire, mais c'est beaucoup moins vrai pour le Québec. On pourrait même dire que le Québec est plus une terre d'émigration, historiquement, qu'une terre d'immigration. Ainsi, à partir du milieu du XIXᵉ siècle jusqu'au milieu des années 1950, c'est une véritable saignée qu'a connue le Québec, alors que près d'un million de francophones quittèrent leur pays pour aller aux États-Unis. Depuis 1960, même si le Québec a connu un solde migratoire international positif, il n'a pas été suffisant pour combler le solde migratoire inter-provincial négatif. Ainsi, au cours des 25 dernières années, le Québec a perdu en moyenne, par le biais de l'immigration, 6 000 citoyens par année. De ces vingt-cinq années, on en compte quelques-unes de remarquables, dont celles de la fin des années 1960 et de la seconde moitié des années 1970. Une perte de 6 000 citoyens par année, ce n'est pas dramatique, mais cela démontre une certaine inaptitude à gérer une croissance de la population à partir de l'immigration.

L'immigration peut devenir une nécessité économique; mais à l'inverse, le niveau de la croissance économique et celui du chômage ont un rôle à jouer dans l'attrait du Québec pour les immigrants. Ainsi, avec un niveau de chômage élevé, le Québec est moins apte à attirer des immigrants instruits, tout comme il aura plus de difficultés à retenir ceux qui viennent, sans compter qu'une mauvaise situation économique provoque des départs parmi une main-d'œuvre souvent formée à grands frais. Finalement, l'emploi peut aider à l'intégration sociale de ceux qui décident de s'installer ici.

Pas très marqués pour l'instant, les impacts du vieillissement de la population commenceront vraiment à se faire sentir au cours des dix prochaines années.

Bientôt, les personnes âgées de 65 ans et plus représenteront 15 % de la population; fait encore plus important, le nombre de personnes âgées de plus de 75 ans, âge à partir duquel le poids du vieillissement sur les dépenses de santé se fait le plus sentir, augmentera de 50 % au cours des dix prochaines années. Les implications du vieillissement de la population ne peuvent être prises à la légère tant il est en train de marquer nos systèmes sociaux. Par exemple, les personnes âgées qui composent actuellement 11 % de la population, consomment près de 45 % des soins de santé ; les dépenses per capita des gouvernements sont, en gros, feux fois et demie plus élevées pour les personnes âgées que pour les jeunes. Et le Québec ne pourra plus, comme lors des dernières années, compter sur une baisse du nombre des plus jeunes pour compenser la hausse des dépenses pour les aînés.

Le Québec doit relever le défi de créer une société qui serait toujours dynamique et garderait une certaine unité, tout en étant plus vieille et plus cosmopolite.

III

Et si le Canada anglais ne voulait pas de nous ?

Personne ne peut prédire avec certitude si le Québec deviendra indépendant avant la fin de ce siècle. Plusieurs des gens d'affaires que nous avons interviewés se surprennent à le désirer, pour peu qu'ils ne soient pas des habitués de Bay Street, et ils sont peu nombreux à l'être. En fait, et cela doit avoir une signification, ces hommes et ces femmes d'affaires ont plutôt la réaction de dire que le Québec n'aura probablement pas le choix de devenir indépendant. Les résultats d'un sondage de la *Revue Commerce*, auprès de ses lecteurs, en février 1990, montrent que 57 % d'entre eux sont favorables à l'indépendance du Québec. Un résultat qui surprend, compte tenu que les lecteurs de la revue n'ont pas la réputation d'être ultranationalistes.

Le quasi-rejet dont a fait l'objet le Québec au plan constitutionnel en 1982, et la non-ratification de l'Accord du lac Meech en 1990 n'empêcheront certes pas le monde des affaires et l'économie de fonctionner. Mais il est le reflet de ce qui se passe au Canada depuis des décennies, soit le refus des Canadiens de reconnaître le vrai caractère du Canada : un pays de régions, inégalement développées et aux intérêts souvent divergents, et un pays où une communauté autochtone et deux grands groupes linguistiques se rejettent à tour de rôle, faute de compromis. Plusieurs gens d'affaires, la plupart du temps sous le signe de l'anonymat, ont parlé de ce rejet qu'ils ressentent aussi, le plus souvent à partir de Toronto, ou de l'Ouest lorsque la manne fédérale penche du côté du Québec.

Pour Kimon Valaskakis[6], les difficultés qu'a rencontrées l'Accord du lac Meech n'est qu'un reflet des causes plus profondes qui pourraient provoquer l'effondrement du Canada au cours des prochaines années. Selon lui, cet effondrement, qui commencerait par la séparation du Québec, a d'abord comme cause l'intégration de l'économie du Canada avec celle des États-Unis, qui inévitablement renforce les liens transfrontaliers au détriment des liens économiques entre les régions du Canada; elle enlève aussi de l'importance à l'union économique canadienne. Un autre facteur important est la diminution du pouvoir du gouvernement central, au plan de l'importance relative de ses dépenses par rapport à celles des autres niveaux de gouvernement. Et finalement l'absence d'un projet canadien de société et de points de ralliement, qui aurait remplacé celui de P. E. Trudeau, basé sur le bilinguisme et la société juste.

Valaskakis ne donne pas de piste qui pourrait nous éclairer sur ce projet de société. Mais il conclut en soulignant que l'éclatement du Canada, et son alliance politique avec les États-Unis, ne seraient qu'une question de temps advenant la séparation du Québec. Il souligne aussi, que dans un tel contexte, la survie du Québec serait menacée.

Le rôle des nations dans le succès des entreprises est important comme le démontrent les analyses des causes des échecs et des succès économiques de plusieurs pays. Il faut probablement voir un lien entre les incertitudes qui entourent l'avenir du Québec et du Canada et l'absence d'un leadership susceptible de modeler un environnement permettant aux entreprises de développer des avantages compétitifs. L'ampleur du déficit fédéral, qui est un obstacle important à la compétitivité des entreprises, s'explique aussi par la fragilité politique du Canada. Dans ces conditions, il est loin d'être certain que les chances de succès économiques du Québec augmentent avec le maintien de liens politiques avec le reste du Canada. Sa séparation ne garantit pas non plus sa survie, mais au moins ses succès ne dépendront plus que de lui, ce qui est de nature à augmenter ses chances de réussir.

Quant à l'avenir du Canada anglais, même si sous sa forme actuelle ce pays aura des difficultés à survivre, ne parions pas trop vite sur son éclatement. D'abord, le Canada anglais accepterait mal une

---

6. Tiré de *La Presse*, « Le Canada est menacé de divorce et le Lac Meech n'est que la pointe de l'Iceberg », 15 novembre 1989.

union politique avec les États-Unis; mais surtout, le Canada a un rôle important à jouer au plan international, comme pays souverain, et on voit mal comment il pourrait abandonner cet atout et le prestige qui l'accompagne. N'oublions pas non plus que le Canada est la septième puissance économique de l'OCDE et le pays où le niveau de vie est le plus élevé après les États-Unis. Il est rare que de tels pays fusionnent. Tout ceci ne veut pas dire, cependant, que le Canada n'est pas appelé à se modifier au plan politique. La séparation du Québec pourrait être un prétexte pour amorcer des changements.

IV

Le climat social

Certes, les décisions d'investir sont basées sur des analyses financières objectives, mais elles n'échappent pas aux jugements subjectifs. Le climat social joue parfois un rôle tout aussi important que les taux d'intérêt.

Les syndicats, dont les membres ont été frappés durement par la crise économique en 1982, sont devenus plus réalistes dans leur revendication; des méthodes plus modernes de gestion diminuent la confrontation dans les entreprises; à venir jusqu'à tout récemment, la situation linguistique était maîtrisée, faute d'être satisfaisante pour tous; un engouement pour le monde des affaires s'est développé. À partir de 1983, les taux d'intérêt ont baissé et il y a eu une reprise de la croissance économique internationale. Rarement le Québec aura-t-il connu un climat aussi propice aux investissements et au développement de l'économie!

Bien que les effets des affrontements qui ont marqué les années 1970, en particulier au plan des relations de travail, soient assez récents pour que les mêmes erreurs soient évitées, il ne faudrait pas tenir pour acquis ce climat social: il existe encore des problèmes importants à résoudre, même s'ils sont différents de ceux que le Québec a affrontés auparavant. La place du Québec au sein du Canada n'est toujours pas définie et il ne semble pas avoir de consensus sur le sujet. Le problème de la langue nécessite aussi des actions et des décisions courageuses, et une recherche de consensus difficile à trouver.

À côté de ces problèmes traditionnels, il y en a de nouveaux qui surgissent et qui, de certains points de vue, sont plus complexes, comme le SIDA, la consommation des drogues, le vieillissement, la qualité des soins de santé et de l'éducation, la protection de l'environnement, la détérioration du tissu urbain, la montée de la violence, la baisse de la natalité, l'intégration des immigrants, le déficit fédéral. Ces problèmes pourraient bien créer un climat social encore plus perturbé que celui qu'ont créé les nombreuses grèves au début des années 1970.

Les relations de travail, du moins dans le secteur privé, à la suite de l'évolution des attitudes tant des patrons que des syndicats, devraient s'améliorer encore ou, à tout le moins, se maintenir. Mais, dans les secteurs publics et parapublics, les choses pourraient bien être différentes, si les conditions de travail de ces employés continuent de se détériorer et si leurs tâches, pour la plupart essentielles, ne sont pas plus valorisées. C'est là, sans doute, un des défis de demain, et il passe encore par un changement profond dans le rôle de l'État et de l'organisation des services qu'il dispense.

Chapitre 9

Le rôle du gouvernement
dans l'économie

I

Que ce soit en Suède, en Suisse, au Japon ou en Corée du Sud, les succès des entreprises et la croissance économique sont fortement associés aux politiques des gouvernements. Celles-ci peuvent prendre des formes très différentes : la réglementation des marchés financiers, les subventions à la recherche et au développement, les politiques de formation, la taxation ou des actions similaires. Comme acheteur important de biens et de services, les organismes publics et parapublics, comme Hydro-Québec, peuvent aussi influencer le développement de secteurs d'activité. Mais c'est surtout sous l'angle de leur impact sur l'environnement des entreprises que sont le plus valorisées les actions des gouvernements de ces pays où la croissance a été importante depuis dix ans.

Cette influence du gouvernement sur l'environnement qui forge la compétitivité des entreprises peut cependant être autant négative que positive, et dans tous les cas, elle n'est pas neutre. Par exemple[1], en acceptant que les documents transmis par télécopieurs soient reconnus comme des documents officiels, le gouvernement japonais a favorisé le développement du marché de ces appareils et permis aux entre-

---

1. L'exemple est cité dans M. Porter, *op. cit.*, p. 128.

prises de ce pays de prendre une longueur d'avance sur leurs concurrents.

Dans une économie basée sur les ressources, le rôle du gouvernement est assez bien établi : il doit voir à la répartition efficace des ressources naturelles, au développement d'une main-d'œuvre semi-spécialisée et relativement bien formée et il doit favoriser les investissements étrangers, en particulier pour la technologie qui les accompagne. Le gouvernement du Québec n'a pas emprunté des chemins très différents. Par exemple, aucune des alumineries sur le territoire québécois n'appartient à des Québécois et leur développement est financé surtout par des capitaux étrangers. Les secteurs des mines et de la forêt ne se sont pas développés autrement. Pour construire une économie dont les objectifs seraient la croissance des investissements et le développement d'industries ayant de forts liens avec les nouvelles technologies, ce rôle doit inévitablement changer.

II

La nécessité d'une politique industrielle

Les dernières années ont été particulièrement intéressantes du point de vue de l'échec des théories économiques. Coup sur coup, les politiques inspirées des théories keynésiennes et des théories néo-libérales ont été mises en échec.

Les politiques keynésiennes prônaient, essentiellement, l'intervention de l'État afin de stabiliser l'économie par la stimulation de la demande à l'aide des baisses d'impôt ou des hausses de dépenses. Elles ont été à la base du compromis qui a donné naissance à l'État-providence et qui a permis, dans les pays de l'OCDE, une longue stabilité politique, propice à la croissance économique et aux investissements. On pourrait même dire, à cause du filet de sécurité sociale dont il a permis la mise en place et qui a facilité les transitions, que l'État-providence a permis aussi une ouverture plus rapide et plus grande des économies.

Au début des années 1980, la théorie keynésienne s'est frappée au mur des déficits gouvernementaux et du niveau élevé d'inflation, en période de chômage élevé. L'occasion était belle pour que s'impose une nouvelle théorie. Les néo-libéraux, inspirés par les résultats des modèles d'équilibre général, arrivèrent avec une vision théorique du problème qui, pour les profanes, était tout à fait neuve. Celle-ci leur permettait d'affirmer qu'il était possible, en même temps, de stimuler la croissance économique et de baisser les déficits gouvernementaux. Les perspectives qu'annonçaient les néo-libéraux étaient attrayantes. De plus, les raisonnements qui les sous-tendaient étaient simples, donc plus facilement acceptables. Les résultats prévus s'appuyaient sur des modèles mathématiques, ce qui les rendait encore plus crédibles.

Selon la théorie néo-libérale, les gouvernements, en intervenant dans l'économie, par le biais des taxes, des impôts, des dépenses de subvention ou de la réglementation, nuisent à l'efficacité économique. En relâchant toutes ces contraintes qui pèsent sur l'offre, c'est-à-dire sur le système de production, et en diminuant les impôts qui augmentent le coût du travail, les tenants de cette théorie soutenaient qu'il était possible d'améliorer l'efficacité économique et la compétitivité et, ainsi, assurer une croissance économique plus élevée. Ils prévoyaient aussi que les compressions des dépenses, qui souvent faussent les lois du marché, et la hausse des entrées fiscales engendrées par une croissance économique accrue seraient plus que suffisantes pour combler les pertes de revenus, d'où la baisse du déficit. La proposition arrivait à point : le chômage était élevé ; les citoyens se sentaient surtaxés et ils étaient un peu las de la gestion technocratique des services publics. Et la théorie était aussi très populaire chez les économistes.

Les politiques néo-libérales furent appliquées sous le premier mandat de Ronald Reagan, avec les résultats catastrophiques qu'on connaît sur le déficit américain, malgré des coupures importantes dans les dépenses sociales. Les baisses d'impôt et la déréglementation n'ont jamais rendu leurs promesses.

Robert M. Solow[2], prix Nobel d'économie en 1987, a toujours été reconnu comme un avocat du libre-échange et du laissez-faire. Il était un des partisans de l'intervention minimale des gouvernements dans l'économie. Cependant, après avoir coprésidé la Commission sur la productivité industrielle du Massachusetts Institute of Technology, il a changé d'une façon draconienne son point de vue. Il a réalisé que les choses ont bien changé, depuis que les hypothèses des modèles d'équilibre général ont été posées ; il est maintenant convaincu qu'on ne peut compter uniquement sur les politiques macroéconomiques pour permettre aux États-Unis de retrouver leur leadership industriel et accroître leur compétitivité. En particulier, selon lui aussi, la théorie

---

2. Cité dans *Business Week*, « Innovation in America », numéro spécial, 1989. p. 174.

des avantages comparatifs et, avec elle, la théorie néo-classique sur laquelle se basent la plupart des économistes qui prônent le libre-échange comme moyen de relancer la compétitivité de l'économie, doivent être remises en question à cause de la technologie de l'information et des télécommunications, avec ce qu'elles impliquent sur la globalisation de l'économie. Un tel changement de perspective, de la part d'un économiste dont les théories sur la croissance se retrouvent dans tous les manuels d'économie, est important. À la lumière de ces propos d'ailleurs, plusieurs de ceux qui ont prévu les effets du libre-échange entre le Canada et les États-Unis devraient retourner à leurs calculs et, à tout le moins, réviser les conditions qui permettraient au Canada d'en tirer le plus d'avantages possible.

Dès lors, y a-t-il une alternative aux politiques keynésiennes d'intervention massive des gouvernements et à celles du laissez-faire du libéralisme? Oui, dit Solow, une politique industrielle.

Toutefois, en y réfléchissant bien, le débat concernant la nécessité d'une telle politique est un faux débat. Comme le soutient Lester C. Thurow, un autre économiste américain, de toute façon, les gouvernements occidentaux ont tous implicitement des politiques industrielles. Le seul problème est qu'elles ne sont pas coordonnées et qu'elles sont définies par des programmes et des politiques éparpillés un peu partout dans les différents ministères et qu'elles ne fonctionnent pas. Comme le prouve d'ailleurs une analyse objective de la réalité, à partir du moment où il est admis que les gouvernements jouent inévitablement un rôle sur le développement économique, seule une approche dogmatique, ou l'inaction montée en principe, peut justifier l'absence d'une véritable politique de développement industriel. Ceci ne veut cependant pas dire qu'il faut ressortir de nos tiroirs les vieilles politiques des années 1960 et 1970.

III

La situation au Québec et au Canada

Ni le gouvernement du Québec, ni le gouvernement fédéral n'ont actuellement de véritable politique industrielle bien définie. Et ils n'ont pas l'air de savoir trop bien pourquoi ils en n'ont pas et encore moins pourquoi il devraient en avoir une. Au Québec, le gouvernement se contente de politiques sectorielles qui changent souvent au gré des ministres, lorsqu'elles ne sont tout simplement pas improvisées. En fait, la seule politique claire touche l'utilisation et le développement du potentiel hydro-électrique québécois.

Pour sa part, le gouvernement fédéral n'a qu'une idéologie qui lui tient lieu de politique industrielle. Le libre-échange ressemblait plus à une improvisation qu'à un élément d'une politique plus large. L'attitude du gouvernement dans le dossier de l'adaptation de la main-d'œuvre en est d'ailleurs la preuve. La privatisation, un peu de la même façon, tient lieu de politique économique aux deux gouvernements, alors que dans les faits elle ne devrait être qu'un ajustement normal à une telle politique.

Dans les années 1960 et 1970, la politique industrielle a reçu beaucoup d'attention, en particulier à l'époque des gouvernements Trudeau, au Canada, et de ceux du Parti québécois, au Québec. Des éléments de ces politiques ont eu des succès déterminants. Au Québec, en particulier, des sociétés d'État dont la Caisse de dépôt et de placement, avec des objectifs clairs et des missions bien définies, ont été à l'origine de beaux succès, comme le contrôle de Domtar, le développement de Provigo, la naissance et le développement de Culinar et Noverco. Du côté des programmes de soutien à l'entreprise, le RÉA et le Plan Biron sont deux exemples de programmes qui, chacun à leur façon, ont été très efficaces. D'autres, cependant, dont l'incursion du gouvernement québécois dans l'industrie de l'amiante et la politique fédérale de l'énergie, ont été des échecs.

De façon générale, ces succès et ces échecs trouvent leurs explications dans le mode de fonctionnement de l'économie de marché. Ainsi, lorsque les gouvernements ont tenté de s'attaquer aux mécanismes d'ajustement automatique du marché ou de se substituer aux entreprises, pensant faire mieux qu'elles, ils ont, à tout le moins dans le long terme, connu des échecs. Rarement leurs actions ont eu des effets structurants. Lorsqu'ils se sont attaqués à des régulations informelles ou moins automatiques, qu'ils ont tenté d'influencer l'environnement des entreprises et leur mode de fonctionnement, ils ont connu des succès parfois étonnants. Compte tenu de la lenteur de la prise de décision dans le secteur public et de son mode de fonctionnement, ces résultats étaient prévisibles.

IV

L'organisation économique

À cause probablement des faiblesses de la théorie microéconomique qui, pendant longtemps, a été laissée entre les mains des mathématiciens, les mesures susceptibles de soutenir le développement économique, proposées par les économistes, ont généralement été d'ordre macroéconomique ou ont visé la structure industrielle. Les impacts de l'organisation économique, c'est-à-dire les relations formelles et informelles entre les entreprises, le mode de propriété, les processus de production, le fonctionnement du marché, les relations entre les entreprises et leurs employés ainsi que les syndicats, la culture d'entreprise, les liens des entreprises entre elles ou les modes d'élaboration des stratégies commerciales, ont toujours pris peu de place. Ces préoccupations, pour tout dire, sont complètement absentes de la théorie économique classique. Pourtant, les modes d'organisation économique, formels et informels, sont tout aussi importants pour le développement d'une économie que, par exemple, la structure industrielle.

Une économie de marché, ouverte à la concurrence internationale, sera particulièrement efficiente pour faire en sorte que s'imposent les secteurs de production des biens et services pour lesquels les entreprises sont productives et qu'ils répondent le mieux aux besoins des consommateurs. Cependant, une économie de libre marché ne conduira pas nécessairement au mode d'organisation économique qui maximiserait la croissance économique. D'ailleurs, il s'avère que la différence de développement économique entre les pays, dans un contexte de concurrence internationale, s'explique souvent par les modes d'organisation économique que ces pays ont choisis.

Ainsi, pour la théorie économique traditionnelle, la propriété des entreprises n'est pas du tout importante pour le développement économique. On sait très bien qu'en pratique, il en va tout autrement. Ainsi, les profits et les liquidités qu'engendrera dorénavant Consolidated Bathurst, vendue l'an dernier à Stone Container de Chicago, ne serviront plus uniquement au développement de l'entreprise au Québec ou à alimenter des investissements dans un autre secteur; une large part de ces profits ira aux actionnaires et servira surtout, dans un premier temps, à financer la dette causée par la prise de contrôle et, ensuite, à développer d'autres entreprises. Bien sûr, les liquidités entraînées par les entreprises sous le contrôle de Québécois ne restent pas toutes au Québec; mais à terme, les probabilités que son économie en profite, sous une forme ou une autre, sont beaucoup plus grandes. Dernièrement, à Montréal, plusieurs usines sous propriété étrangère, ont fait les frais de politique de rationalisation du groupe dont elles étaient membres.

Le Japon est l'exemple le plus frappant de pays où l'organisation économique et les valeurs ont eu un rôle important à jouer dans la politique économique. Le RÉA, les actions accréditives, la création de la Caisse de dépôt et de placement et la SGF sont quatre exemples de mesures qui ont eu un impact important sur l'économie du Québec et dont l'objectif était d'influencer l'organisation économique plutôt que de corriger les effets de la concurrence. De la même façon, dans les entreprises, en autant qu'ils n'entrent pas en contradiction avec les valeurs dominantes d'une société, certains modes d'organisation du travail ou certaines stratégies devraient être favorisés, soient les organisations qui conduiront à un développement de la productivité et de l'innovation. L'économie de libre marché est complètement impuissante à faire en sorte que s'impose l'un ou l'autre, ou le plus efficace de ces modes.

V

Les modes de régulation de l'économie et les interventions des gouvernements[3]

La théorie économique classique avait adopté une approche qui s'apparentait beaucoup à celle des sciences exactes. Dans les systèmes physiques, les mécanismes de régulation sont automatiques. Les premiers théoriciens de l'équilibre général ont élaboré leurs modèles en s'inspirant de ces modèles de la physique. Leur but était de développer un modèle qui aurait permis d'expliquer, comme dans les sciences exactes, les lois qui gouvernent l'économie, et plus spécifiquement l'économie de marché.

Récemment, surtout en Europe, s'est développée une nouvelle théorie économique, la théorie de la régulation économique, qui tient compte des modes d'organisation économique. La théorie de la régula

---

3. Pour une analyse complète des interrelations entre les modes d'interventions de l'État et les régulations sociales, voir: M. CROZIER, *État modeste, État moderne*, Paris, les Éditions du Seuil, 1988.

tion économique part de la constatation que le système économique, comme tout système, possède des éléments de régulation, c'est-à-dire des mécanismes correcteurs qui lui permettent de s'ajuster, pour survivre, aux divers changements dans son environnement externe et interne.

L'économie de marché, contrairement à ce que supposait la théorie économique classique, n'a pas ce caractère automatique des systèmes physiques, « c'est un construit humain très délicat qui, pour émerger, s'affirmer et se développer, demande d'énormes efforts collectifs. Il n'est pas de grands marchés abstraits correspondant à la vision, utile mais non réaliste, des théoriciens. À côté des mécanismes automatiques qui les fondent, ces marchés comportent toujours d'autres régulations, assurées par des règles écrites ou non écrites, certaines édictées par la puissance publique (qu'on appelle réglementation), d'autres coutumières, d'autres même à peine conscientes. Dire que les mécanismes automatiques sont supérieurs est presqu'un truisme. Mais s'ils sont supérieurs, cela ne veut pas dire qu'ils soient suffisants. Ils ne sont jamais qu'un mode de régulation parmi d'autres, le plus achevé et le plus efficace, certes, mais qui ne peut exister qu'avec le soutien des autres[4]. »

Les exemples de régulation non automatique dans l'économie de marché ne manquent pas, les plus fréquents étant ceux introduits par les gouvernements. Lorsque, des entreprises se lient avec leurs fournisseurs, par contrat, pour s'assurer d'une livraison « juste à temps » et améliorer la qualité des biens qui entrent dans la fabrication de leurs produits, c'est loin d'être un mécanisme automatique de régulation du marché, mais il est plus efficace. Les réactions du milieu des affaires de Toronto lorsqu'un Québécois francophone essaie de mettre la main sur une entreprise importante contrôlée par un des leurs, ou au contraire, la complicité de firmes québécoises pour éviter qu'une entreprise passe sous mainmise étrangère, sont deux autres exemples qui illustrent bien qu'il existe toutes sortes de régulations économiques.

Les observations qui précèdent ne sont pas du tout en contradiction avec le fait que l'économie de marché, en particulier à cause de la supériorité des régulations automatiques, comme la détermination des prix dans les marchés concurrentiels, demeure le système économique le plus efficace. Sauf dans des circonstances très particulières, la gestion technocratique de l'économie s'avérera plus lourde et moins efficace que la gestion privée soumise à ces régulations automatiques.

4. M. Crozier, *op. cit.*, p. 123.

Mais cela ne veut pas dire pour autant que l'État doit intervenir le moins possible dans l'économie comme le souhaitent les néo-libéraux. Il doit simplement intervenir là où son intervention sera efficace, c'est-à-dire:

- pour établir les règles minimales qui permettront aux régulations automatiques de se maintenir, pour protéger la concurrence afin de stimuler la productivité des entreprises;

- pour pallier les imperfections des marchés tant en terme de concurrence, qu'en terme d'effets externes et de répartition de la richesse;

- pour favoriser la stabilisation économique;

- pour créer des facteurs de production ou pour améliorer ceux qui existent et favoriser une bonne gestion des ressources;

- pour créer un environnement qui stimulera les entreprises à innover, investir et accroître leur productivité.

Les trois premières justifications de l'intervention de l'État sont classiques. Les deux autres sont plus nouvelles. Elles devraient cependant être à la base d'une politique industrielle. Deux exemples éclairent ce choix.

Une partie de la politique énergétique fédérale, à la fin des années 1970, s'attaquait à changer les règles du jeu qu'établissait le système de prix sur les marchés internationaux du pétrole; dans certains de ses aspects, elle changeait carrément le message que le marché émettait aux producteurs et aux consommateurs d'énergie. Elle fut un échec. Le Régime d'épargne-actions voulait changer l'attitude des Québécois face aux investissements boursiers. Il n'a pas du tout touché au système de détermination des prix des actions cotées à la bourse; il n'était pas trop restrictif, au départ, quant aux secteurs où les participants pouvaient investir. Il fut un succès. Sans vouloir trop généraliser à partir de ces deux exemples, disons qu'il apparaît logique qu'on puisse réussir à modifier plus facilement les orientations d'une économie en tentant d'influencer les régulations non automatiques et informelles qu'en tentant de modifier les régulations automatiques qui permettent justement à l'économie de fonctionner efficacement, et qui sont de moins en moins sous la domination exclusive d'une nation.

Quant à l'intervention directe de l'État dans l'économie par le biais des sociétés d'État, elle peut être utilisée pour pallier la faiblesse du secteur privé, mais elle ne doit pas être généralisée et doit être limitée dans le temps. La gestion technocratique n'est pas du tout appropriée pour s'adapter aux exigences de la concurrence. Aussi intelligents et informés qu'ils puissent l'être, on ne peut demander aux fonctionnaires de gérer efficacement l'économie, de se substituer aux mécanismes de régulation automatique. On ne peut pas non plus leur demander de se substituer aux praticiens, à ceux qui prennent des décisions sur le terrain. Par contre, ils sont les mieux placés pour gérer les programmes d'aide et pour avoir des visions plus globales de l'économie. L'intervention du gouvernement dans l'économie doit être envisagée dans une optique de collaboration entre les secteurs public et privé, basée sur une meilleure connaissance du fonctionnement de l'économie et des impératifs de la croissance économique.

VI

Une politique industrielle orientée par l'industrie

Une politique industrielle est une nécessité, ne serait-ce que pour coordonner les actions des gouvernements autour d'objectifs et de principes précis, donc possibles à évaluer. Elle permet aussi de centrer les efforts. Elle facilite la cohérence et les consensus. La finalité d'une telle politique devrait être, bien sûr, la qualité de la vie des Québécois et des Québécoises, qui est aussi la principale finalité de la croissance économique. Le gouvernement doit en plus, dans la limite du possible, assurer la pérennité de la croissance pour les générations futures, objectif qui ne peut aussi être atteint par le seul jeu des forces du marché et qui exige de privilégier davantage le long terme.

Plusieurs observations sur le fonctionnement des économies de marché exposées à la concurrence et sur les faiblesses de l'économie du Québec ont été faites à ce jour ; elles peuvent servir de point de départ pour énoncer quelques prémisses qui, sans qu'elles soient exhaustives, serviront d'encadrement à une politique industrielle.

1. *Une politique industrielle doit partir d'objectifs clairs et s'appuyer sur une bonne connaissance des mécanismes de fonctionnement des marchés et des modes de régulation informels propres à chaque économie. Elle doit aussi être construite dans le respect des valeurs et de l'histoire de la société québécoise.* Il n'y a pas de modèle de développement économique qui domine entièrement un autre, chacun a sa spécificité et doit être adapté aux spécificités nationales. C'est d'ailleurs ce que démontre l'étude du développement économique des pays. Un modèle de développement

ne peut habituellement pas, non plus, être importé. D'ailleurs, les avantages compétitifs d'une nation viennent plus de ses différences que de ses similitudes avec les nations concurrentes. Pour survivre, la spécificité culturelle du Québec en Amérique du Nord devrait être transformée en avantage compétitif.

2. *Le principal défi du Québec dans les années à venir, c'est la productivité*, d'où viendra nécessairement la croissance économique et celle de la richesse, à mesure que la croissance basée sur l'exploitation des ressources naturelles deviendra plus difficile. La croissance de la productivité exige des investissements importants, d'abord dans les nouvelles technologies de production, pour tous les secteurs de l'économie, et ensuite, dans le développement des secteurs au contenu technologique important. La politique industrielle devrait donc en priorité permettre la mise en place de mesures et d'un environnement qui favoriseront la croissance des investissements par rapport, par exemple, à la consommation, car la croissance des investissements exige une croissance de l'épargne, ou par rapport au versement des dividendes.

3. *La politique industrielle ne devrait pas s'attarder, sauf exception, à remplacer les régulations automatiques du marché*, elle devrait plutôt chercher à les renforcer. Elle ne devrait pas, par exemple, tenter d'influencer les services ou les biens que devraient produire les entreprises, et encore moins fausser le message des prix, sauf pour accroître l'efficacité économique en présence de monopoles ou d'externalités. Cela ne veut pas dire que les gouvernements doivent nécessairement laisser aller un secteur de production qui ne peut faire face à la concurrence : des programmes d'adaptation peuvent être mis en place, mais pour un temps limité seulement. Rarement, a-t-on pu permettre à des secteurs improductifs de survivre, alors que les entreprises de ces secteurs refusaient ou ne pouvaient s'adapter à la concurrence internationale. Il est beaucoup plus efficace de s'attaquer aux comportements structurants pour l'économie, lesquels évoluent beaucoup moins vite et sont plus facilement contrôlables, que d'essayer de changer une structure de production.

4. *Le gouvernement devrait s'attaquer*, pour augmenter la productivité des entreprises et pour accroître la croissance économique, *à changer d'abord les régulations formelles et informelles, non automatiques, du système économique*. Ainsi, il devrait encourager les comportements des entreprises qui conduisent à une augmentation des investissements, de l'innovation et de la productivité, et pénaliser les autres. Il doit comprendre cependant que ces régulations varient d'un secteur à l'autre. Par exemple, les coopératives ont toujours joué un rôle important dans le secteur agro-

alimentaire québécois; il n'est pas surprenant que ce soit un des secteurs pour lequel a très bien fonctionné la concertation que voulaient générer les Sommets socio-économiques du gouvernement du Parti québécois. Dans d'autres secteurs, comme celui des pâtes et papiers, par exemple, les régulations sont très différentes, la concurrence sur les marchés internes n'ayant pratiquement aucun rôle à jouer.

5. *La propriété des entreprises est un facteur de développement important, dans l'optique qui vient d'être développée.* C'est un sujet qui sera d'ailleurs traité plus en détail dans les pages qui suivent.

6. *L'économie du Québec est une économie dans laquelle les ressources naturelles jouent un rôle encore important;* ceci ne peut être changé du jour au lendemain. À court terme et à moyen terme, la disponibilité des ressources naturelles à un prix compétitif ne peut que demeurer une priorité. Mais une rationalisation de l'exploitation de ces ressources est nécessaire.

7. *Les considérations à court terme doivent cesser de prendre le pas sur les considérations à long terme*, et cela n'est pas uniquement vrai pour le secteur des ressources naturelles. Le marché, d'ailleurs, à cause de ses imperfections et de la nature de ses modes de régulation, s'avère habituellement plus efficace à atteindre des objectifs de court terme que des objectifs de long terme, lesquels sont beaucoup plus complexes et font appel à des comportements et des motivations bien différents. Dans un tel changement de perspective, le gouvernement devrait sûrement s'attaquer à réduire rapidement son déficit. De plus, au premier chef, la politique industrielle devrait viser des changements sur une période de temps assez longue et, surtout, ne pas être confondue avec la politique conjoncturelle. On ne change pas les tendances d'une économie sur trois ans, mais plutôt sur dix ou quinze ans.

8. *Un des rôles importants du gouvernement, même dans une économie avancée, est de permettre que les facteurs de production soient disponibles en quantité suffisante et au coût le plus bas possible, que leurs caractéristiques répondent aux besoins des entreprises et qu'elles soient adaptées aux orientations de la politique industrielle.* L'éducation et la formation seront plus que jamais des facteurs de croissance et de compétitivité. Le développement économique exige aussi que les entreprises aient accès à des capitaux à un prix concurrentiel; par la réglementation des marchés financiers, le niveau de son déficit ainsi que par la politique monétaire, le gouvernement a un rôle de premier plan à jouer. L'information deviendra un facteur de production primordial, mais beaucoup moins

tangible que les facteurs de production traditionnels. Le gouvernement devrait jouer dans la production de ce facteur un rôle aussi important que celui qu'il joue dans l'éducation ou l'exploitation des ressources hydro-électriques.

9. *On constate que les entreprises dans une industrie donnée ont tendance à se regrouper à l'intérieur de quelques pays seulement et, au sein d'un pays, sur un territoire relativement précis;* cela favorise d'ailleurs la mobilité de la main-d'œuvre et le développement de fournisseurs plus gros et plus efficaces. Le Québec peut compter, dans les secteurs liés à la haute technologie, sur trois groupes d'industries, soit celui du matériel de transport, celui des équipements de télécommunication et celui des produits pharmaceutiques. Il serait évidemment plus efficace de partir de ces trois noyaux pour amorcer la reconversion économique. Pour ce faire, il faudrait fournir aux entreprises une main-d'œuvre qualifiée et encourager le développement de fournisseurs efficaces. Il serait aussi plus facile et plus efficace dans l'avenir d'encourager le développement d'entreprises dont la production, sous plusieurs aspects, se rapproche de celle des noyaux existants.

10. Le Québec ne peut passer subitement d'une économie de ressources, peu productive et peu impliquée dans la R-D, à une économie dont la caractéristique serait l'innovation. *En priorité, en matière de technologie, le gouvernement devrait inciter les entreprises à adopter les nouvelles technologies pour produire plus efficacement. Dans un premier temps, ces technologies devraient être importées.* De nouvelles industries pourraient se développer de la même façon. Mais ni les connaissances technologiques, ni leur adoption par les entreprises ne pourront se faire sans qu'en même temps ne soient augmentées les dépenses en R-D, et surtout les dépenses en R-D au sein des industries et des universités.

11. *Ce sont les entreprises qui doivent entrer en compétition sur les marchés et non les gouvernements. Ce sont donc elles qui sont le plus à même de déterminer leurs besoins et les industries dans lesquelles elles ont des chances d'être compétitives.* Les fonctionnaires peuvent jouer un rôle important dans l'élaboration des grandes problématiques et dans l'élaboration, avec l'industrie, des formes d'intervention à privilégier, mais ils sont bien mal placés pour faire les choix à la place des praticiens. En particulier, il arrive trop souvent que, même si les choix des moyens sont théoriquement très bons, ils ne sont pas du tout adaptés aux besoins des entreprises à un stade donné de leur développement. La façon la plus simple d'éviter de tels problèmes ainsi que les fausses pistes, est de permettre aux entreprises d'influencer fortement les choix

des moyens et des cibles des politiques. *La politique industrielle doit être orientée par les entreprises et leur offrir des choix.* Cela ne veut cependant pas dire qu'elle ne doit pas être précise.

Au contraire, toute politique pour etre efficace doit avoir des objectifs très précis et peu nombreux. C'est au niveau des moyens qu'elle doit laisser de la place aux praticiens.

12. *Le gouvernement demeure le plus gros consommateur de biens et de services dans l'économie; les politiques d'achat des organismes publics et parapublics ont joué un rôle important dans le développement de certains secteurs et elles doivent continuer de le faire.* Par exemple, la présence de Bombardier dans le matériel de transport a commencé avec la construction de wagons pour le métro de Montréal. Si elles veulent cependant permettre éventuellement le développement d'entreprises concurrentielles, leurs normes doivent être révisées en fonction des nouvelles exigences de la concurrence internationale. En particulier, elles doivent être sévères au plan de la qualité et susciter l'innovation et la compétitivité au niveau des prix.

VII

La gestion du secteur public

La gestion technocratique a ses forces et ses limites. Ce n'est pas parce que les fonctionnaires sont incompétents qu'il ne faut pas leur confier le rôle de déterminer les priorités économiques du Québec, c'est simplement qu'il y a des moyens plus efficaces de le faire et que cette tâche revient surtout aux praticiens de l'économie. Cependant, la fonction publique forme le plus grand bassin de ressources humaines qualifiées du Québec, et sans doute, comme dans la plupart des grandes organisations, ces ressources ne sont pas utilisées au maximum de leurs capacités. La plupart des fonctionnaires ont à cœur la réussite économique du Québec, du moins tout autant que les dirigeants d'entreprises.

Les entreprises québécoises prennent habituellement leurs décisions avec un minimum d'informations; souvent même, elles ne prendront pas de décision à cause d'un manque d'informations. Il est loin d'être rentable, pour la plupart des entreprises privées, de faire toutes les études qui leur permettraient de faire les meilleurs choix. On n'a qu'à penser aux efforts de recherche qui seraient nécessaires dans une entreprise pour connaître les conditions qui prévalent sur des grands marchés externes en vue de l'exportation d'un produit très spécifique. L'administration publique devrait devenir une source d'informations privilégiées, tant quantitatives que qualitatives, pour les entreprises, à la manière du MITI japonais. Autrement dit, ce que les fonctionnaires sont le plus capables d'apporter à l'entreprise, ce ne sont pas des orientations sur ce qu'elle devrait faire, mais des informations sur les marchés, sur les technologies, sur les méthodes de gestion ou sur les stratégies de coopération qui lui permettraient, compte tenu de sa situation, de faire elle-même des choix plus éclairés. Cette façon de fonctionner peut très bien s'appliquer à d'autres secteurs d'intervention des gouvernements dont, en particulier, le secteur social.

Le Québec ne peut se permettre de ne pas utiliser au maximum un partie importante de ses ressources humaines qualifiées. La productivité du secteur public et celle du secteur privé ne peuvent pas être dissociées. Il faut, après les avoir tour à tour placés au centre des changements au Québec, et ensuite mis de côté, mettre à nouveau à contribution les employés de l'État. Mais des changements profonds s'imposent, en particulier dans les secteurs de la santé et de l'éducation.

Les modes de gestion actuels de ces deux secteurs ne satisfont ni les employés, ni les utilisateurs des services. Le corporatisme professionnel qui a dominé toute l'organisation de ces services doit être remplacé par un système où les interrelations entre les individus vont reprendre le dessus sur l'encadrement des processus de dispensation des services. En même temps, les professionnels qui fournissent ces services doivent être libérés des contraintes que leur pose, à eux aussi, la gestion des actes qu'ils posent, être davantage mis à contribution et avoir un pouvoir plus grand de décision. La relation entre ceux qui soignent et ceux qui sont soignés, entre ceux qui enseignent et ceux qui reçoivent l'enseignement, doit être revue et redevenir une relation d'égal à égal. Les deux systèmes, s'ils ne veulent pas être remis complètement en question et être remplacés graduellement par des systèmes parallèles, auraient intérêt à incorporer les nouvelles valeurs entourant la dispensation des services dans le secteur privé. Ainsi, parce qu'ils refusent d'affronter la réalité, souvent à cause de leur idéologie, les corporations et les syndicats professionnels n'ont pas tiré toutes les leçons du succès des réseaux privés d'enseignement et des cliniques privées de santé. Ces nouveaux modes de gestion impliquent, par exemple, que le médecin, quel que soit son mode de rémunération, de même que les professeurs, doivent donner priorité aux besoins de ceux à qui ils dispensent leurs services, et non aux normes définies par les corporations professionnelles. Par ailleurs, si l'État veut réfomer ces deux systèmes, il doit se rendre compte qu'il y a au sein de ceux-ci d'autres modes de régulation que ceux qu'il dirige, et qu'il n'est pas possible d'aller plus loin si on ne s'attaque pas à les changer.

On ne peut espérer résoudre les problèmes de ces deux réseaux par des réformes qui ne touchent jamais le fond du problème, et qui sont pourtant essentielles pour apporter une réponse au cul-de-sac des déficits gouvernementaux et à la remise en question des services publics par les citoyens. Trop souvent, les tentatives de réformes se perdent dans de faux débats entre privé et public, et n'ont pour effet que de reconduire le statu quo.

Chapitre 10

Développer de grandes entreprises québécoises

I

Le contrôle de l'économie

Bien au-delà des motivations nationalistes, il y a des raisons très logiques et économiquement rationnelles pour protéger et accroître la mainmise d'une économie par des entrepreneurs autochtones. D'abord, même s'il se fait en partie au plan international, le développement d'une entreprise aura toujours un impact sur les activités de son siège social sauf dans le cas des très grandes multinationales. Il ne faut pas négliger aussi la tendance qu'ont les entreprises à concentrer une grande partie de leur R-D dans le pays et même la ville où se trouve leur siège social. Les activités de R-D ont des effets d'entraînement importants; de plus, leurs résultats sont susceptibles de profiter plus aux usines qui seront proches des laboratoires où la R-D est effectuée.

Sans que cela soit prévisible à l'aide de la théorie économique, on constate que les rationalisations dans les entreprises se font rarement aux dépens des activités du pays où se trouvent les principaux actionnaires de la compagnie. Montréal, depuis quelques années, a fait amplement les frais de la rationalisation des activités des entreprises à propriété étrangère. Il est probable que l'usine de Gillette n'aurait pas cessé ses activités si elle avait été sous contrôle québécois. Une entreprise qui est dans un secteur en décroissance, se diversifiera d'abord dans son pays d'origine.

Par exemple, à la suite du déclin du marché de la motoneige, plusieurs entreprises ont cessé leurs activités. Bombardier a rationalisé sa production, s'est réorientée dans de nouveaux secteurs et, comme résultats nets, l'entreprise a contribué à créer plus d'emplois. Comme le dit d'ailleurs son président: « on s'est retranché au Québec et on s'est demandé quoi faire[1]. »

Les profits et les liquidités engendrés par une entreprise, de même que ses possibilités d'emprunt ou de levées de fonds par l'émission d'actions, forment sa capacité de développement à long terme. Inévitablement, une grande partie de ceux-ci, dans le cas des entreprises sous mainmise étrangère, seront rapatriés par la maison-mère pour d'autres investissements ou pour distribution aux actionnaires. Il y a de fortes chances pour qu'une économie profite plus des capacités de développement des entreprises dont la propriété est autochtone. Avec ses liquidités et ses possibilités de développement, Bombardier a acheté et développe Canadair.

Il ne faut pas négliger non plus le fait que les entreprises auront plutôt tendance à s'approvisionner auprès des autres entreprises qu'elles connaissent bien et qui font partie de leur environnement: cela fait partie des régulations informelles de l'économie. Comme le signale Claude Blanchet, le président du Fonds de solidarité, dans le cas d'un changement de propriété d'une entreprise, « la PME aura moins de contrats de sous-traitance si le siège social déménage. Et, à terme, on verra moins de PME se créer, car localement, il n'y aura plus de synergie[2]. »

La théorie économique n'a jamais accordé beaucoup d'importance à la question de la propriété des entreprises. Le nationalisme fait partie, dans tous les pays du monde, y inclus au Canada anglais et plus spécifiquement à Toronto, de ces régulations non automatiques et informelles de l'économie qui sont tout aussi importantes que les régulations automatiques. L'économie est une science sociale et, de ce fait, se doit de tenir compte des comportements humains.

Même dans un contexte de grande mobilité du capital et de son internationalisation, la propriété du capital a un rôle essentiel à jouer. Peut-être même n'a-t-elle jamais eu autant d'importance qu'à l'heure

---

1. Propos recueillis par M.-A. THELLIER, dans le *Magazine PME*, mars 1989, p. 52.
2. M.-A. THELLIER, *op. cit.*, p. 55.

actuelle, alors que les avantages comparatifs basés sur les ressources naturelles sont en train de devenir de moins en moins importants. Un des meilleurs praticiens de l'économie au Québec, Bertin Nadeau, président d'Unigesco, constate « que de plus en plus ce qui compte dans notre système, c'est le contrôle du capital et de la propriété des entreprises. C'est pourquoi il est essentiel de créer des mécanismes qui serviront à conserver au Québec le contrôle et les centres décisionnels de nos entreprises[3]. » Pierre Matuszewski, vice-président chez Sco-tiaMcLeod Inc. va plus loin : « Mettons des contraintes à la propriété », propose ce courtier. « Malgré le libre-échange, malgré l'Europe 1992, malgré la conversion récente du communisme au capitalisme ou plutôt à cause de tout cela, il faut se garder de tomber dans le panneau de l'ouverture totale de nos marchés, à la concurrence dans tous les secteurs. Gardons une mesure de contrôle de notre propre destinée. C'est ce qui fait un pays[4]. »

Le Québec doit garder la mainmise sur son économie, et en particulier sur ses grandes entreprises et celles de taille moyenne. Cela vaut non seulement pour les entreprises industrielles, mais aussi pour celles des services et, en particulier, celles œuvrant dans la distribution qui pourraient bien être le nerf de la guerre commerciale à l'intérieur des frontières. Selon Bertin Nadeau, la contrepartie de la spécialisation née de la mondialisation de l'économie, « est que le fabricant sera plus éloigné de son client et que les grands distributeurs prendront de plus en plus de pouvoir. C'est le distributeur local qui aura la responsabilité d'interpréter les besoins des consommateurs et de faire des achats à travers le monde pour trouver les meilleurs produits et les fournisseurs les plus efficaces[5]. »

II

L'émergence de grandes entreprises : « Small is beautiful »… dans un grand ensemble

On ne devient pas un pays exportateur et on ne fait pas concurrence à de grandes entreprises avec un réseau de PME, comme l'illustre

---

3. *Les Affaires*, « Le sommet de l'avenir », numéro hors série, décembre 1988, p. S-48.
4. P. MATUSZEWSKI, *Sujets d'actualité dans le monde financier*, notes d'un discours présenté devant les membres de l'Institut des cadres financiers, le 16 janvier 1990.
5. *Les Affaires, op. cit.*, p. S-49.

d'ailleurs le tableau 5. du chapitre 7. Moins de 10 % des exportations internationales du Québec et du Canada sont faites par des PME, c'est-à-dire les entreprises de 200 employés et moins; leur part a même diminué au cours des dernières années. Sur les marchés extérieurs, et de plus en plus sur les marchés intérieurs, même dans certains secteurs des services, les entreprises québécoises doivent faire face à des géants. Le Québec ne peut, en réponse à ces menaces, faire autrement que développer lui aussi de tels géants.

Dans la plupart des domaines de production, la taille des entreprises joue un rôle essentiel dans les économies d'échelle, y compris pour certains services (télécommunication, transport, énergie, finance, distribution, etc.).

Les avantages d'appartenir à un grand groupe dépassent cependant ces économies d'échelle. Ainsi, la grande entreprise a accès à un bassin important de ressources humaines qualifiées et de capitaux qui lui donnent une plus grande souplesse. Elle a une capacité d'investissement plus importante; elle a les moyens et les marges pour prendre des décisions en fonction du long terme, pour former ses employés et pour faire de la recherche et du développement. Elle a les possibilités de se donner des réseaux de distribution à l'étranger, d'y avoir des représentants. Elle a globalement plus de moyens pour se développer, soit par l'expansion de ses propres activités, soit par le développement de nouvelles activités et de nouveaux produits, ou soit par des acquisitions.

Même les géants québécois sont des pygmées à côté des entreprises qu'ils doivent concurrencer. Par exemple, avec 71 entreprises, 280 milliards de dollars de transaction à chaque année, le groupe japonais Mitsui représente plus de deux fois la taille de l'économie du Québec[6]. Et ces chiffres n'incluent pas les activités des firmes financières du groupe, telle la Banque Mitsui dont l'actif atteint 211 milliards de dollars. La Banque royale du Canada, la plus grande institution financière canadienne, avec un actif de 110 milliards de dollars, se classerait au 23e rang au Japon.

La taille des grandes entreprises québécoises ne supporte pas la comparaison avec celle des grandes entreprises avec lesquelles elles sont en compétition sur le marché nord-américain. Seules quelques entreprises, œuvrant dans des segments de marché restreint, pourraient prétendre entrer en compétition avec leurs consoeurs américaines dont Bell Canada, Produits forestiers Canadien Pacifique, Noran-

---

6. Yan BARCELO, *Les Affaires*, 14 octobre 1989, p. 16-17.

da, Alcan et Provigo. La plus grande compagnie sous contrôle québécois, Provigo, se retrouverait cependant aux alentours du 75ᵉ rang parmi les plus grandes multinationales américaines. Hydro-Québec, Domtar, Bombardier et Quebecor se classeraient respectivement aux 108ᵉ, 202ᵉ, 231ᵉ et 262ᵉ rangs.

Dans les grandes entreprises œuvrant au Québec, et qu'on peut considérer comme étant des entreprises sous domination québécoise, ou dont une grande partie du développement part du Québec, on retrouve :

- Bell Canada Entreprise, et ses filiales Bell Canada et Northern Telecom, avec des revenus totaux de 15,2 milliards de dollars. Bell Canada a plus de la moitié de ses employés au Québec. Sa filiale technologique, Northern, est cependant beaucoup moins présente, avec moins de 30 % des emplois de l'entreprise au Québec. Bell est l'entreprise, parmi celles dont les actions ne sont pas détenues majoritairement par des Québécois, qui est le plus implantée au Québec ;

- Provigo, avec des revenus de 7,4 milliards de dollars, dont les trois principaux actionnaires sont le groupe financier Unigesco (26 %), la Caisse de dépôt et de placement (12 %) et Empire (25 %) ;

- Hydro-Québec, avec des revenus de 5,2 milliards de dollars, ayant comme seul actionnaire le gouvernement du Québec ;

- Steinberg, maintenant contrôlé par Socanav et la Caisse de dépôt et de placement, dont le chiffre d'affaires est de 4,6 milliards de dollars ;

- Domtar, avec de revenus de 2,7 milliards, contrôlée par la SGF (28 %) et la Caisse de dépôt et de placement (12 %). Cette entreprise est la plus grande manufacturière québécoise, mais elle n'occupe que le 38ᵉ rang parmi les entreprises industrielles et commerciales privées au Canada ;

- Power Corporation, la société de portefeuille dirigée par Paul Desmarais (61 % des droits de vote), qui a déjà possédé Consolidated Bathurst. Cette entreprise constituait une des plus grandes entreprises sous mainmise québécoise ; sa vente est une perte importante pour le patrimoine économique québécois ;

- Ivaco (métallurgie), dirigée par la famille Ivanier (26 %) et R. Klein (13,2 %) ;

- Métro Richelieu, dirigée par les marchands actionnaires et le public, avec des revenus de 2,2 milliards de dollars;

- Bombardier, dont les revenus de 1,4 milliards de dollars en font la plus grande des entreprises manufacturières diversifiées, sous contrôle québécois, dont la production n'est pas rattachée aux ressources naturelles;

- Quebecor, contrôlée par Pierre Péladeau, avec des revenus de 1,3 milliards de dollars. Quebecor contrôle 50 % de Donohue, une papetière dont les revenus dépassent les 600 millions de dollars.

Le tableau A.4., en annexe, complète ce portrait. À sa lecture, on se rend compte que si les Québécois détiennent une partie importante du réseau de distribution des biens, et en particulier le commerce au détail, ce qui dans les années à venir pourrait être un atout important, ils ne contrôlent qu'une petite partie de leurs secteurs manufacturiers. Dans le domaine financier, malgré le fait que les Québécois comptent quelques beaux fleurons, ils continuent de tirer de l'arrière. De plus quelques-unes seulement de ces entreprises ont une taille assez importante pour pouvoir véritablement concurrencer sur le plan international.

Ainsi, parmi les 500 plus grosses entreprises privées commerciales et industrielles œuvrant au Canada, un peu plus d'une centaine a son siège social au Québec, mais seulement une vingtaine se retrouve parmi les cent premières et de celles-ci, huit seulement sont sous mainmise québécoise.

Le tableau A.4. montre aussi que, contrairement aux idées reçues, les grandes entreprises ont généralement un actionnariat étendu. Cela confirme que si les entreprises de taille moyenne profitent habituellement d'un entrepreneuriat mieux identifié, il en va tout autrement des grandes entreprises qui peuvent se développer, sans qu'il y ait derrière chacune la force financière d'une famille ou d'un individu.

Une autre des caractéristiques de l'économie québécoise réside dans le fait que plusieurs des grandes entreprises profitent ou ont profité de l'apport financier du gouvernement du Québec, par le biais des sociétés d'État. De même, plusieurs d'entre elles, en particulier dans la distribution et la vente au détail, doivent à des regroupements, par le biais de coopératives ou autrement, de faire partie des grandes entreprises.

C'est un fait connu, et les données qui précèdent le démontrent, l'économie québécoise est une économie de PME. Mais elle n'est pas la seule. Effectivement, au Québec, on retrouve 42 % des emplois dans les entreprises de 100 employés et moins, 37 % en Ontario et 41 % au Canada. Mais aux Pays-Bas, c'est 49 % et au Japon 56 %. Dans ce pays, « en 1981, on évaluait à 6 millions le nombre de PME[7]. Elles occupaient 81 % de la main-d'œuvre totale. Dans le secteur manufacturier, les PME représentaient plus de la moitié de la valeur des expéditions; elles réalisaient 62 % des ventes dans le commerce de gros et 79 % dans le commerce au détail[8]. » Pourtant, le Japon passe pour être une économie de grands ensembles diversifiés. Et si vous achetez un produit japonais, il y a peu de chances que ce produit porte la marque d'une PME japonaise. En fait, c'est le modèle de production japonais, graduellement adopté par de grandes entreprises nord-américaines, qui a favorisé l'émergence des PME dans ce pays et qui est une des sources de son dynamisme et de sa productivité. Ainsi, les grandes entreprises japonaises sous-contractent une partie importante de leur production. Elles ont aussi mis en place des liens privilégiés et très solides avec leurs fournisseurs, à travers le maillage. Cette forme de lien entre les entreprises peut donner des résultats importants en terme de qualité du produit par l'amélioration des intrants ou de baisses des coûts grâce à la livraison « juste à temps ». Dans son numéro de juin 1986, la revue *Small Business*[9] faisait ressortir avec beaucoup d'accuité que les PME pouvaient conquérir le monde en s'alliant aux grandes entreprises. En 1985, à titre d'exemple :

— Hydro-Québec a acheté pour 1 327 millions de dollars de biens et services auprès de 6 000 fournisseurs;

— Domtar, avec à l'époque un chiffre d'affaires de plus de 2 milliards de dollars, en avait acheté pour 650 millions, auprès de 1 000 fournisseurs;

— Bombardier, avec un chiffre d'affaires de 720 millions de dollars en avait acheté pour 360 millions auprès de 7 000 fournisseurs;

— Air Canada a fait, en 1985, des achats d'une valeur de près de 1,5 milliards de dollars auprès de 9 000 fournisseurs.

---

7. Dans les secteurs de la fabrication, au Japon, une PME est définie comme une entreprise de 300 employés et moins; dans les secteurs des services, une PME est une entreprise de 50 employés ou moins.
8. G. D'AMBOISE, *La PME canadienne : Situation et défis*, Institut de recherche politique, Québec, PUL, 1989, p. 21.
9. *Small Business*, « Mission 86 : Big Buyers and Small Suppliers Link up to Take the World », juin 1986.

Ces quatre exemples illustrent bien les liens entre le développement des PME et celui d'entreprises québécoises de taille internationale.

III

Favoriser l'émergence de grandes entreprises

Dans l'analyse de la capacité de l'économie du Québec à répondre au défi de la concurrence internationale, la taille des entreprises, et en particulier la taille des entreprises sous mainmise québécoise, ressortent comme un handicap important. Les PME ont tendance à être moins productives: elles ne profitent pas des économies d'échelle, elles adoptent moins vite les nouvelles technologies dans les processus de production, elles ont accès plus difficilement à des capitaux et elles font peu de recherche et de développement.

Les besoins en terme de grandes entreprises sont, bien sûr, fonctions de la taille d'une économie. Mais le Québec a besoin de développer au moins trois ou quatre groupes industriels majeurs diversifiés, comme le CP par exemple, qui seraient sa marque de commerce au plan international. Toutes les économies prospères, même relativement petites, ont de tels groupes. Ainsi, les Pays-Bas ont Philips et Heineken; la Suède a Volvo, Electrolux et Saab; la Suisse a Nestlé, ASEA Brown Boveri, Ciba, Roche, Alusuisse et Oerlikon. Actuellement, le Québec n'a pas de tels groupes sur lesquels des québécois auraient la mainmise. Qu'un de ces groupes ait des liens avec les ressources naturelles apparaît essentiel. Et il n'y a pas beaucoup de possibilités de développer un tel groupe autrement qu'en le faisant autour de Domtar. Dans ce contexte, sa privatisation éventuelle prend une grande importance. Les autres groupes pourraient être développés à partir d'entreprises existantes qui seraient prêtes à s'associer avec d'autres partenaires. Il est presqu'inévitable que ces groupes aient un bras financier, les capacités financières des entreprises québécoises de production étant particulièrement limitées.

En plus d'avoir des groupes industriels majeurs, la plupart des pays ont aussi un réseau de grandes entreprises multinationales, comme par exemple Domtar, Bombardier ou Lavalin, qui œuvrent habituellement dans une seule industrie et qui sont présentes dans trois ou quatre pays. En 1988, dans son rapport final *Competiting in the New Global Economy*, le Conseil consultatif du premier ministre de l'Ontario soutenait la nécessité, pour cette province, de développer 10 ou 15 multinationales dans les secteurs à forte croissance et à forte intensité technologique. Le Québec doit suivre cette voie, en même temps qu'il favorisera l'émergence d'entreprises de taille moyenne plus spécialisées, mais capables d'exporter et d'entrer en compétition au plan international, surtout en Amérique du Nord. Le développement d'entreprises ayant des ventes de l'ordre de 250 à 500 millions de dollars serait une bonne stratégie. Les entreprises de cette taille sont habituellement assez grosses pour concurrencer dans des créneaux précis (voir par exemple Canam-Manac, Culinar, Cascades) et ont souvent toutes les marges de manœuvre voulues pour se développer et devenir des entreprises de taille plus grande. Bombardier et Lavalin se sont développées de cette façon.

Plusieurs moyens peuvent être pris pour réaliser ces objectifs. Il est presque sûr qu'il ne peut se créer de grands groupes industriels québécois sans que le gouvernement du Québec ne s'engage par le biais des Sociétés d'État, et sans regroupement. Disons simplement qu'à ce niveau de belles occasions ont été perdues avec la vente de Consolidated Bathurst à des intérêts étrangers et par la vente séparée de Donohue et Domtar. Il semble bien que le Québec a alors perdu la chance de former une superpapetière qui aurait été issue de la fusion de Domtar, Consolidated Bathurst et d'Abitibi Price.

À l'heure actuelle, le gouvernement du Québec a entre les mains, les derniers atouts qui permettraient de présider rapidement à la formation d'un grand groupe industriel. Les Sociétés d'État, et entre autres la Caisse de dépôt et de placement, devront aussi intervenir, dans plusieurs cas, pour permettre le développement de multinationales. Bien souvent, il ne s'agit que de répéter les combinaisons qui ont été gagnantes dans le passé et qui ont permis le développement de Provigo et Noverco, le contrôle québécois de Domtar, ou la croissance de Quebecor. Mais il faudra probablement aller plus loin. Surtout, le Québec n'a probablement pas d'autre choix que de permettre et même favoriser des liens entre les institutions financières, où se trouve l'épargne des Québécois, et les entreprises commerciales qui ont besoin d'investissements énormes pour être compétitives au plan international. Bien sûr, toutes les précautions doivent être prises pour protéger l'épargne que recueillent ces institutions. Mais à cause de la structure de la population, il y aura une hausse de l'épargne dans les années à venir, entre autres dans les véhicules d'épargne pour la retraite. Il faudra faire en sorte que cette épargne soit utilisée le plus efficacement possible.

Pour développer de grandes entreprises ou des entreprises de taille moyenne, au plan international, il faudra d'abord prendre les moyens pour garder la mainmise sur les entreprises existantes et, dans la mesure du possible, tenter d'acheter les filiales ou les entreprises sous domination étrangère qui seraient mises en vente.

La Caisse de dépôt et de placement ne peut pas acheter toutes les entreprises, et elle a des contraintes inhérentes à sa position d'organisme public et de gestionnaire des fonds de retraite. De plus, la Caisse est un gestionnaire de fonds, et non un entrepreneur au sens strict du terme. Le Québec ne peut se permettre de perdre beaucoup d'entreprises de la taille de Consolidated Bathurst. Il faut donc privilégier la mise sur pied d'au moins une autre grande société de capital de risque. Cette proposition a été faite par plusieurs personnes dont Claude Béland, de la Confédération des Caisses populaires Desjardins et André Bérard de la Banque Nationale. Le Groupe La Laurentienne jonglerait aussi avec cette idée. Le gouvernement a inévitablement un rôle important à jouer dans la mise sur pied d'un tel groupe, entre autres par le biais de l'engagement de la Caisse de dépôt et de placement.

À côté de cette grande entreprise de capital de risque, il faudrait encourager le développement d'autres groupes de taille moyenne, comme Unigesco ou Socanav. « Plutôt que d'intervenir directement avec la SGF », selon Serge Saucier, président de RCMP, « l'État québécois devrait intervenir indirectement en favorisant l'émergence de groupes financiers importants. Un peu comme la Caisse de dépôt a mis au monde Unigesco pour contrôler Provigo, le gouvernement devrait aider un groupe québécois d'expression française à acheter Domtar[10]. »

Mais inévitablement, le développement de grandes entreprises québécoises compétitives nécessite une plus grande concertation :

- pour que les entreprises, et parfois même des concurrents, travaillent ensemble, en particulier en matière de R-D ;

- pour favoriser les fusions ou les acquisitions d'entreprises ;

- pour faire des choix, sur les secteurs ou les technologies à privilégier ;

- pour garantir que les entreprises qui s'engageront dans la conquête des marchés internationaux auront tous les appuis voulus, tant au plan financier qu'en matière de soutien à leurs

---

10. Le *Magazine PME*, mars 1989, p. 55.

activités d'innovation, d'amélioration de la qualité de leurs produits, de connaissance des marchés et de formation des employés. En contrepartie, ces entreprises devraient mettre en place des modes de gestion qui favorisent la productivité;

— pour que les employés et les syndicats participent au développement de ces entreprises et qu'en contrepartie ils bénéficient des retombées;

— pour qu'en échange des avantages qu'elles pourraient recevoir, les grandes entreprises fassent bénéficier les PME de leur développement et de leur expertise;

— pour que les relations de travail soient plus harmonieuses et tiennent compte des réalités internationales;

— pour que le développement économique et le projet québécois de société se rejoignent.

Le système résultant de l'application de ces propositions peut ressembler à un système légalisé de favoritisme envers les grandes entreprises. Jusqu'à un certain point, c'en est un. Mais il ne serait pas le premier. Le traitement fiscal que reçoivent les contributions au Fonds de solidarité, ou le soutien qu'accorde la Caisse de dépôt et de placement à un entrepreneur, sont aussi une forme de favoritisme. Mais c'est du favoritisme à bénéfice réciproque. C'est pourquoi il faut s'assurer que les entreprises dont la croissance serait favorisée, en ferait profiter l'ensemble de l'économie, et en particulier leurs employés. Il serait aussi préférable que ces entreprises aient un actionnariat étendu, pour que le plus grand nombre possible de Québécois profite des retombées des privilèges qu'elles pourraient recevoir.

Mais le développement de grandes entreprises nécessite avant tout une plus grande orientation des décisions vers le long terme.

IV

Ne pas négliger les services

À cause de sa nature, un service est habituellement produit là où il est consommé. C'est pourquoi d'ailleurs, à venir jusqu'à tout récemment, on parlait peu de l'exportation de services. Avec le développement de ce grand secteur de production qui emploie maintenant près des deux tiers de la main-d'œuvre, la mobilité du capital et l'émergence de l'économie de l'information, la situation a beaucoup évolué.

Dans des secteurs très particuliers d'exportation du *know how*, tels ceux de l'ingénierie et des services informatiques, la concurrence suit des voies qui ne sont pas très différentes de celles suivies dans le commerce international des biens. Mais la compétitivité dans ces secteurs relève presqu'uniquement de la connaissance et elle ne peut être stimulée que par la formation, la recherche et le développement d'expertises spécifiques.

Dans les autres secteurs qui dispensent les services à l'ensemble de la population et aux entreprises, la concurrence se fera par la qualité du service et la différenciation des produits en vue de pénétrer des marchés segmentés. De plus en plus, ce sont de grands réseaux de distribution, appartenant à une seule compagnie, comme dans le cas des banques, ou franchisés comme dans la restauration ou une partie du commerce au détail, qui se concurrenceront.

Si la concurrence dans les services se fait principalement sur les lieux où les services sont rendus, cela n'implique pas nécessairement que toutes les étapes de la production doivent être exécutées dans la même ville, ni le même pays. Même plus, dans certains cas, le contact direct avec le consommateur ne constitue qu'une faible partie de l'ensemble des opérations et des coûts d'un service. Ceci est particulièrement vrai dans les secteurs où le traitement de l'information, le marketing et le développement des produits sont importants, comme pour le transport aérien ou celui des cartes de crédit. Par exemple, les activités d'American Express au Québec ne sont probablement pas proportionnelles au chiffre d'affaires de cette entreprise au Québec.

Dans le numéro du 25 septembre 1989 de *Fortune*, un article, « Where Japan will strike next », soulignait que, parmi les secteurs où les Japonais s'apprêtaient à envahir les marchés externes, on retrouvait plusieurs services dont ceux des banques, des cartes de crédit, de la vente au détail, du transport et de l'hôtellerie, de même que celui de la construction. Pour ce faire, ils procèdent par l'achat d'entreprises étrangères, mais aussi par l'implantation d'entreprises qui ont fait leurs preuves au Japon.

Pour se convaincre de cette réalité, il s'agit de parcourir la liste des plus grandes entreprises de services américaines[11]; plusieurs sont bien connues au Canada. Ainsi, parmi les plus grandes entreprises

---

11. Cette liste a été publiée dans le numéro du 4 juin 1990 de *Fortune*.

américaines de services diversifiés, on retrouve des noms comme AT&T, Paramount, Walt Disney, Electronic Data System, MCA, CBS, Hertz et Columbia Pictures. Dans le domaine des institutions financières et des assurances, des noms comme American Express, Salomon, Aetna Life, Merrill Lynch, Loews, Prudential of America, Travelers et Allstate sont bien connus. Au plan du commerce de détail, certaines sociétés américaines ont pignon sur rue au Québec: Sears, K Mart, Woolworth, McDonald's, Toy« r »Us, Tandy (Radio Shack). Avec la déréglementation, les compagnies aériennes se concurrencent de plus en plus sur des continents. Les noms de plusieurs grandes banques étrangères peuvent être trouvés dans l'annuaire de Montréal: Chase Manhattan, Bank of Boston, Banque Lloyds, Banque nationale de Paris, Crédit Lyonnais, Crédit Suisse, etc.

Stratégiquement, le contrôle de la propriété des entreprises de services demeurera un facteur important de croissance économique et de développement de l'emploi. Fort probablement, aussi, les emplois les mieux rémunérés et de meilleure qualité, se retrouveront près des sièges sociaux. Mais les efforts d'augmentation de la productivité de ces entreprises devront être aussi importants que ceux des secteurs de la fabrication, si elles veulent éventuellement étendre leurs activités sur les marchés étrangers ou simplement, dans plusieurs cas, éviter de se faire damer le pion par une de ces nouvelles multinationales des services.

Les politiques de modernisation et de développement technologique des gouvernements devront tenir compte de cette nouvelle réalité.

V

Des multinationales à exploiter

L'objectif d'augmenter la mainmise sur leur économie ne devrait pas amener les Québécois à négliger l'apport possible des entreprises étrangères, et en particulier des grandes multinationales. Celles-ci, parce qu'elles se sont retrouvées au milieu de conflits de travail et de fermetures d'usines, n'ont pas toujours eu bonne presse, avec raison parfois, mais la plupart du temps à tort.

Dans la mesure où ils viennent ajouter aux investissements autochtones, il ne faut pas voir les investissements étrangers comme une menace. Souvent ces investissements seront nécessaires pour l'éclosion d'un secteur de production qui nécessite la maîtrise de technologies complexes, dans lequel la taille des industries joue un rôle important, ou pour lequel la pénétration des marchés est difficile pour les nouvelles entreprises. Les secteurs de l'aéronautique, de l'automobile, des communications et de l'électronique font partie de ce type de secteurs. D'autres fois les nouvelles entreprises viendront ajouter des éléments originaux à un groupe d'entreprises d'une industrie. Dans tous les cas, elles viendront stimuler la concurrence et la productivité.

En proposant que le Québec exploite les multinationales, il faut également se placer dans le contexte où ces entreprises sont en train de modifier radicalement leur mode de gestion. En effet, de plus en plus, ces mastodontes se rendent compte qu'ils n'ont pas d'autre choix que de décentraliser leur prise de décisions, de rendre plus autonomes leurs filiales et même de les mettre en concurrence, pour accroître leur efficacité. Des entreprises comme IBM et GM agissent de cette façon. Dans le secteur de la R-D, les filiales de multinationales se voient aussi confier des mandats internationaux, c'est-à-dire ceux de développer une branche de produits ou une technologie. Les filiales québécoises de IBM, de Northern et de Pratt & Wittney ont de tels mandats. D'ailleurs, Pratt & Wittney est la firme qui fait le plus de R-D au Québec.

Il faut cependant prendre les multinationales pour ce qu'elles sont : elles se retireront si les usines qu'elles opèrent ne répondent plus à leur besoin ou à celui du marché. Par exemple, même implantée à Montréal depuis des années, Kraft a fermé son usine pour atteindre ses objectifs de rationalisation de ses opérations. Gillette a fait de même.

La meilleure façon d'attirer les investissements des multinationales sera toujours de créer un climat favorable au développement des entreprises. Mais de plus en plus, le fait de disposer d'une main-d'œuvre bien formée, d'un noyau d'industries (comme dans l'aéronautique) et de bons fournisseurs sera un atout majeur. Quant à la façon d'exploiter leur présence et de les retenir, le mieux serait d'intégrer les filiales à la société économique québécoise.

Ces filiales de multinationales peuvent être des sources importantes de transfert technologique, d'abord par les connaissances qu'acquerront les travailleurs qu'elles emploieront. Elles s'approvisionneront souvent aussi auprès de fournisseurs locaux lorsque ces derniers pourront répondre à leurs besoins. Ainsi, pourraient se développer des PME qui deviendront des fournisseurs auprès des multinationales, qui développeront de nouvelles expertises, souvent en collaboration avec la multinationale elle-même qui a tout intérêt à avoir des fournisseurs compétents, et qui pourront éventuellement grossir et diversifier leur production ou se trouver de nouveaux clients. Des ententes en ce sens pourraient même être négociées. L'autre façon d'intégrer les filiales de multinationales à l'environnement économique québécois est de favoriser le maillage de ces entreprises, tant en aval, comme acheteurs, qu'en amont comme fournisseurs, avec les entreprises québécoises. Les gouvernements ne devraient pas hésiter à associer les multinationales qui sont de bons citoyens corporatifs à des programmes nationaux de recherche et de développement, ni à leur confier des contrats importants dans le respect de certains objectifs négociés, en essayant à chaque fois d'associer une ou plusieurs entreprises autochtones au projet.

Ceci dit, la maximisation du contrôle de leur économie doit continuer d'être un objectif pour les Québécois, mais elle ne doit pas se faire bêtement par le rejet de tout apport extérieur surtout quand celui-ci n'entre nullement en opposition avec cet objectif.

Chapitre 11

Prendre parti pour le long terme

I

L'obsession du court terme

Un niveau de vie qui augmente moins vite que celui de plusieurs pays, la baisse relative de la productivité de l'économie, la dégradation de la qualité de l'éducation, le retard technologique, la faiblesse des dépenses des entreprises en R-D, des investissements insuffisants, la détérioration de l'environnement et l'épuisement des ressources renouvelables : ce ne sont là que quelques exemples des effets de l'incapacité des sociétés canadienne et québécoise à penser davantage en fonction du long terme. La liste des évidences qui militent en faveur d'un changement d'attitude continue de s'allonger, mais pourtant les dirigeants de ces sociétés sont lents à agir. Par exemple, les effets des déficits gouvernementaux et de la hausse vertigineuse de la dette publique sont connus depuis longtemps, mais les gouvernements tardent à prendre les actions qui s'imposent. En matière d'environnement, souvent les actions viennent trop tard ou sont trop timides.

De l'avis d'un nombre grandissant de gens d'affaires et d'économistes, la fixation des administrateurs et des analystes sur les résultats trimestriels des entreprises sont une des causes indirectes de leur perte de compétitivité en Amérique du Nord. La transformation du marché boursier est sur ce plan significative.

Ce marché avait initialement comme objectif d'être un lien entre les investisseurs et les entrepreneurs. Les émissions d'actions, jusqu'à tout récemment, étaient des sources de capitaux à long terme pour les entreprises et des placements à long terme pour les épargnants et les institutions. Les abus de certaines entreprises dans leurs projections financières lors d'émission d'actions, les déficiences des mécanismes d'autorégulation du marché boursier, la crise économique, la crise boursière, la spéculation et le traitement fiscal des gains de capitaux ont complètement modifié le fonctionnement du marché boursier nord-américain.

L'entreprise qui, par ailleurs, ne se préoccuperait pas de ses résultats financiers à court terme, en investissant davantage ou en augmentant ses dépenses en R-D, par exemple, verrait rapidement tomber le prix de ses actions et serait probablement l'objet d'une tentative de prise de contrôle hostile. Une brève lecture des analyses boursières ou un bref examen des logiciels de soutien aux décisions en matière de placements boursiers montrent que l'analyse boursière se rapproche de plus en plus de la simple analyse statistique, où les capacités de développement à long terme des entreprises ne sont prises en compte que par quelques investisseurs institutionnels.

Le système fiscal favorise aussi le financement des investissements par les emprunts, qui hypothèquent souvent le développement des entreprises, plutôt que par le recours à l'émission d'actions.

Selon Robert Solow, du MIT, s'il y a quelque chose à faire concernant la formation du capital et l'investissement, c'est de fournir des incitatifs aux décisions à long terme. Il faudrait aussi que le marché boursier se discipline davantage sous peine de voir disparaître une partie de son attrait pour les investisseurs et les entreprises. Si les analystes boursiers et les spéculateurs chassent les acheteurs de titres boursiers, qui par ailleurs pourront facilement trouver d'autres formes de placements, l'économie aura perdu un moyen efficace de canalisation de l'épargne vers les entreprises.

II

D'abord, des changements à la fiscalité

Parmi les incitatifs qui pourraient amener les entreprises à prendre des décisions en fonction du plus long terme et à forcer les analystes financiers à réviser leur façon de calculer la valeur d'une entreprise, il y a d'abord la modification du biais de la fiscalité en faveur du financement des investissements par des emprunts plutôt que par l'émission d'actions. Cette situation pourrait être facilement corrigée en réduisant la double taxation des dividendes.

Pour favoriser le financement par actions et corriger la tendance actuelle des entreprises à favoriser les résultats financiers à court terme, souvent au détriment de la modernisation des entreprises ou de la R-D, un changement dans le traitement des gains de capitaux est nécessaire. Par exemple, le niveau de taxation des gains de capitaux ne tient pas compte du temps qui s'écoule entre l'achat d'un titre ou d'une valeur mobilière et sa vente, et de ce fait de l'inflation; les gains de capitaux à court terme sont donc ainsi favorisés.

Une façon simple de modifier la situation actuelle serait de taxer les gains de capitaux à des taux différents selon qu'ils sont réalisés à court terme ou à long terme. Le Japon et la France sont deux pays qui traitent différemment, au plan fiscal, les gains de capitaux à court et moyen terme[1]. Il serait aussi plus équitable de faire en sorte que l'exemption de 100 000 $ pour les gains de capitaux ne s'applique que pour les gains touchant les placements de trois ans et plus, par exemple. De la même façon, il faudrait favoriser les modes de rémunération des dirigeants qui sont basés sur les performances à long terme de leur entreprise.

Le mode de taxation des dépenses de formation des entreprises pénalise aussi les entreprises qui font de la formation en dehors des programmes gouvernementaux ou du système régulier de l'éducation, où la formation est pratiquement gratuite. Les entreprises n'ont pas d'incitatifs financiers directs à faire elles-mêmes de la formation ou à engager des firmes pour évaluer leurs besoins ou donner une telle formation. Beaucoup d'entreprises reculent simplement devant la lourdeur administrative des programmes gouvernementaux. Le fait qu'une entreprise puisse perdre un employé qu'elle a formé, au profit d'un concurrent qui ne ferait pas de formation, est un autre obstacle à l'augmentation des dépenses des entreprises pour la formation.

Il existe deux façons de corriger la situation. D'abord, il faut obliger les entreprises à dépenser une partie fixe de leur masse salariale pour la formation de leurs employés. Dans un premier temps, une telle mesure ne pourrait s'appliquer qu'aux entreprises de 20 employés ou

---

1. Dans une entrevue au magazine *Business Week*, du 18 septembre 1989, le secrétaire américain au Trésor, Nick Brady, propose aussi cette avenue.

plus. Elle rétablirait une certaine équité entre les entreprises, tout en augmentant sensiblement les activités de formation des entreprises. La formule est simple : par exemple, une règle établit que les entreprises doivent dépenser au moins 1 % de leur masse salariale en formation ou en dépenses pour définir leurs besoins ; à défaut de le faire, elles doivent payer une cotisation équivalente à la différence entre le minimum requis et les dépenses réellement effectuées. Pour les entreprises qui dépensent plus que le minimum requis, et qui ont recours à des ressources peu ou non subventionnées, un crédit d'impôt remboursable pourrait leur être versé pour ces dépenses supplémentaires, en reconnaissance de leur apport à la productivité de l'ensemble de l'économie et pour rétablir, là aussi, une certaine équité.

Deux autres mesures peuvent être liées à une vision à plus long terme dans la gestion des entreprises : la participation des employés au capital-actions des entreprises et la mise sur pied des régimes de partage des profits. Ces mesures doivent être encouragées par la fiscalité, mais conditionnellement à une plus grande participation des employés à la gestion de leur entreprise.

III

Combattre les déficits gouvernementaux

Au plan national, la mesure qui dénoterait un véritable parti pris envers le long terme, est la baisse des taux d'intérêt. Une telle baisse nécessite d'abord une diminution importante des déficits des gouvernements, dont le financement est en concurrence avec les investissements privés, et un changement dans la politique monétaire de la Banque du Canada, essentiellement définie en fonction justement de ce déficit du gouvernement fédéral et de l'état de l'économie ontarienne. La différence entre les taux d'intérêt canadiens et américains et les taux d'intérêt japonais, c'est-à-dire du coût du capital, est susceptible d'expliquer à elle seule une part importante de la différence entre les investissements et l'innovation en Amérique du Nord et au Japon.

Ainsi, une entreprise entreprendra rarement un projet dont le rendement serait inférieur au coût de son capital. Ceci sera particulièrement vrai pour les firmes dont les titres sont négociés en bourse. « Agir autrement équivaut à réduire la valeur de la firme. Le coût du capital de la firme mène directement à un taux minimal de rendement pour tout projet d'investissement, incluant la recherche, le développement et la mise en marché de nouveaux produits. Étant donné la structure du capital des firmes japonaises (montrant des coefficients de dette à avoir des actionnaires allant jusqu'à 80:20) et les faibles taux d'intérêt, on estime que pendant une longue période, le taux de rendement minimal de ces firmes n'était que de 5 % avant impôts. Pour les firmes nord-américaines, le taux minimal était en moyenne de 12 % après impôts en 1969 et de 15 % après impôts en 1983, soit environ 30 % avant impôts[2]. » Il n'est pas beaucoup plus faible aujourd'hui.

De tels écarts ont un impact important sur les décisions d'investir, car plus les taux d'intérêt sont élevés, plus le projet d'investissement doit être rentable pour que l'investissement se fasse. De plus, un taux de rendement minimum élevé fait en sorte que les entrées de fonds doivent être plus importantes à court terme (selon la méthode d'analyse bénéfices-coûts des projets d'investissement). Le tableau 6., tiré de Allaire et Firsirotu, montre très bien que la valeur actualisée d'un dollar de bénéfice (celle sur laquelle on se base habituellement pour analyser la rentabilité des projets d'investissement) dans cinq ou dix ans est très différente, selon que le taux de rendement minimum est de 5 % ou de 30 %.

Il est intéressant aussi de constater que le ratio de la valeur actualisée d'un dollar de bénéfice récolté après un an et d'un dollar de bénéfice récolté après cinq ans, par exemple, est de seulement de 120 %, dans le cas où le taux de rendement minimum est de 5 %, et de 290 % dans le cas où le taux de rendement minimal est de 30 %. Évidemment, la tendance pour une entreprise ayant un tel taux de rendement minimal sera de privilégier les projets donnant les profits les plus élevés à court terme. Faute de pouvoir baisser les taux d'intérêt à des niveaux comparables aux taux japonais, il faut à tout le moins prendre des moyens pour augmenter la rentabilité, après impôts, des projets donnant des rendements à plus long terme. Pour Porter, « le contrôle des déficits gouvernementaux qui ne sont pas utilisés pour des investissements destinés à l'amélioration de la productivité de l'économie est peut-être le moyen le plus direct par lequel les gouvernements peuvent influencer la masse de capital disponible pour des investissements[3]. »

---

2. Y. ALLAIRE et M. E. FIRSIROTU, *Les racines de l'innovation: le système japonais et l'expérience américaine*, article ayant rapporté le prix d'excellence de Charette, Fortier, Hawey/Touche Ross, en 1988.
3. M. PORTER, *op. cit.*, p. 638.

TABLEAU 6.
Taux de rendement minimal et valeur actuelle d'un bénéfice

		5 % (Japon)	30 % (L'Amérique)
Valeur actuelle de 1 $ dans:	1 an	0,95 $	0,77 $
	3 ans	0,86 $	0,46 $
	5 ans	0,78 $	0,27 $
	10 ans	0,61 $	0,07 $

IV

L'innovation technologique: faire des choix et favoriser les technologies de production

La taille des entreprises est une des causes importantes du faible niveau de la R-D et du retard technologique de l'économie québécoise, mais elle n'est pas la seule. Souvent, l'absence de R-D dans les entreprises, d'innovation technologique et de volonté de modernisation relève aussi de l'insouciance face au long terme, de l'ignorance ou de l'incapacité des dirigeants à gérer la technologie.

En Ontario, le premier ministre Peterson a créé et lui-même piloté, en 1988, un groupe de travail rassemblant des leaders du monde des affaires, des universités et du secteur public pour analyser la situation de la technologie dans cette province; ce groupe de travail a fait des recommandations et certaines sont déjà en application. Cet exemple illustre toute l'importance que la plupart des gouvernements accordent au développement technologique. Ils ont d'ailleurs un rôle important à jouer dans ce domaine.

La situation, au Québec, du développement technologique est catastrophique. Et les débats se buttent trop souvent sur des questions de sémantique ou à l'absence d'objectifs précis. En particulier, au Québec, on a tendance à minimiser l'importance de la faiblesse du niveau de R-D, en expliquant qu'il n'y pas nécessairement de lien entre l'innovation, la diffusion des technologies et les efforts de recherche et de développement. En fait, c'est un faux débat. Il faut tenir pour acquis qu'il peut difficilement y avoir innovation technologique ou diffusion de la technologie sans recherche et développement. Pour Serge Godin, président de CGI et ex-président du Conseil de la chambre de commerce de Montréal, le choix est clair : « si nous sommes sérieux, il va falloir que nous investissions en R-D au moins ce que les pays concurrents investissent. C'est-à-dire, à toutes fins utiles, doubler nos efforts actuels[4]. »

Ceux qui remettent en question ce lien entre le niveau de R-D et l'innovation technologique visent habituellement la faible rentabilité de la recherche fondamentale. Effectivement, une petite économie comme celle du Québec doit donner la priorité à la R-D qui part des besoins du marché et des industries, car elle ne peut se fier sur le nombre pour espérer faire des percées ; mais cela ne la dispense nullement d'atteindre un certain niveau de R-D si elle veut rester dans le peloton de tête des économies industrialisées.

Une question de culture

La première proposition du Conseil de la science et de la technologie en vue de créer les conditions nécessaires au développement économique futur du Québec est l'émergence d'une nouvelle culture industrielle, c'est-à-dire « d'un ensemble d'attitudes, de savoir-faire, de comportements et de pratiques qui se traduisent par des actions et des réalisations concrètes. [...] Cette culture doit mettre l'accent sur l'esprit d'invention, d'innovation, d'entreprise, avec un souci constant d'excellence et de compétitivité[5]. » C'est évidemment dans les entreprises que doit en priorité se développer cette nouvelle culture et le domaine de la technologie devrait faire partie des cibles privilégiées. Pour ce faire, la problématique de la recherche et du développement se doit de relever d'une vision claire de la situation dans lequel se trouve le Québec. Il en va de même pour les moyens à prendre en vue d'atteindre nos objectifs.

Pour changer les attitudes dans les entreprises face à l'innovation et, de façon générale face à la technologie, il faut dans un premier temps que les administrateurs soient incités à accorder plus d'importance au long terme. Ils devront aussi être mieux informés sur les enjeux technologiques véritables dans leur secteur d'activités, avec les effets éventuels des investissements dans ce domaine et des conséquences de l'inaction. Le gouvernement peut avoir un rôle important à jouer dans ce changement d'attitude, en informant les entreprises des changements technologiques en cours et en favorisant le développe-

---

4. S. GODIN, *op. cit.*, p. 17.
5. Conseil de la science et de la technologie, *op. cit.*, p. 7.

ment de diagnostics technologiques dans les entreprises. Il y a lieu aussi d'améliorer la formation des administrateurs et des ingénieurs en matière de gestion des changements technologiques. Aux États-Unis, cette branche est devenue une véritable spécialité non seulement parce qu'elle est au cœur des préoccupations des industries, mais parce qu'il faut donner aux entreprises les moyens de rentabiliser leurs investissements technologiques.

Les gouvernements doivent aussi donner un caractère de permanence aux structures d'encadrement de même qu'aux mesures de soutien à la R-D. Les mesures fiscales doivent être simplifiées et adaptées aux PME, en particulier en rendant remboursables les crédits d'impôt.

Concentrer davantage l'aide sur des technologies plutôt que sur des secteurs

Le technologie est une source de croissance de la compétitivité d'une économie à deux niveaux: elle permet une augmentation de la productivité lorsqu'elle est utilisée dans les processus de production; elle permet la conquête de nouveaux marchés lorsqu'elle est incorporée dans un bien.

Au stade actuel de son évolution économique, le Québec devrait favoriser l'adoption de nouvelles technologies de production plutôt que la R-D qui conduit à l'innovation, à l'exception de quelques industries. Les raisons qui justifient l'établissement de cette priorité sont nombreuses. D'abord, l'adoption de technologies de production est beaucoup moins exigeante au plan de la R-D et en terme d'investissement; les technologies de production sont plus facilement accessibles et peuvent être importées. Ensuite, la croissance de la productivité qu'elle amène permet d'accroître la richesse et ainsi la disponibilité de capitaux pour passer à la R-D qui conduit à l'innovation. C'est aussi, en quelque sorte, une étape d'apprentissage.

Pour inciter les entreprises à adopter de nouvelles technologies de production, une aide gouvernementale est sûrement nécessaire. Ce soutien peut prendre différentes formes.

L'aide fiscale, souvent générale, a cependant des limites[6] importantes. C'est pourquoi l'aide aux entreprises doit être beaucoup plus

---

6. Voir à ce sujet le diagnostic du Conseil de la science et de la technologie et ses références sur les études, *op. cit.*, p. 72-73.

précisée, pour être efficace; il serait totalement improductif que les gouvernements éparpillent les quelques centaines de millions de dollars qu'ils investissent dans ce domaine. L'aide directe devrait aussi être privilégiée. Cependant, ce ne sont pas les secteurs qui devraient être choisis comme cible, comme c'est habituellement le cas, mais les technologies. Il n'y a pas d'industries qui ne puissent d'ailleurs pas profiter de l'adoption de technologies nouvelles. Cette approche nécessite bien sûr une concertation entre les gouvernements, les universités et les entreprises, pour que les cibles correspondent véritablement aux besoins et que les bonnes technologies soient choisies.

Pour l'innovation dans la production, la recherche appliquée, qui part directement des besoins du marché, devrait être encouragée par rapport à la recherche fondamentale. Pour ce faire, un lien très fort devrait être établi entre la science et la technologie ainsi qu'entre les entreprises et les universités. Les instituts américains de recherche qui ont des liens avec les universités, sont une des forces des États-Unis et ont joué un rôle dans le succès de ce pays dans de nouvelles industries. Leurs liens avec les entreprises ont favorisé la commercialisation de leurs découvertes. Quant aux choix des secteurs de recherche à privilégier, ils devraient être faits en tenant compte des groupes d'entreprises qui existent déjà dans l'économie québécoise, comme l'aéronautique dans la région de Montréal. Le soutien des gouvernements à la R-D, s'il est susceptible d'aider au développement des industries, a rarement présidé à leur naissance.

Étant donné le retard du Québec dans le domaine technologique, il y a d'ailleurs lieu d'envisager une stratégie qui permettrait de sauter des étapes, d'accélérer le changement, notamment en tentant de développer des créneaux technologiques en fonction des besoins futurs du marché international; c'est ce que Serge Godin appelle la mise en place de vigies technologiques. Mais un tel système ou une telle stratégie ne peuvent être mis en place sans être appuyés par la formation.

La stabilité dans les programmes d'aide à la R-D et à l'adoption de nouvelles technologies est importante. Le nombre de ces programmes doit aussi être restreint. Il ne semble pas y avoir au Québec, actuellement, une vision assez claire des défis technologiques et des moyens pour les relever, pour qu'une telle stratégie soit adoptée. En particulier, le fait que le gouvernement fédéral et celui du Québec n'aient pas toujours la même approche, ni les mêmes priorités, ne simplifie pas les choses.

Favoriser les alliances

En matière de R-D, le gouvernement doit favoriser aussi les alliances comme le font la plupart des pays industrialisés. Par exemple, au Japon, c'est plus de 500 millions de dollars qui seront consacrés, par le gouvernement et l'industrie, pour le développement d'un ordinateur de 5ᵉ génération. Même IBM, qui a priori serait, en informatique, la firme qui aurait le moins besoin d'alliances avec les autres firmes, participe avec 14 autres entreprises au projet Sematech, dont le coût est estimé à 2 milliards de dollars. L'objectif du projet, pour lequel le Congrès a voté 100 millions de dollars, est d'aider les États-Unis à redevenir compétitifs dans le secteur des semi-conducteurs. IBM a quelque 40 ententes avec d'autres firmes dont Microsoft et plus récemment Next inc. de Steve Jobs, l'ex-président de Apple.

Pendant ce temps, l'effort du Québec tient essentiellement à la mise sur pied de centres de recherche, souvent sous-financés, et de mesures fiscales. Ainsi, pendant que le Québec se débattait pour avoir l'agence spatiale, l'Ontario mettait sur pied un centre de recherche dans le domaine des sciences spatiales et terrestres : cela illustre l'inertie du gouvernement du Québec en matière technologique.

Mais cette stratégie de mise en commun des ressources ne peut être véritablement efficace, sauf exception, dans une petite économie comme celle du Québec où il y a peu d'intervenants majeurs dans chaque secteur, si elle se fait sur une base sectorielle : elle obligerait autrement des entreprises en concurrence à s'allier sur des projets trop précis. Elle doit donc se faire sur la base des technologies. C'est une avenue d'autant plus prometteuse, que c'est d'abord ce dont le Québec a le plus besoin. En particulier, il est essentiel que le Québec comble son retard important dans l'informatisation des entreprises. Quitte à ce qu'un diagnostic complet soit établi, entreprise par entreprise, il faut trouver les moyens pour relever de façon urgente ce défi.

Le gouvernement fédéral doit faire sa part

On ne saurait, finalement, ignorer le rôle joué par le gouvernement fédéral dans le financement de la recherche et du développement, ou pour être plus précis, les faiblesses de sa contribution à la R-D québécoise. Le portrait de la situation est particulièrement clair : le Québec ne reçoit pas sa part des crédits dépensés par le gouvernement fédéral pour soutenir la R-D, et en particulier la R-D industrielle. Cette situation ne résulte probablement pas de la mauvaise foi du gouvernement fédéral ou d'un présumé complot, elle est plutôt la conséquence de l'approche du gouvernement fédéral en matière de politique économique. Cette approche, dont la valeur principale est sa capacité d'expliquer les décisions politiques en matière de soutien du fédéral au développement régional, privilégie une aide fédérale à une région, basée d'abord sur les forces de ladite région. On voit tout de suite qu'elle conduit à coup sûr au maintien du statu quo en matière de développement.

Sauf pour les plus petites provinces, il ne fait pas de doute, dans l'état actuel des relations politiques canadiennes, qu'il n'y a pas de politique fédérale efficace possible en matière économique sans une plus grande décentralisation. Le financement de la recherche et du développement ne fait pas exception. En ce sens, le gouvernement du Québec devrait définir une véritable politique de développement technologique pour le Québec, qui s'insérerait dans une politique économique plus large et qui partirait des priorités établies par les entreprises. Après, il pourrait exiger du fédéral le respect de ses priorités et une juste part des dépenses fédérales dans le domaine de la technologie.

V

Prendre parti pour le long terme: le cas d'Hydro-Québec

On débat le dossier depuis les années 1950. Il a même été au cœur du retour en politique du premier ministre Robert Bourassa. Il a fait partie des politiques de développement économique de tous les gouvernements québécois depuis le début des années 1960. Il est constamment cité en exemple pour illustrer le « génie des Québécois » et leur capacité à prendre en main leur destinée. Et on n'a sûrement pas fini d'en parler avec les problèmes que connaît actuellement Hydro-Québec au plan des relations de travail, des pannes fréquentes causées par l'état piteux de son réseau de distribution, des pénuries possibles et des obstacles prévisibles, mais imprévus, qu'elle rencontre dans ses projets d'exportation d'électricité à long terme.

À cause du symbole qu'elle représente, Hydro-Québec, et avec elle le dossier de l'énergie, a toujours été un sujet tabou au Québec. Lorsque, par exemple, au début des années 1980, le ministère de l'Énergie a tenté de placer le développement de la Société dans un contexte plus global d'une politique énergétique, on a parlé d'ingérence. Encore aujourd'hui, en particulier du point de vue des impacts de ses projets sur l'environnement, Hydro-Québec jouit d'un privilège, sinon d'une quasi-immunité, que même le ministre de l'Environnement dénonce, malgré l'attachement du premier ministre à ce dossier. À la limite, lorsqu'elle est acculée au pied du mur, Hydro-Québec se retranche derrière les impacts économiques de ses projets ou des projets auxquels elle s'associe. Mais, comme ironise Carmine Nappi, professeur des HEC, « l'argument des retombées économiques ne tient pas en soi. Tout a des retombées. On pourrait bien construire un autre stade olympique en Gaspésie et y engendrer une prospérité toute relative, mais surtout temporaire[7]. »

Pour différentes raisons, dont la détérioration de l'image d'Hydro-Québec, les choses commencent à changer. Quelques journalistes, dont Rudy Lecours et Michel Morin, moins obnubilés par la toute puissance de cette Société et les tabous qui entourent le sujet, commencent à jeter un regard plus critique sur la gestion et les décisions d'Hydro-Québec. Mais il reste qu'il est encore jugé présomptueux d'aller trop loin dans les remises en question des décisions et du rôle de la puissante société d'État.

La façon dont on aborde, au Québec, le dossier énergétique et celui du développement d'Hydro-Québec, est un peu à l'image de notre façon de traiter beaucoup d'autres dossiers: trop souvent nos décisions sont prises en fonction de considérations accordant peu de poids au long terme. Dans le domaine de l'énergie, pourtant, ces considérations à long terme sont particulièrement importantes et devraient même prendre très nettement le dessus sur les considérations à court terme. Mais le dossier fut tellement politisé, qu'il est aujourd'hui difficile de dire avec exactitude sur quelles bases les décisions se prennent, outre celles des échéanciers électoraux.

À ce jour, le dossier a été défendu, avec plus ou moins de rigueur, sur la base des retombées économiques. C'est justement sur cette base qu'il devrait être réexaminé.

La logique économique et l'énergie

Peu de pays au monde ont une politique énergétique axée sur la croissance de la demande, pour la simple raison que l'énergie est une ressource rare : si elle est importée, elle exige des débours importants ;

---

7. *Les Affaires*, le 28 octobre 1989, p. B-8.

si elle est produite à l'intérieur du pays, elle exige des investissements importants. En soit, l'énergie n'a pas de valeur; c'est une ressource naturelle dont la demande est dérivée de celle pour d'autres biens ou services dans la production desquels elle entre ou avec la consommation desquels elle est associée.

Un accès à une ou plusieurs formes d'énergie à bon marché a un double avantage: il permet d'abaisser les coûts de production de certains biens, et favorise ainsi leur production et leur consommation; il contribue au maintien d'un niveau de vie plus élevé, car moins le coût de l'énergie sera élevé, plus les ménages pourront consommer d'autres biens. Si en plus cette forme d'énergie est renouvelable, comme l'hydro-électricité, les avantages sont encore plus grands.

Cependant, les retombées des projets hydro-électriques ne peuvent constituer une justification suffisante d'une stimulation de la demande en vue de construire de nouveaux barrages et de nouveaux équipements de transport, puisque bien d'autres projets pourraient avoir des retombées similaires, sinon plus importantes. Cette remarque est d'autant plus appropriée que le Québec, malgré les développements hydro-électriques passés, n'a pas véritablement développé une industrie exportatrice d'équipements électriques. De plus, la production, le transport et la vente de l'énergie hydro-électrique créent relativement peu d'emplois.

Si la production de l'énergie hydro-électrique n'est pas en soit polluante, la construction des barrages et des lignes de transport de l'électricité a des impacts importants sur l'environnement dont on n'a pas tenu compte jusqu'à maintenant dans la détermination des coûts des projets. De ce fait, le prix que les Québécois et les entreprises paient pour l'énergie hydro-électrique est sous-évalué. C'est un autre élément dont il faudrait tenir compte en analysant les décisions d'Hydro-Québec.

Quelques chiffres

Examinons, brièvement, pour mieux cerner le dossier, quelques chiffres[8]:

- En 1988, les revenus d'Hydro-Québec ont été de 5 306 millions de dollars, dont environ 90 % proviennent des ventes d'électricité au Québec;

---

8. Les chiffres sont tirés du *Plan de développement d'Hydro-Québec 1989-1991 — Horizon 1988* et du *Rapport annuel 1988*.

- Les coûts de fonctionnement d'Hydro-Québec, soit ceux reliés à l'exploitation des centrales et à l'entretien courant du réseau de distribution ainsi que les frais d'exploitation, n'ont atteint que 1 419 millions de dollars, soit 27 % des revenus;

- L'amortissement des équipements de production et de transport d'électricité compte pour 538 millions de dollars dans les dépenses, soit 10 % des revenus. La part des revenus ainsi allouée devient disponible pour le financement des investissements;

- Les frais financiers associés à une dette à long terme de 21 milliards de dollars, sur des actifs dont la valeur est évaluée à 29 milliards, étaient en 1988, de 2 050 millions de dollars, soit près de 40 % des revenus (par rapport à 22 % en 1980), et constituent le poste principal de dépenses d'Hydro-Québec. Ces montants sont versés aux prêteurs; on peut estimer, à l'aide des données disponibles, que 70 à 75 % vont à des individus ou à des institutions se trouvant hors du Québec;

- Le bénéfice net d'Hydro-Québec a été, en 1988, de 619 millions de dollars, soit 12 % de ses revenus, dont 300 millions sont allés en versement de dividendes au gouvernement du Québec;

- Les investissements bruts d'Hydro-Québec varient énormément dans le temps, selon que la Société ait ou non à investir dans des équipements majeurs de production et de transport d'électricité. Ainsi, en 1981, Hydro-Québec avait investi 2 668 millions de dollars comparativement à 1 566 millions en 1986 et 2 107 millions en 1988. Compte tenu de l'inflation, les écarts sont importants. Pour les trois prochaines années, Hydro-Québec prévoit, respectivement, des investissement de l'ordre de 2,5 milliards dollars, 3,1 milliards et 3,5 milliards. Il se pourrait même que le niveau de ces investissements soit dépassé compte tenu d'une croissance de la demande plus forte que celle anticipée et des besoins criants d'amélioration de son réseau de distribution.

Indéniablement, sur un PIB de l'ordre de 130 milliards de dollars, en 1988, les impacts directs et indirects des activités d'Hydro-Québec sont importants. Mais cela ne doit pas constituer un obstacle pour s'interroger sur la politique énergétique québécoise et sur les retombées économiques, à long terme, des orientations qui en découlent quant à l'utilisation du potentiel d'investissement d'Hydro-Québec.

La multiplication des alumineries: est-ce rentable?

Sur les 128,5 milliards de kilowatts-heure (KWh) d'électricité vendus au Québec, en 1988, 35 % ont été consommés par le secteur industriel. Hydro-Québec prévoit que la demande d'électricité augmentera de 65 milliards de KWh entre 1987 et 2006, soit une hausse de près de 50 %, et que le secteur industriel, à cause surtout des industries des pâtes et papiers et de l'aluminium, contribuera pour au moins la moitié de cette hausse de la demande.

Compte tenu de sa taille, le Québec est un gros producteur d'aluminium. En fait, environ 1,3 millions des 14 millions de tonnes d'aluminium primaire produites dans le monde non communiste, soit près de 10 %, viennent du Québec[9]. En 1988, les alumineries consommaient 10 milliards de KWH. L'expansion des plans existants et les nouveaux plans, qui devraient entrer en production avant décembre 1992, devraient augmenter de près de 50 % les capacités de production des alumineries québécoises, avec une demande supplémentaire d'électricité de 5 à 6 milliards de KWH; c'est presque l'équivalent de la hausse de la demande totale du secteur domestique au cours des dix prochaines années.

Les nouveaux investissements dans le secteur de la production de l'aluminium seront de l'ordre de 3,6 milliards de dollars et engendreront, lorsqu'ils seront en opération, environ 2 150 nouveaux emplois. L'aluminium produit au Québec est exporté en presque totalité sans aucune transformation. En fait, c'est ni plus ni moins qu'une façon indirecte d'exporter de l'électricité. Les alumineries paieraient en moyenne moins de 0,026 $ par KWH pour leur électricité, comparativement à 0,045 $ pour la majorité des Québécois. Cette différence, selon Hydro-Québec, provient de la différence dans les coûts de livraison de l'électricité.

La construction des alumineries crée des milliers d'emplois, l'espace de quelques mois, et a des retombées sur les industries fournissant les matériaux. Leur opération crée aussi un certain nombre d'emplois bien rémunérés, mais en quantité relativement modeste compte tenu des investissements impliqués. Mais puisque ces investissements viennent de l'extérieur du Québec, il n'y donc pas de raison de penser qu'ils se substituent à d'autres investissements, et qu'il n'y ait pas lieu de les encourager.

---

9. Les données sur la production d'aluminium sont tirées d'un article de F. Shalom, dans *The Gazette*, le 13 mai 1989.

La croissance de la production de l'aluminium sur le territoire québécois n'a pas, par ailleurs, entraîné une hausse importante des activités de transformation. Et il ne semble pas que cela sera très différent dans les années à venir. Selon le président d'Alcan, « transformer l'aluminium n'est pas rentable au Québec parce que nous sommes trop éloignés des grands marchés[10]. »

Rien dans ces faits, bien au contraire, ne justifie une remise en question de la construction d'alumineries au Québec. Mais, pour porter un jugement définitif, il faut évaluer si les activités économiques qu'entraînent ces alumineries sont suffisantes pour combler les coûts qu'en contrepartie elles engendrent.

Parmi ces coûts, il y a la pollution. Les alumineries rejettent dans l'environnement le fluoride qui est un contaminant, ainsi que de l'aluminium, deux produits dont les impacts négatifs sur les êtres vivants sont importants. Jusqu'à maintenant, ces considérations environnementales n'ont pas pesé bien lourd dans la balance lorsqu'est venu le temps d'encourager ce type d'investissement. Compte tenu que la grande partie des contaminants rejetés par les usines de fabrication d'aluminium se retrouve dans le St-Laurent, il faudra bien un jour se poser des questions sur les effets cumulatifs de cette activité, et les limites qui peuvent être tolérées, si elles ne sont pas déjà dépassées.

Le développement des activités de production de l'aluminium a aussi un impact important sur la demande d'électricité et, de ce fait, crée des besoins d'investissements de la part d'Hydro-Québec. Ces investissements, à cause des besoins de financement qu'ils engendrent, créent une pression à la hausse sur les tarifs. De plus, compte tenu de la politique tarifaire d'Hydro-Québec, l'ensemble des usagers, dont les ménages, doit payer plus pour son électricité parce que les nouveaux aménagements hydro-électriques coûtent plus chers que ceux déjà en place. De plus, l'ensemble des québécois, parce qu'il n'est pas protégé par des contrats comme les industries, pourrait bien être perdant dans le cas d'une baisse de la production de l'aluminium.

Aucune des alumineries n'est sous mainmise québécoise. Ce qui veut dire que les Québécois profitent peu des capacités d'investissement que ces industries engendrent. En cas d'une baisse de la demande de l'aluminium, le Québec pourrait bien se retrouver dans une situation très proche de celles qu'il a vécues dans plusieurs secteurs.

La rentabilité économique du développement des alumineries au Québec n'est pas évidente et n'a jamais été démontrée. Des doutes

---

10. Cité dans: *La Presse*, 27 avril 1990, p. E-1.

sérieux subsistent. Peut-être était-elle valable dans un contexte de surplus d'énergie, mais nous nous dirigeons plutôt vers une situation de pénurie. Il est clair aussi que le Québec a atteint un niveau de production d'aluminium suffisamment élevé pour justifier le développement d'une industrie de transformation, si celle-ci a des raisons économiques de se développer. En favorisant la venue d'industries qui sont de fortes consommatrices d'électricité, le Québec prend des engagements qui peuvent s'avérer néfastes à long terme si, comme il est prévisible, le prix du pétrole devait fortement augmenter. C'est une autre considération dont le gouvernement ne semble pas tenir compte.

Remettre en question le rôle d'Hydro-Québec

Il y a un point qui n'a jamais été analysé lors de l'élaboration de la politique globale d'utilisation des ressources hydro-électriques québécoises : l'utilisation du potentiel de développement que représente Hydro-Québec. Cette entreprise a engendré en 1988, après avoir versé un dividende de 300 millions de dollars, des fonds de l'ordre de 1,5 milliard de dollars, disponibles pour des investissements ; il n'existe pas une autre entreprise sous mainmise québécoise ayant une telle capacité de développement. Il y a donc lieu de se demander si la diversification d'Hydro-Québec, par l'investissement d'une partie importante des liquidités qu'elle engendre dans de nouvelles activités économiques, ne pourrait pas, au bout de la ligne, être plus profitable que le développement des ressources hydro-électriques.

Une politique énergétique plus rationnelle, tenant compte des facteurs environnementaux et de l'efficacité économique globale, ferait sûrement ressortir les limites de la politique actuellement suivie par Hydro-Québec et le gouvernement, et le besoin d'exploiter plus rationnellement les ressources hydro-électriques québécoises. Alors, il faudrait se demander si le monopole d'État reste le moyen le plus efficace d'utiliser les liquidités engendrées par les activités d'Hydro-Québec à des fins de développement économique. La réponse à cette question peut paraître évidente pour ceux qui ont réfléchi sur le mode de fonctionnement des entreprises publiques et sur leur capacité d'innover à l'intérieur du cadre de fonctionnement qui sont le leur, mais elle risque d'ouvrir un débat sur la privatisation que les Québécois ne sont probablement pas prêts de tenir. L'alternative serait probablement qu'Hydro-Québec devienne un partenaire du secteur privé dans un grand groupe industriel. Le débat est ouvert. Permettons-nous au moins de questionner les politiques actuelles et d'exiger qu'on démontre leur efficacité.

Chapitre 12

La formation: miser sur la qualité et l'audace

I

Le système d'éducation doit s'adapter

La qualité de l'enseignement primaire semble s'être passablement améliorée depuis quelques années au Québec. Celle de l'enseignement secondaire, au contraire, se serait détériorée. On s'est interrogé beaucoup sur le sujet, de même que sur le phénomène de décrochage qui, à l'heure des changements technologiques, est tout à fait dramatique, tant pour la société québécoise qui sera confrontée avec un manque de main-d'œuvre qualifiée, que pour les milliers de jeunes dont les chances de succès sont au départ compromises parce qu'ils n'auront pas la formation de base nécessaire pour répondre aux exigences des emplois de demain.

Pour expliquer la baisse de la qualité de l'enseignement secondaire et le décrochage scolaire, on a trouvé bien des raisons, allant de l'incompétence des parents et des professeurs à l'éclatement de la famille. Mais généralement, même s'il faut admettre qu'il est inadmissible que des tâches d'enseignement spécialisé soient confiées à des professeurs qui n'ont pas la formation pour le donner, on constate que la formation des professeurs est meilleure aujourd'hui qu'il y a quinze ou vingt ans. Le corps enseignant vieillit et, bien sûr, il faut trouver des moyens pour le rajeunir, entre autres en permettant aux enseignants de changer de carrière sans être trop pénalisés; mais essentiellement, face aux échecs du système scolaire, il faut se demander s'il est adapté à la société québécoise des années 1990. Et s'il n'était pas adapté, il est fort possible qu'il ne le soit pas à la lumière des résultats qu'il produit, il est peut-être temps d'admettre que ce n'est pas au reste de la société, dont la famille, de s'adapter au système scolaire, mais bien au système scolaire de s'adapter au reste la société.

Par exemple, il se pourrait bien, à cause de l'éclatement des familles ou du fait que les deux parents soient sur le marché du travail, que l'école doive fournir un meilleur encadrement aux jeunes; les grandes polyvalentes et l'augmentation, au début des années 1980, du nombre d'élèves par professeur vont exactement dans le sens inverse. Dans la société de demain, les personnes devront être en mesure de penser beaucoup plus que d'avoir un ensemble de connaissances hétéroclites; malgré cela, les critères de succès et d'échec n'ont guère évolué dans les écoles. De plus, les tâches de professeur ne sont pas immuables, elles doivent aussi s'adapter aux nouveaux besoins.

Au lieu de dévaloriser les parents, les jeunes, les professeurs et les professionnels du secteur de l'éducation, de les rendre responsables des échecs de notre système, il serait peut-être temps de changer ce système, plutôt que de tenter de le rafistoler. S'il faut, pour ce faire, investir davantage (car il s'agit bien d'investissement), investissons. S'il faut, pour ce faire, augmenter l'encadrement et modifier les tâches des professeurs, faisons-le. S'il faut, pour ce faire, transformer une partie des polyvalentes en espace à bureau et construire de plus petites écoles, faisons-le aussi. S'il faut augmenter l'autonomie des écoles publiques et même les mettre en concurrence les unes avec les autres, un peu comme on l'a fait avec succès avec les cégeps, pourquoi pas? Mais surtout, il faut agir rapidement, de façon éclairée, mais avec audace, comme on le ferait dans n'importe quel autre secteur aussi vital pour l'avenir.

II

Un nouveau mandat pour les cégeps

L'enseignement donné dans les cégeps, tant au niveau technique qu'au niveau général, ne semble pas faire l'objet de remises en question fondamentales au Québec, bien que ce secteur de l'enseignement ne soit pas exempt de problèmes. Mais peut être a-t-on beaucoup trop négligé le rôle des cégeps, au cours des dernières années, en donnant une importance démesurée aux universités, dans la course à l'augmentation du niveau de la fréquentation universitaire. Dans certaines régions, où il n'y a pas d'université, les cégeps se sont rapprochés des entreprises avec beaucoup de succès ; ils sont devenus des lieux de formation technique importants, même pour les adultes. En milieu urbain, les universités se substituent souvent aux cégeps, et dans certains cas avec un succès mitigé, pour la formation des adultes.

Il est tout aussi important, sinon plus, de renforcer les liens entre les entreprises et les cégeps, que les liens entre les entreprises et les universités. Il faudrait envisager sérieusement la possibilité de confier formellement aux cégeps le mandat de travailler avec les entreprises à la définition de leurs besoins de main-d'œuvre et de s'engager formellement dans la formation technique des adultes. Pour les inciter à le faire de façon efficace, une partie de leur financement pourrait dépendre de leur succès dans ce domaine.

Les critères de choix des lieux de formation devraient être revus afin que les universités reviennent à leur mission première de formation professionnelle de niveau supérieur et de recherche. Souvent, par exemple, les cours menant aux certificats universitaires sont offerts à des personnes pour qui c'est le premier contact réel avec la matière enseignée et ils constituent plutôt un enseignement de base qu'un enseignement professionnel avancé. Il n'y aucune raison pour que ce type de formation ne soit pas donné dans les cégeps ; il aurait d'ailleurs lieu de faire en sorte que cet enseignement soit davantage relié aux besoins du marché du travail. Pour ce faire cependant, les formules de financement tant des universités que des cégeps, doivent être révisées.

III

Le financement des universités

Dans le cas des universités, la formule actuelle de financement est basée sur le nombre d'étudiants; elle incite justement les universités à multiplier les programmes afin d'augmenter leur revenu. Si on ajoute à ce fait que leur sous-financement conduit à une baisse de la qualité de l'enseignement, on se rend compte du cul-de-sac dans lequel les universités se retrouvent actuellement.

Pour régler une partie de ce problème, le ministre de l'Enseignement supérieur, appuyé en cela par la communauté des affaires, a annoncé, l'an passé, une hausse importante et rapide des frais de scolarité qui étaient gelés depuis le début des années 1970. Il est presque certain que cette augmentation aura des effets sur la fréquentation universitaire, surtout au premier cycle. En l'absence d'études sérieuses sur les effets de telles hausses, il aurait fallu agir beaucoup plus prudemment. D'autre part, il faudrait envisager des formules alternatives de financement, comme la levée d'une taxe spéciale sur le revenu des finissants universitaires pendant les trois ou cinq premières années qu'ils se retrouvent sur le marché du travail, proposition que mettent de l'avant des groupes de jeunes. Cette formule a l'avantage de traiter de la même façon les étudiants quel que soit leur milieu d'origine. Dans le système actuel, celui qui doit emprunter pour payer ses frais de scolarité, parce que le revenu de ses parents ne lui permet pas de le faire, est le seul à devoir rembourser après la fin de ses études. À tout le moins, le rythme de remboursement de ces frais devrait être établi en fonction des revenus gagnés, comme cela se fait en Suède. Une grande partie des étudiants universitaires sont des adultes qui sont déjà sur le marché du travail et qui ont ainsi une capacité plus grande de payer, on pourrait exiger que ces adultes défrayent une partie plus élevée des coûts reliés à leur formation. En particulier, il n'y a pas de raisons que la société paie pour les adultes qui suivent des cours pour leur enrichissement personnel.

Même l'augmentation des frais de scolarité ne réglera pas le problème de financement des universités, ni celui des biais de la formule actuelle qui favorise la quantité parfois au détriment de la qualité. Comme le recommande le Conseil des universités, le modèle de financement des université le plus intéressant « serait une combinaison du financement par les intrants (le nombre d'étudiants) et par les extrants (la qualité de l'enseignement, mesurée avec un système d'indicateurs). Un tel système de financement de l'enseignement conserve-rait aux universités un certain degré d'autonomie (financement partiel des intrants) tout en gardant une certaine capacité de stimuler le système (financement par objectifs pour une portion limitée de l'enve-loppe)[1]. »

Même avec le dégel des frais de scolarité, et en les doublant, il manquera toujours aux universités au minimum 75 millions de dollars. Idéalement, pour augmenter la qualité de l'enseignement, c'est 150 millions de plus qu'il faudrait investir dans le réseau des universi-tés. Mais un tel saupoudrage entre les universités et les programmes ne changerait probablement pas de façon significative la qualité de l'enseignement universitaire. Étant donné la rareté des deniers publics, il faut analyser des solutions de remplacement à la hausse des budgets de fonctionnement des universités actuelles. En particulier, on pourrait envisager la création d'une nouvelle université à Montréal[2]. Pour Gilles Beausoleil, cette idée a quelque chose d'évident quand on sait que dans toute agglomération américaine de la taille de celle de Montréal, il y aurait cinq ou six et parfois une dizaine d'universités et de collèges universitaires assurant une formation supérieure.

IV

Une nouvelle université à Montréal

Quelles devraient être les caractéristiques d'une telle université?

1. *Elle serait de calibre international*, tournée vers la recherche, la techno-logie et la gestion des affaires, offrant essentiellement un enseignement de deuxième et troisième cycles: un véritable centre d'excellence.

2. *Elle serait de taille moyenne.*

---

1. Conseil des universités, *Pour une nouvelle politique de financement du réseau universitaire québécois*, Québec, 1988, p. 42.
2. Cette idée a fait l'objet de discussions dans divers milieux depuis un an ou deux. Yan Barcelo la présente comme une des propositions de l'Atelier de Montréal de la Table Ronde sur la politique technologique, dans le numéro du 5 août 1989 du journal *Les Affaires*. Gilles Beausoleil, un ex-haut fonctionnaire, aujourd'hui professeur au dépar-tement de relations industrielles de l'Université Laval, présente dans le numéro du 11 mars 1989, du même journal, une proposition détaillée de ce que pourrait être une telle université.

3. *Elle serait privée.*

4. *Elle serait véritablement bilingue*: les cours y seraient offerts, en parts égales, en anglais et en français, et tous les étudiants qui la fréquenteraient en ressortiraient bilingues, capables de travailler dans les deux langues.

Tenons pour acquis, dans un premier temps, que le Québec et Montréal ont besoin d'un centre universitaire de très haut niveau pour répondre aux défis technologiques des prochaines années, pour stimuler la R-D, pour former des chercheurs et des gestionnaires et pour s'ouvrir davantage sur le monde. L'existence d'une main-d'œuvre qualifiée est une condition nécessaire pour accroître la R-D, l'innovation technologique et la diffusion des technologies nouvelles. De plus, si une telle université ne constitue pas un moyen suffisant pour assurer que Montréal devienne un centre de haute technologie, elle pourrait à tout le moins constituer un bon point de départ.

Les objections à une telle proposition seront nombreuses. La principale étant liée à la possibilité qu'une des universités existantes puisse remplir ce mandat. Mais il sera toujours difficile pour les universités actuelles, d'abord dédiées à la formation de masse et ayant de multiples mandats, de se consacrer en priorité à créer un tel centre d'excellence. Il est aussi très difficile de concevoir qu'il puisse subsister dans une même faculté deux types de maîtrise et de doctorat. Il y a dans les universités, inévitablement, une tendance au nivellement; l'objectif est de faire en sorte que ce nivellement se fasse vers l'excellence. De plus, il n'est pas sûr que les universités actuelles aient toute la souplesse voulue pour financer et développer un tel niveau d'excellence. Car pour développer une telle université, il serait nécessaire d'attirer des professeurs venant d'autres pays et offrir des salaires compétitifs, souvent bien supérieurs aux maxima versés dans les universités actuelles. Cette nouvelle université pourrait aussi être un lieu de stimulation pour les professeurs québécois engagés dans la recherche de haut niveau. Son existence n'entrerait pas en opposition avec le développement de centres de recherche dans les universités existantes.

Même si cette proposition est susceptible de soulever la controverse, une telle université devrait être bilingue. N'existe-t-il pas, en Europe, des universités qui sont trilingues? C'est le cas entre autres de l'European Institute of Business Administration, un institut privé d'enseignement supérieur en France. Si nous voulons donner à cette nouvelle université une envergure internationale, pour attirer des chercheurs, des professeurs et des étudiants d'autres pays, il est inévitable qu'une partie de l'enseignement et des activités de recherche puisse être faite en anglais. De plus, à un certain niveau, il est essentiel d'avoir une bonne connaissance de l'anglais, en Amérique du Nord. Elle serait un lieu aussi où les étudiants anglophones pourraient apprendre le français.

Idéalement, cette université serait privée à cause de la souplesse que pourrait lui apporter ce statut et parce que cela concorderait très bien avec son mandat nettement tourné vers les besoins de l'économie. Ce serait un excellent moyen, comme le suggère Gilles Beausoleil, de stimuler la concurrence entre les universités. De plus, une telle université devrait tirer une partie importante de son financement, par exemple 50 %, des entreprises, des subventions de recherche, en compétition avec des centres privés, et de ses étudiants. C'est une raison de plus pour qu'elle ait un tel statut.

Chapitre 13

Le relèvement économique de Montréal

I

Le Québec ne peut se permettre de laisser tomber sa métropole

Accusée à un moment donné d'accaparer une trop grande part de la croissance économique du Québec au détriment des régions périphériques, la région de Montréal, et particulièrement l'Île et la ville de Montréal, ont plutôt perdu du terrain, au cours des dernières années, par rapport à la plupart de celles-ci. Pour analyser les causes et les conséquences de ce déclin de Montréal, il faut d'abord comprendre le rôle que joue la région de Montréal au Québec et, plus globalement, en Amérique du Nord.

Il existe en économie une théorie de l'aménagement spatial de l'activité économique, qui s'appelle la théorie des pôles de croissance et des pôles de développement[1]. Cette théorie part de la constatation que l'activité économique est, sur un territoire donné, concentrée dans l'espace.

> Un pôle de croissance est une ville où on retrouve des activités de croissance, soit des industries et des entreprises dynamiques œuvrant dans des secteurs en croissance ou à maturité. Ces activi-

---

1. Pour une explication claire de cette théorie et son application à Montréal, voir: P. FRÉCHETTE et J. P. VÉZINA, *op. cit.*, chapitre 6.

tés entraînent une augmentation des investissements, du revenu et de la population. Autour du pôle de croissance se développe généralement la région. Les petits pôles économiques et les pôles de croissance sont habituellement en relation d'interdépendance avec un pôle de taille supérieure et dont la nature est fondamentalement différente: le pôle de développement. On l'appelle ainsi parce qu'il est caractérisé par la présence d'entreprises innovatrices et motrices qui ont des effets d'entraînement et de polarisation sur le reste de l'économie[2].

Disons tout de suite « qu'un pôle de croissance ou de développement existe ou n'existe pas », dans le sens où s'il existe des moyens pour le renforcer, il n'y pas véritablement de moyens infaillibles pour le créer.

La principale caractéristique d'un pôle de développement est sa capacité à innover, pour donner naissance à des industries motrices, et à créer des conditions qui favoriseront des économies d'échelle pour les entreprises. Le secteur tertiaire moteur y est très développé, ce qui le rendra attrayant pour les entreprises. De même, il fournit des infrastructures publiques (réseau de transport, électricité, eau, gaz, etc.), des institutions d'enseignement de haut niveau et une main-d'œuvre qualifiée et en nombre suffisant. En contrepartie, les pôles de développement conduisent à certaines déséconomies externes, tels les coûts plus élevés de l'habitation et de la main-d'œuvre, la pollution, la congestion. De plus en plus ces effets externes négatifs ont de l'importance dans la localisation des entreprises, ce qui n'était pas le cas voilà plusieurs années.

Le Québec n'a qu'un seul pôle de développement, Montréal. Mais ce pôle de développement est aussi le noyau de la plus grande région du Québec et, en ce sens, doit aussi avoir ses propres activités de croissance. Malgré les dangers de polarisation de l'activité économique, le pôle de développement ne sera définitivement pas en concurrence avec les pôles de croissance qui gravitent autour de lui. C'est plutôt avec les autres pôles de développement qu'il devra se frotter. Aussi, il y a de fortes chances pour que le développement de l'ensemble du Québec ne puisse, à long terme, persister sans s'appuyer sur un pôle de développement fort, c'est-à-dire sans que Montréal soit en bonne santé au plan économique.

---

2. P. FRÉCHETTE et J. P. VÉZINA, *op. cit.*, p. 199.

II

Le déclin de Montréal

Le déclin de Montréal ne date pas d'aujourd'hui. En fait, c'est surtout à partir du milieu des années 1960 qu'il a commencé à se faire sentir, par rapport à Toronto, en particulier. D'abord, le phénomène était régional. Au début des années 1960, la population de la grande région de Montréal comptait environ 300 000 habitants de plus que celle de Toronto; en 1976, les deux régions comptaient à peu près le même nombre de personnes. Depuis, l'avance de la région de Toronto s'est accentuée. Cela a des conséquences énormes au plan socio-économique. Ainsi, le taux de chômage est environ trois fois plus élevé à Montréal qu'à Toronto et le revenu moyen dans cette région est de 37 % plus élevé, par rapport à 13 % en 1971 et 25 % en 1981[3].

À travers cette baisse de l'importance de la grande région de Montréal, celle de l'Île de Montréal et de la ville de Montréal est particulièrement importante. Les raisons qui expliquent ce déclin sont relativement nombreuses et doivent être analysées dans le contexte global dans lequel se trouvait et se trouve Montréal. D'abord, parce qu'elle n'est pas une capitale, Montréal n'a pas profité, contrairement à Toronto, de l'expansion du secteur public au cours des années 1960 et une partie des années 1970. Le déclin de Montréal s'est fait aussi dans un contexte où le développement de l'Ontario, avec ce que cela implique comme développement du pôle de développement qu'est Toronto, a été beaucoup plus rapide que celui du Québec. Entre autres, cela explique pourquoi Montréal a vu Toronto prendre sa place comme capitale financière du Canada.

En fait, le déclin de la région de Montréal est très étroitement lié à la transformation de l'économie du Québec depuis vingt ans, alors que les industries traditionnelles comme le textile, le vêtement, la chaussure ont perdu plusieurs milliers d'emplois[4], et que l'industrie de la pétrochimie et celle de l'alimentation et des boissons (qui est particulièrement secouée présentement) ont été victimes de la rationalisation de la production des entreprises, à la suite de la montée de la concurren-

---

3. *Les Affaires*, 9 septembre 1989, p. 2.
4. Au cours des dernières années, malgré la performance de l'économie du Québec, la rationalisation de ces secteurs a continué au cours des années 1980. Ces industries sont encore importantes à Montréal. En fait, les industries du textile et du vêtement comptaient toujours pour environ 40 % des emplois du secteur manufacturier en 1987.

ce. Montréal fut aussi victime du fait qu'une large partie de la production manufacturière québécoise y était concentrée et qu'ainsi elle ne
pouvait être alimentée par les autres pôles de croissance, comme c'est
le cas pour Toronto. Autrement dit, Montréal devait s'alimenter elle-
même.

Dans une région en déclin, la ville de Montréal fut relativement
plus touchée à cause de sa structure industrielle, mais aussi à cause de
l'étalement urbain dont ont été victimes toutes les grandes métropoles.
Celui-ci a par ailleurs été accentué par une mauvaise gestion de
l'espace urbain, par les politiques gouvernementales et par une détérioration de la qualité de la vie. Finalement, c'est sur Montréal que s'est
surtout fait sentir la détérioration du climat social québécois à la fin des
années 1960 et dans les années 1970.

La relance de l'économie du Québec, au début des années 1980,
s'est largement faite à partir des industries associées aux ressources
naturelles, peu développées à Montréal, de l'industrie du transport,
dont a partiellement profité l'Île de Montréal mais non la ville, et de
celle des communications, dont ont profité tout autant les banlieues.
Mais ces industries en croissance n'ont pu compenser pour les pertes
subies dans les autres secteurs. Cependant, le tertiaire moteur, dont le
secteur de la finance et du service aux entreprises, de même que les
activités reliées aux sièges sociaux, ont largement profité de la relance
de l'économie québécoise. Montréal a donc joué son rôle de pôle de
développement du Québec. Cependant, au plan technologique, même
si elle continue à assumer sa mission, Montréal est victime du sous-
développement de ce type d'activités au Québec. En ce sens, une
partie des solutions aux problèmes de la ville de Montréal sont étroitement reliées au renforcement de l'économie québécoise. Mais encore
faut-il que la fonction de pôle de développement de Montréal soit
reconnue par les gouvernements, et que ces derniers agissent en
conséquence, en concentrant à Montréal les activités qui lui permettraient de jouer son rôle et en investissant dans les infrastructures.

Montréal est aussi un des pôles de croissance au sein de la grande
région à laquelle elle appartient. À ce titre, le renouvellement de sa
base industrielle est vital. De même, la ville est confrontée avec un
niveau élevé de chômage qui ne peut être résorbé par la seule stimulation de son rôle de pôle de croissance, car le développement des
activités qui y sont reliées crée des emplois qui sont en partie comblés
par la population des banlieues et pour lesquels les chômeurs de la
ville n'ont pas nécessairement les qualifications. Un rapport de la

Commission du développement économique sur l'économie locale[5] a fait ressortir des chiffres assez dramatiques sur la situation du chômage dans la ville de Montréal. Selon l'analyse de cette Commission, en 1986, 40 % de la population de la ville de Montréal vivait dans un quartier où le taux de chômage était de plus de 15 %, et le taux de chômage pour l'ensemble de la ville était de 14 %. Toujours en 1986, plus de six quartiers avaient des taux de chômage dépassant les 20 %, contre aucun en 1981. Le taux de chômage de plusieurs quartiers relativement populeux de la ville se compare à ceux des petites villes les plus touchées par le chômage. Pratiquement inexistants voilà à peine dix ans, de véritables ghettos sont en train de se développer à Montréal, avec tout ce que cela implique en terme de hausse de la pauvreté, érigée pratiquement en culture, et de problèmes sociaux de toutes sortes.

Il y a un autre aspect important pour tout le Québec, dans la situation actuelle de Montréal: la ville accueille près de 80 % des immigrants. C'est donc dire que l'intégration de ces immigrants, laquelle est étroitement liée à leur intégration à la vie économique, a un lien important avec la situation économique de la ville de Montréal. Vu sous cet angle, le relèvement de l'économie de Montréal prend encore plus d'importance, il est même fondamental pour l'avenir culturel du Québec. On constate d'ailleurs qu'une partie importante de la population des quartiers où le chômage est élevé, est composée d'immigrants. À ce niveau, pas question de blâmer ces nouveaux venus qui percevaient le Canada comme une terre d'accueil, mais les gouvernements qui n'ont pas mis en place, en particulier dans le cas des réfugiés, des moyens à la hauteur de leur générosité, pour les former et leur donner les moyens de s'intégrer à la société québécoise.

Quelles sont les solutions à la situation économique de Montréal ? Plusieurs études ont tenté de répondre à cette question, dont le comité présidé par Laurent Picard et formé par le gouvernement fédéral, en 1986. Mais aucune n'a pu établir de recette simple et sûre. Mais il est certain qu'au-delà des retombées d'une amélioration générale de l'économie du Québec dont Montréal pourrait tirer profit, il est nécessaire de créer à Montréal de nouvelles conditions susceptibles d'amener une augmentation des investissements et d'attirer de nouvelles entreprises.

---

5. Ville de Montréal, *Montréal au pluriel: Rapport de la Commission du développement économique sur l'économie locale*, Montréal, juin 1989.

III

Les caractéristiques des villes en croissance

La firme Moran Stahl & Boyer (MS&B), spécialisée dans la relocalisation d'entreprises, a fait, aux États-Unis, pour le compte de *Fortune*[6], une étude sur les éléments qui sont cruciaux pour le développement économique des grandes villes. Trente et une région urbaines ont été analysées. Parmi les éléments qui sont ressortis comme les plus importants, en tête de liste on retrouve l'accès à une main-d'œuvre abondante et bien éduquée; viennent ensuite, les perspectives de croissance du marché du travail, la possibilité pour les entreprises de pouvoir contrôler leurs coûts de production, une base économique élargie qui garantit que la ville ou la région n'auront pas de difficultés financières et, finalement, la qualité de vie, qui permet d'attirer et de garder des cadres et des spécialistes qualifiés. À chacun de ces éléments, la firme a associé un ensemble d'indicateurs qui ont permis ainsi de faire ressortir objectivement, les villes qui avaient la cote d'amour auprès des entreprises.

La grande région de Dallas/Fort Worth, appelée aussi la Métroplexe, dont l'économie était dépendante de l'énergie, est devenue l'espace économique le plus diversifié et le plus dynamique des États-Unis. Les activités financières et de service aux entreprises se sont développées à Dallas, tandis que Fort Worth a attiré les petites entreprises manufacturières et les distributeurs. Des douzaines de compagnies de la haute technologie sont nées sous l'impulsion de LTV et Texas Instruments. Parmi les facteurs qui auraient permis ainsi un développement de cette région, l'analyse de *Fortune* fait ressortir: le faible coût des espaces libres à des fins industrielles; des coûts de construction parmi les plus faibles de toutes les grandes villes américaines[7]; des moyens de communication bien développés et en bonne condition; une main-d'œuvre avec une éthique du travail; des impôts et des taxes peu élevés; et le plus important de tout, pour le long terme, un monde politique et un monde des affaires qui collaborent

---

6. Les résultats de l'étude ont paru dans le numéro du 23 octobre 1989 de la revue *Fortune*.
7. Le faible coût des terrains entraîne des coûts moins élevés pour les espaces à bureaux et les maisons. Par exemple, à Dallas, toujours selon les résultats de l'étude, le coût d'un espace à bureau de première qualité, est de 10 $ le pied carré par rapport à 40 $ ou 50 $ à Manhattan. Le coût moyen d'une maison à Dallas est de 94 710 $ comparativement à 182 393 $ à Boston, 145 409 $ à Washington D. C. et 185 541 $ à New York.

étroitement « et ne laissent rien au hasard ». En un mot, cette région a su créer un environnement pour les entreprises qui leur permettait de développer des avantages compétitifs.

Ainsi, à Dallas, lorsqu'une entreprise fait une demande à l'Hôtel de Ville, cette demande devient prioritaire. Dans le domaine de l'éducation, le monde des affaires a mis sur pied un ambitieux programme d'emplois lui permettant d'avoir accès, à long terme, à une main-d'œuvre bien formée. En vertu de ce programme, les entreprises planifient leurs besoins de main-d'œuvre avec les écoles professionnelles et techniques. Pour certaines entreprises, l'amélioration de l'éducation est devenue une véritable mission. L'Université du Texas, à Dallas, a ni plus ni moins l'ambition de compétitionner le MIT et Stanford.

La région d'Atlanta offre des avantages similaires à ceux offerts par la région de Dallas. Autrefois un grand terminus et un grand centre de triage ferroviaire, Atlanta s'est reconvertie dans le transport aérien. De plus, le coût de la vie y est faible et la qualité de la vie y est très bonne. À Atlanta aussi on pense que la clef du développement de la région est le résultat d'une collaboration entre les secteurs public et privé.

L'analyse de MS&B fait ressortir que toutes les villes attirant les entreprises ont ceci en commun : dans chaque cas les leaders du monde des affaires et ceux de la politique ont travaillé ensemble pour créer un environnement propice au développement économique ; le leadership économique y est fort ; elles ont une main-d'œuvre bien formée.

IV

Les atouts et les faiblesses de Montréal

Montréal n'est pas dépourvue d'atouts : malgré une hausse de la criminalité et des erreurs importantes dans le développement urbain dans les années 1960 et 1970, la qualité de la vie y est encore relativement bonne ; les équipements culturels et sportifs sont appropriés et la vie culturelle y est dense. Depuis trois ou quatre ans, des efforts de revitalisation des vieux quartiers et une meilleure planification du développement ont arrêté la détérioration du tissu urbain et de la qualité de la vie et amorcé un changement de tendance, mais c'est loin d'être suffisant. Les entreprises ont aussi accès à une main-d'œuvre relativement abondante. Les secteurs des finances et des services aux entreprises sont particulièrement développés à Montréal, qui continue à garder son leadership en matière de R-D, en particulier à cause de son réseau universitaire. Le coût de la vie y est aussi relativement faible par rapport à Toronto, par exemple. Les salaires sont modérés.

À côté de ces atouts réels, il existe à Montréal un problème de détérioration des infrastructures auquel les gouvernements ont commencé à réagir; mais les résultats de ces interventions, dont on ne connaît pas l'ampleur, demeurent incertains. Encore une fois, sous certains aspects, dont celui du logement et des espaces verts, la situation de Montréal, malgré les efforts récents, demeure problématique. Le niveau des taxes y est aussi élevé. Par exemple, il en coûte 5 850 $ en taxes pour un commerce occupant un espace dont la valeur locative est estimée a 30 000 $ par année, par rapport à 3 525 $ à Laval, 3 075 $ à Longeuil et 2 480 $ à Saint-Laurent[8]. De plus, l'entreprise n'aura pas la même qualité des locaux ou bureaux.

Cette situation fiscale de Montréal vient de l'absence d'un mécanisme de péréquation fiscale qui permettrait de répondre à la situation particulière de la ville et rétablirait une certaine équité. Les gouvernements fédéral et provincial ont peu fait pour régler ce problème qui risque de s'amplifier si la situation économique de Montréal ne s'améliore pas. De plus, une partie de la main-d'œuvre de Montréal a une formation déficiente et il y a dans certains secteurs des pénuries de main-d'œuvre qualifiée. Finalement, le climat social continue, périodiquement, à être terni par la question de la langue.

V

Montréal doit miser sur l'industrie légère

Comme mentionné auparavant, une partie du problème de Montréal reste essentiellement liée à la situation de l'économie du Québec. C'est particulièrement vrai pour la R-D et l'innovation technologique. La proposition de créer une nouvelle université à Montréal, répond à cette préoccupation de même qu'à celle de la formation de spécialistes de haut niveau, dans certains domaines, qui seraient susceptibles d'attirer

---

8. *La Presse*, 13 janvier 1990, p. A7.

de nouvelles entreprises et de soutenir le dynamisme des entreprises existantes. Mais il y a un problème important de recyclage et de formation de base pour les milliers de chômeurs des quartiers les plus défavorisés.

De toute évidence, il y a peu de chances de faire revivre à Montréal les industries traditionnelles, sauf peut-être celle du vêtement dans des créneaux bien précis, et encore moins l'industrie lourde qui a été, à une époque, florissante. Le développement, au Québec, d'industries liées à la haute technologie se fera naturellement dans la région de Montréal, comme ce fut largement le cas au cours des dernières années. Mais ce n'est pas suffisant. Pour répondre au problème aigu de chômage que connaît Montréal, le développement de l'industrie manufacturière légère, passant autant par les PME que par les grandes entreprises, constitue sans doute la seule avenue réaliste. Il faut favoriser la création d'entreprises dans des industries destinées à répondre aux besoins du marché local ou venant en appui aux secteurs de production en croissance. Malheureusement, c'est dans l'industrie légère, où se retrouvent les industries de l'alimentation et des biens de consommation courants, que les emplois ont été perdus récemment, avec une quasi-indifférence des gouvernements. Quant aux industries de la sous-traitance, leur santé est largement dépendante de celle de l'ensemble de l'économie montréalaise.

Le développement de l'industrie légère et de la haute technologie, dans des marchés très concurrentiels, exige que les entreprises puissent disposer, à des coûts raisonnables, d'espaces industriels. Elles doivent avoir accès à une main-d'œuvre formée adéquatement où pouvant être formée à faibles coûts. La qualité des infrastructures publiques est aussi un facteur important.

Les gouvernements ont un rôle important à jouer dans la mise en place de ces conditions. Ils peuvent aussi jouer un rôle plus direct par le biais de programmes de soutien aux investissements ou des activités de promotion, et indirectement, par le biais des sociétés d'État. Il est loin d'être sûr qu'ils aient joué ce rôle adéquatement depuis plusieurs années même si les solutions au problème de Montréal sont relativement bien connues. Parmi les raisons qui expliquent cette inaction, notons l'absence d'approfondissement du problème montréalais de la part des politiciens fédéraux et provinciaux, l'indifférence de ceux qui élaborent à Québec et à Ottawa les politiques économiques et qui prennent les décisions ou simplement l'incapacité de ces mêmes politiciens à faire des choix susceptibles d'établir des priorités. Mais par dessus tout, Montréal a souffert d'un manque de concertation au sein du milieu des affaires, entre les niveaux de gouvernements, et entre le secteur privé et le secteur public.

VI

La nécessité d'un leadership économique fort

La communauté des affaires anglophone a eu indéniablement un leadership économique fort, à une certaine époque, à Montréal; par la suite, avec la montée du nationalisme, dans les années 1960, et l'émergence d'un entrepreneurship québécois, ce leadership est disparu ou du moins a été beaucoup moins visible. Il y a eu un passage à vide, et lentement le monde des affaires francophone tente de combler le vide. Mais le fait que les deux groupes ne travaillent pas ensemble affaiblit le leadership économique de la communauté des affaires montréalaise. Par exemple, il existe toujours deux regroupements des gens d'affaires: la chambre de commerce de Montréal et le Board of Trade. Il est plutôt rare que les deux mouvements vont se regrouper pour faire la promotion d'un dossier ou d'une idée. Dans d'autres regroupements, et de façon générale dans la sphère des relations informelles, comme cela est clairement ressorti de nos entrevues, il existe à Montréal, comme un peu partout au Québec, deux solitudes, dans le sens où le milieu des affaires francophone et le milieu des affaires anglophone travaillent rarement ensemble. Dans la mesure où un fort leadership du monde des affaires a un impact sur le développement d'une ville ou d'une région, et il semble bien qu'il en ait un et qu'il soit non négligeable[9], cette séparation du milieu des affaires a un effet négatif sur le développement de Montréal.

Le leadership d'une communauté ou d'un groupe de personnes se mesure d'abord par leur capacité à promouvoir des idées ou des orientations au sein de leur communauté ou de leur champ d'intervention. Il se mesure aussi par son implication et celles de ses membres dans l'action. Par exemple, le monde des affaires peut exercer un leadership certain en faisant un consensus sur l'amélioration de l'enseignement à Montréal et en faisant la promotion de cette idée, mais ce leadership ne sera jamais aussi fort que l'engagement direct de ses membres dans la collaboration entre les universités et les entreprises, ou l'engagement direct dans les établissements d'enseignement. Le

---

9. À ce sujet, n'a-t-on pas un exemple intéressant au Québec dans ce qu'on a appelé le « miracle beauceron », et qui n'a rien du tout du miracle?

leadership du monde des affaires peut s'exercer aussi par l'attitude des regroupements et surtout de leurs membres face aux investissements sur le territoire de Montréal. Il sera toujours plus efficace pour la communauté des affaires de prôner une vision à long terme du développement de Montréal si ses membres, dans leurs décisions, font de même. Finalement, le leadership de la communauté des affaires se retrouvera aussi dans la promotion qu'elle fera de Montréal comme espace propice aux investissements, auprès des milieux des affaires ou des entreprises d'autres espaces économiques.

Force est de constater que si les regroupements francophones du monde des affaires montréalais, et surtout la chambre de commerce de Montréal, commencent à faire la promotion d'idées et de dossiers, le monde des affaires en général est loin d'exercer un véritable leadership qui lui permettrait d'avoir un impact majeur sur le développement de Montréal. Encore une fois, la séparation en deux entités de ce milieu l'affaiblit. Quant à son implication dans la promotion des investissements, elle est pratiquement absente, et revêt souvent des connotations négatives lorsque le monde des affaires se mêle du dossier de la langue, des relations de travail ou de la place du Québec au Canada.

Le monde des affaires n'a jamais été aussi crédible au Québec; il a une occasion en or d'exercer un leadership important. Mais il ne faut pas le rendre seul responsable de la faiblesse du leadership qui, pour s'exercer, doit profiter d'un climat qui favorise son émergence. En particulier, la collaboration entre l'administration municipale de Montréal et le monde des affaires a pratiquement été inexistante au cours des vingt dernières années. Il est, à cet égard, curieux que ce soit sous l'administration Doré qui, au départ, n'avait pas particulièrement de préjugés favorables envers le monde des affaires (et l'inverse était tout aussi vrai), qu'émerge une amorce de collaboration. Mais il demeure qu'on est loin d'avoir atteint le niveau qui rendrait cette collaboration efficace.

Les relations entre le gouvernement du Québec et l'administration municipale ont toujours été faussées au départ par le fait que le premier a toujours considéré le second comme étant un niveau de gouvernement inférieur. Mais ce n'est pas parce qu'un gouvernement peut imposer ses vues à un autre gouvernement qu'il a nécessairement toujours raison. Cette relation de pouvoir a amené l'administration provinciale à traiter parfois même avec mépris l'administration municipale. Rien dans cette façon d'agir n'est susceptible de favoriser vraiment une collaboration qui déboucherait sur des actions concertées et adaptées en matière de relance de l'économie de Montréal et de son développement.

Ce portrait pas très positif ne s'améliore pas lorsqu'on traite de l'implication d'un autre intervenant majeur : le gouvernement fédéral. Ce gouvernement a déjà des problèmes évidents à dégager des priorités régionales d'intervention, il n'est donc pas surprenant qu'il ne puisse pas avoir une vision claire de la situation de Montréal qui, pourtant, devrait être au centre même de la problématique de développement économique du Québec. Le fédéral, à plusieurs reprises, a fait montre d'une complète insensibilité face à la situation de Montréal. Ce fut vrai il y a quelques années dans le dossier de la pétrochimie ; c'est vrai dans le dossier de la recherche et du développement ; c'est vrai dans le dossier du transport ; cela a été vrai dans le dossier de l'agence spatiale. Encore une fois, ce n'est pas surprenant si on considère la façon dont sont prises les décisions au Canada, l'éloignement entre les préoccupations des décideurs fédéraux et les besoins de Montréal et le manque de concertation entre le gouvernement du Québec et le gouvernement fédéral. Est-il utile de mentionner le manque évident de consultation du monde des affaires montréalais de la part des deux niveaux de gouvernement, tellement est long le chemin à faire pour y arriver !

Au-delà donc des grandes actions structurantes, comme le montre l'analyse de *Fortune*, l'avenir économique à long terme de Montréal passe par un engagement du monde des affaires, par l'exercice de sa part d'un véritable leadership. Celui-ci, dans l'opinion publique, a toute la crédibilité pour le faire. Il lui faut donc, dans un premier temps, accepter d'exercer ce leadership et y voir son profit ; dans un deuxième temps, il doit tenter de faire en sorte que les deux groupes linguistiques se concertent ; ensuite, il doit inciter ses membres à passer à l'action ; il doit se rapprocher, en priorité, du gouvernement municipal et tenter de s'imposer comme un interlocuteur valable auprès des autres gouvernements, ce qui ne devrait pas être trop difficile, si les autres actions sont enclenchées.

Le gouvernement de Montréal doit tenter de son côté de faire corps avec le milieu des affaires et y chercher des appuis dans ses démarches auprès des autres gouvernements. Pour y arriver, il est essentiel que, tant à l'Hôtel de Ville que dans l'administration, une priorité soit accordée au dossier économique. Les deux autres niveaux de gouvernement devraient, dans un premier temps, arrêter de considérer le gouvernement municipal comme un gouvernement inférieur, consulter davantage le milieu des affaires montréalais, prendre le parti de Montréal en prenant conscience de la place qu'elle occupe au Québec et, si c'est possible, se concerter davantage.

Chapitre 14

La langue : le compromis est-il possible ?

I

Le problème de la place du français au Québec n'est pas en soi un problème économique, mais son importance pour la société québécoise, et ses répercussions sur le climat économique, en font un sujet qui ne peut être ignoré lorsqu'on aborde l'avenir économique du Québec. Ceci dit, lorsqu'il traite de la question, l'économiste, comme les autres, quitte le champ de sa profession.

La place relative des langues française et anglaise sera un sujet d'actualité au Québec aussi longtemps que le français sera la langue de la majorité québécoise. C'est un fait inhérent au poids relatif de la nation française d'Amérique. Mais cela implique-t-il qu'inévitablement les tensions linguistiques actuelles se poursuivront indéfiniment ? Pour répondre à cette question, il faut auparavant répondre à la suivante : les positions de chacun des deux groupes linguistiques sont-elles irréconciliables ?

Jusqu'à maintenant, une des faiblesses majeures dans la manière dont le problème de la langue a été abordé, tient à ce qu'on a recherché des arrangements, qui permettaient aux deux groupes linguistiques de cohabiter, beaucoup plus que les compromis qui auraient rallié la large majorité des deux groupes linguistiques.

II

Sans qu'il y ait vraiment d'animosité importante entre les anglophones et les francophones, on ne peut pas dire que les deux groupes, notamment en matière économique, travaillent véritablement ensemble pour le développement de la société québécoise. Les anglophones continuent à jouer un rôle important dans l'économie du Québec, tant en matière de contrôle d'entreprises qu'en matière de postes de commande qu'ils occupent. À moins d'être chauvin, il faut bien admettre aussi que leur migration massive au cours des années 1970 a été une perte pour l'économie québécoise, non seulement à cause des pertes d'activités économiques qui l'ont accompagnée, mais aussi parce que ce fut une perte de ressources humaines compétentes et bien formées. Une partie de ces départs avait des causes économiques, mais une autre avait des causes linguistiques et était directement reliée à la montée du nationalisme. Ceci dit, il n'y a pas eu d'excès qui pourraient justifier qui que ce soit de blâmer les francophones pour ces départs.

Il existe une situation de fait qui ne changera probablement pas tant que le Québec fera partie de la Confédération canadienne : la majorité des anglophones québécois se sentira toujours d'abord canadienne avant de se sentir québécoise, et l'inverse sera toujours tout aussi vrai pour la majorité des Québécois francophones. Mais cela justifie-t-il pour autant que les deux peuples vivent comme deux solitudes ?

III

En 1981, une enquête subventionnée par l'Office de la langue française auprès d'un échantillon de 1 010 des 150 000 principaux décideurs et gestionnaires des secteurs public et privé (entreprises de 500 employés et plus) québécois[1], fournit des résultats qui conduisent aux mêmes conclusions. Quelques-uns des faits que livre cette étude sont particulièrement intéressants. Ainsi :

- comme on pouvait s'y attendre, les dirigeants et cadres du secteur public sont presque tous francophones (98 %) ; dans le secteur privé, ils ne forment que 65 % des effectifs ;

---

1. A. SALES et N. BÉLANGER, *Décideurs et gestionnaires : études sur la direction et l'encadrement des secteurs privé et public*, Conseil de la langue française, Éditeur officiel du Québec, 1985.

- dans les entreprises privées dirigées par des francophones, 91 % des cadres et dirigeants sont francophones et 9 % anglophones. Dans les entreprises dirigées par des non Canadiens et des Canadiens anglophones, cette proportion est respectivement de 58 % et 54 %. Dans les deux derniers cas, respectivement, 37 % et 41 % des cadres sont anglophones, les autres étant d'une autre origine ethnique;

- les cadres et dirigeants interviewés, dont la langue maternelle était le français, disaient avoir une excellente ou une bonne connaissance de la langue anglaise dans près de 90 % des cas; mais seulement 46 % des interviewés de langue maternelle anglaise disaient avoir un niveau équivalent de connaissance de la langue française;

- dans le secteur privé, 32 % des cadres et dirigeants travailleraient à peu près uniquement en français, 23 % à peu près uniquement en anglais et 41 % dans les deux langues;

- les entreprises contrôlées par des francophones engagent davantage de cadres francophones et ceux-ci, à 67 %, y travaillent surtout en français, les autres y travaillant dans les deux langues, avec une prédominance nette de l'anglais cependant. C'est sans doute ce qui fait que 61 % des cadres anglophones travaillant dans une entreprise dirigée par des francophones travaillent presqu'uniquement en anglais. Dans les entreprises contrôlées par des Canadiens anglophones, 45 % des cadres francophones travaillent presqu'uniquement en français et 52 % dans les deux langues. Pour les anglophones travaillant dans le même type d'entreprise, 61 % travaillent en anglais uniquement et 37 % dans les deux langues. Dans les entreprises sous domination étrangère, si 60 % des anglophones peuvent travailler uniquement en anglais, seulement 25 % des francophones peuvent en faire autant dans leur langue;

- finalement, au sein des deux groupes linguistiques, mais dans une proportion plus forte pour les anglophones, une large majorité des dirigeants croient qu'un cadre d'une grande entreprise doit être bilingue pour fonctionner efficacement au Québec.

Ce portrait montre qu'il y a des améliorations évidentes à apporter pour que les deux peuples soient, en matière économique, sur un pied d'égalité; mais il montre aussi que la situation n'est pas bloquée. L'intervention récente de douze professeurs de la faculté de droit de

McGill en appui à l'entente du lac Meech et de la reconnaissance du concept de la société distincte, est peut-être, aussi, un signe des temps.

IV

Pas plus que la plupart des autres communautés minoritaires dans un grand ensemble économique, le Québec ne peut être construit sur l'unilinguisme. La langue de travail doit, bien sûr, continuer d'être le français pour la majorité des travailleurs et travailleuses québécois. Mais il est inévitable, à un certain niveau, dans plusieurs secteurs d'activités, que les cadres et une partie des professionnels soient aptes à communiquer dans la langue anglaise, qui reste la langue des affaires un peu partout dans le monde et, inévitablement, en Amérique du Nord. La société québécoise doit continuer aussi de se développer dans le respect des droits des minorités.

Mais il ne saurait y avoir véritablement de compromis linguistique si les cadres et dirigeants anglophones travaillant au Québec n'acceptent pas d'apprendre le français et de travailler parfois, eux aussi, en français. À ce sujet, il est inadmissible que dans les sociétés d'État fédérales ayant leur siège social au Québec, dont Via Rail et le CN, l'unilinguisme des hauts dirigeants soit accepté, alors que le gouvernement central prône le bilinguisme au sein des institutions fédérales, même dans les plus anglophones des provinces.

De même, il ne saurait y avoir de compromis linguistique sans que les dirigeants anglophones québécois refusent et même dénoncent le chantage économique, qui revient, à intervalle régulier, à chaque fois qu'un geste est fait pour protéger la langue française ou à chaque fois que l'idée de l'autonomie politique du Québec gagne du terrain. Il ne saurait non plus y avoir de compromis tant qu'au centre-ville de Montréal il ne sera pas possible de se faire aborder d'abord en français dans les magasins.

Le compromis entre les deux communautés, s'il est possible, nécessite donc de la part des anglophones : des efforts pour apprendre le français au moins aussi grands que ceux des francophones pour apprendre l'anglais ; qu'une partie plus importante des affaires, lorsque nous sommes entre Québécois, se fasse en français ; que les anglophones, et en particulier ceux qui sont nés ici, se sentent un peu plus québécois et défendent les intérêts du Québec, et pourquoi pas sa spécificité dont ils sont une constituante. Pour la majorité francophone, le compromis nécessite: la reconnaissance dans les lois fondamentales du Québec, soit dans une constitution québécoise ou dans la Charte des droits et libertés, des droits des anglophones sans qu'il soit possible d'y déroger facilement; un respect des règles du jeu établies; et, à l'intérieur de certaines limites, des adoucissements aux lois linguistiques qui seraient fonction de l'atteinte d'objectifs quantifiables sur lesquels les deux communautés se seraient, au préalable, entendues. Et pourquoi pas, plus de souplesse dans l'affichage?

Mais surtout, le Québec ne peut se permettre de revivre plusieurs fois la mascarade des luttes judiciaires qui minent un peu plus à chaque fois la confiance qui peut exister entre les deux communautés. Il faut, en un mot, que les élus aient du courage politique pour en arriver à des compromis. Encore une fois, de tels compromis s'ils sont souhaitables, ne sont pas nécessairement réalisables. Mais il faut quand même les rechercher honnêtement, en étant conscient qu'en cas d'échec les deux communautés seront perdantes.

Conclusion

I

Ce livre était destiné à ouvrir le débat sur l'avenir économique du Québec, non à le fermer; et il n'a pas, bien sûr, épuisé tous les sujets touchant l'économie du Québec. J'ai tenté aussi d'avoir une démarche objective, avec les limites qu'imposent cependant les sciences sociales à ce niveau.

Pour certains, le portrait qu'il trace de l'économie du Québec paraîtra trop pessimiste, pour d'autres trop optimiste, surtout en ce qui a trait à sa capacité de corriger ses faiblesses pour relever le défi de la concurrence. Mais objectivement, on ne peut faire autrement qu'admettre que le Québec a fait des progrès énormes au cours des dernières années au plan économique, en particulier dans la maîtrise de son économie et de son développement. Ces progrès sont d'autant plus remarquables qu'ils se sont produits dans un contexte de mutation des règles du jeu du commerce international et de la montée de la concurrence, et qu'ils ont nécessité des changements à la structure industrielle. Le Québec partait de très loin; il n'est pas surprenant, alors, que sur bien des aspects il tire encore de l'arrière sur les nations avec lesquelles il entre en compétition.

Mais parce que la maîtrise de leur économie échappait aux Québécois et, dans certains secteurs, leur échappe encore aujourd'hui, cette adaptation a été plus lente et probablement aussi plus coûteuse.

Les possibilités de développement seront énormes dans les années à venir pour les économies qui pourront faire face à une concurrence très vive et qui accueilleront les investissements nécessaires pour répondre aux exigences de la globalisation de la concurrence internationale. Le Québec pourrait, en particulier, profiter d'une demande accrue pour les ressources naturelles dans le contexte d'une croissance économique internationale modérée et de la bonne tenue de l'économie américaine.

Cependant, afin de pouvoir profiter des occasions qui pourraient surgir dans la prochaine décennie et pour se préparer à entrer dans le XXIe siècle, le Québec devra régler certains problèmes importants, la plupart interreliés, qui ont trait à la productivité, à la recherche et au développement, à l'innovation, à la formation et au recyclage de la main-d'œuvre, à la gestion des entreprises et de l'économie, ainsi qu'à la qualité de la production. Les retards du Québec dans le domaine technologique ou dans celui de la formation de la main-d'œuvre demeurent importants. Au rythme où vont les choses, le Québec risque de devenir une nation sous-développée au plan technologique, une nation qui ne maîtrise pas non plus une part importante de ses secteurs stratégiques de production. Malgré certaines percées assez timides dans les secteurs liés à la haute technologie, sans des changements importants, il se pourrait bien qu'il doive continuer d'appuyer son développement sur une économie dont les secteurs productifs les plus importants seront liés aux ressources naturelles, mais dont le développement se butera aux limites de l'exploitation de ces ressources, au développement de la technologie et à la protection de l'environnement. Dans ces conditions, le maintien du niveau de vie des Québécois risquerait d'être compromis.

Compte tenu de sa taille, la spécialisation des entreprises et de l'économie du Québec sera une nécessité plus que jamais. Il lui faut choisir, et faire les bons choix, car la concurrence internationale ne se fera pas entre PME, mais entre géants.

Après ce tour d'horizon de l'économie du Québec, il ressort clairement que, dans le contexte actuel des changements économiques et technologiques internationaux, les acquis économiques récents du Québec, et des Québécois francophones en particulier, sont menacés. Il est nécessaire d'agir dès maintenant pour entreprendre une nouvelle étape dans le développement économique et social du Québec. Le Québec a besoin d'une nouvelle révolution tranquille qui s'attachera à faire de l'économie québécoise une économie compétitive et moderne, où la qualité du travail, des ressources humaines et de la gestion, ainsi que la connaissance seront la marque de commerce. Il a besoin aussi d'une troisième vague d'entrepreneurship qui, tout en s'appuyant sur la précédente, sera très différente, beaucoup plus portée vers le défi de la concurrence internationale. Même si la base sur laquelle elle pourra s'appuyer est plus solide, le succès de cette troisième vague n'est pas assuré.

Dans un monde en mutation, rien n'est acquis : la nation québécoise, faute d'efforts et d'une vision à long terme, pourrait se retrouver derrière le peloton de tête des pays développés ; avec quelques efforts, surtout à cause de ses ressources naturelles, elle pourrait pour un temps suivre le mouvement international de la croissance, se maintenir ; avec du travail et de l'imagination, avec la souplesse que lui permet sa taille, dans un climat social et politique qui ne bloque pas les compromis et la solidarité, elle pourrait aller plus loin.

Ceci dit, le Québec n'a pas dix ans ou vingt ans pour se décider à agir et pour faire les choix qui lui permettraient de suivre le mouvement de la croissance internationale ou même d'être dans le peloton de tête. Avec la vitesse des changements en cours et le rôle déterminant qu'ils joueront, il faut agir immédiatement.

L'économie ne fonctionne pas en vase clos, ses interactions avec le social et le politique sont grandes. C'est pourquoi, il est essentiel d'apporter des réponses à des problèmes sociaux importants, dont celui de la qualité de l'environnement. À quoi servirait une croissance économique élevée qui entraînerait en fin de compte une baisse de la qualité de vie ? La place, le rôle et, surtout, les modes d'intervention des gouvernements doivent être revus dans une optique de maîtrise des déficits et une amélioration de la qualité des services. L'engagement des fonctionnaires dans cette démarche apparaît non seulement essentiel, mais aussi nécessaire : le Québec ne peut pas se permettre de se passer de la participation d'une part importante de ses travailleurs et travailleuses à sa démarche économique et sociale.

II

Mais surtout, le Québec devra se sortir du ghetto constitutionnel dans lequel il est enfermé depuis l'échec référendaire. Les changements intervenus depuis le début des années 1980 ont rendu caducs les débats qui ont meublé les fins de semaine des péquistes sur la souveraineté du Québec, comme moyen, et la souveraineté, comme fin. La souveraineté du Québec m'apparaît, et apparaît à de plus en plus de Québécois, comme pratiquement inévitable, et même souhaitable, face à l'immobilisme des structures politiques actuelles.

D'abord, avec la globalisation de la concurrence, l'intégration des économies et l'émergence de la société de l'information, la politique macro-économique, malgré son utilité à court terme, est devenue inefficace à moyen terme pour rendre l'économie plus compétitive. Le libre-échange entre le Canada et les États-Unis de même que l'ampleur de son déficit limitent aussi les marges de manœuvre du gouvernement fédéral en matière de politique économique. La libéralisation des échanges rend obsolescents les grands ensembles politiques qui trouvaient leur justification dans des considérations économiques. Si jamais le Canada économique a existé, aujourd'hui il se meurt. J'ajouterai, pour les opposants au libre-échange, qu'un jour ou l'autre cela devait se produire.

Le bilan des politiques économiques fédérales démontre que celles-ci n'ont pas, globalement, favorisé le Québec, l'Ontario servant la plupart du temps de guide à leur élaboration. De plus, depuis quelques années, tout projet structurant du Fédéral au Québec, est contesté par les autres provinces. Et rien ne laisse supposer que le sentiment anti-Québec diminuera dans les prochaines années.

Dans un monde en changement rapide, la décentralisation est la seule voie permettant aux communautés de réagir rapidement. Le chevauchement des compétences fédérales et provinciales en matière économique est un obstacle majeur à l'action et à la cohésion. Au Canada, la décentralisation exige le retrait du Fédéral dans certains champs de compétence qu'il a d'ailleurs souvent envahis par une utilisation abusive de son pouvoir de dépenser. Mais, de toute évidence, une partie importante du Canada anglais n'est pas prête à une telle décentralisation. Si on ajoute à tout cela le refus du reste du Canada à reconnaître la spécificité du Québec et à remettre en question l'organisation politique canadienne, il commence à y avoir passablement de raisons qui motivent la séparation politique du Québec du reste du Canada.

Le Québec pourrait probablement s'épanouir et se développer dans un Canada décentralisé, dans un Canada où les provinces auraient leur mot à dire dans la conduite de la politique macro-économique, laquelle tiendrait compte de la situation de l'ensemble des régions et pas seulement de celle de l'Ontario, un Canada où le déficit fédéral ne mettrait pas en danger l'avenir économique de la nation, où les compétences constitutionnelles des provinces seraient respectées dans l'esprit et dans la lettre, où la spécificité du Québec serait reconnue et acceptée, avec ce que cela implique pour son autonomie culturelle. Peut-être même que la transformation de l'économie québécoise serait plus facile dans un tel Canada que dans un Québec souverain. Mais on est loin de ce modèle idéal que font mirroiter les politiciens fédéraux et qui, par espoir, a retenu les Québécois dans la Confédération.

La Confédération canadienne n'a aucune chance, à court et à moyen terme, d'être réformée, et encore moins de devenir décentralisée. Déjà avant 1980, cette possibilité était mince; avec le rapatriement de la Constitution et l'enchâssement de l'égalité politique de toutes les provinces, elle s'est évaporée. Même l'adoption de l'Accord du lac Meech, dans ces conditions, aurait été un leurre.

Alors, avons-nous vraiment le choix?

Annexe A

TABLEAU **A.1**
Indicateurs de l'économie du Québec:
1973 à 1989, 1982 exclue

Indicateurs	1973-1981	1982-1989
Produit intérieur réel[a]		
Québec	2,6 %	4,2 %
Canada	3,1 %	4,1 %
Indice des prix à la consommation[a]	9,7 %	4,7 %
Revenu personnel per capita (en $ constants)[a]	3,6 %	2,3 %
Population active[a]		
Québec	2,5 %	1,8 %
Canada	3,2 %	1,9 %
Emploi[a]		
Québec	2,0 %	2,5 %
Canada	2,9 %	2,4 %
Taux de chômage		
Québec[b]	10,4 %	9,3 %
Canada[c]	7,5 %	7,5 %
Québec/Canada	1,39	1,24
Exportation en % du PIB[d]	18,8 %	15,0 %
Québec/Canada	15,5 %	17,1 %
Immobilisations en % PIB[e]	17,6 %	19,3 %
Québec/Canada	17,9 %	22,0 %
Productivité (PIB réel par employé)[a]		
Québec	0,7 %	1,9 %
Canada	0,2 %	2,2 %

[a] Taux de croissance annuel moyen.
[b] Taux de 1981 et 1989; 1973 = 6,8 %; Québec/Canada = 1,21.
[c] Taux de 1981 et 1989; 1973 = 5,6 %.
[d] Taux de 1981 et 1989; 1973 = 14,6 %; Québec/Canada = 17,3 %.
[e] Taux de 1981 et 1989; 1973 = 19,4 %; Québec/Canada = 21,9 %.

TABLEAU A.2
Rang et valeur des exportations internationales du Québec

	1981 (en millions $)	1981 (rang)	1987 (en millions $)	1987 (rang)	Variation en %
Papier d'imprimerie	2 293	1e	3 050	1e	33,0
Pâtes de bois	393	9e	529	7e	34,6
Bois d'œuvre	449	6e	702	6e	56,4
Sous total (% du total)	3 135	(18,5)	4 281	(21,1)	36,6
Aluminium et alliage	945	4e	1 880	2e	98,9
Électricité	192	17e	442	8e	130,2
Sous total (% du total)	1 137	(6,7)	2 322	(11,5)	104,2
Cuivre et alliage	445	7e	419	10e	−5,8
Minerai, concentrés et déchets de fer	1 466	2e	365	12e	−75,1
Amiante non manufacturée	438	8e	266	16e	−39,3
Fer et acier primaire	182	18e			−58,5
Sous total (% du total)	2 531	(14,9)	1 050	(5,2)	
Automobiles et châssis	1 054	3e	1 914	3e	81,6
Pièces pour automobiles	124	22e	223	20e	79,8
Moteurs d'avion et pièces	692	5e	808	4e	16,8
Assemblages, équipements et pièces d'avion	199	16e	434	9e	118,1
Avions entiers avec moteur	214	14e	251	17e	17,3
Matériel roulant de chemin de fer	124	23e	365	13e	194,4
Sous total (% du total)	2 407	(14,2)	3 995	(19,7)	66,0

	1981 (en millions $)	(rang)	1987 (en millions $)	(rang)	Variation en %
Tubes électroniques et semi-conducteurs	204	15e	734	5e	259,8
Matériel de télécommunication	238	12e	340	14e	42,9
Machine et matériel de bureau	226	13e	283	15e	25,2
Autres instruments de mesure			233	18e	
Sous total (% du total)	668	(3,9)	1 590	(7,9)	138,0
Viandes fraîches et congelées	329	10e	387	11e	17,6
Meubles et accessoires			233	19e	
Hydrocarbures et dérivés	255	11e			
Sous total (% total)	584	(3,4)	620	(3,1)	6,2
Total 20 principaux produits (% total)	10 462	(61,8)	13 858	(68,5)	32,5
Exportations totales	16 939		20 239		19,5

TABLEAU A.3
Répartition des emplois (en pourcentage) selon le contrôle des entreprises

	Non canadien	Anglophone canadien	Francophone canadien	Total
Secteur primaire				
Agriculture	0,3	12,2	87,5	100
Forêt	0,0	7,7	92,3	100
Pêche	0,0	7,4	92,6	100
Mines et carrières	24,6	40,4	35,0	100
Sous-total	4,6	16,6	78,8	100
Industries manufacturières				
Aliments et boissons	22,6	23,2	54,2	100
Tabac	99,3	0,1	0,6	100
Caoutchouc et produits de matières plastiques	28,6	34,2	37,2	100
Cuir	5,7	57,6	36,7	100
Textile	23,7	66,6	9,7	100
Habillement	3,7	71,5	24,8	100
Bois	1,9	7,7	90,4	100
Meubles et articles d'ameublement	5,0	29,1	65,9	100
Papiers et activités connexes	12,0	51,8	36,2	100
Imprimerie et édition	5,3	33,9	60,8	100
Première transformation des métaux	22,0	57,3	20,7	100
Fabrication de produits de métal	8,8	40,9	50,3	100
Fabrication de machines (sauf électriques)	33,3	25,1	41,6	100
Fabrication d'équipements de transport	43,9	7,3	48,8	100
Fabrication de produits électriques et électroniques	47,2	44,2	8,6	100
Fabrication de produits minéraux non métalliques	26,7	22,1	51,2	100
Fabrication de produits du pétrole et du charbon	56,7	25,2	18,1	100
Industrie chimique	60,7	21,0	18,3	100
Manufactures diverses	43,1	23,9	33,0	100
Sous-total	22,5	38,2	39,3	100
Construction	**2,7**	**21,8**	**75,5**	**100**

	Non canadien	Anglophone canadien	Francophone canadien	Total
Tertiaire				
Transport et entreposage	5,8	45,5	48,7	100
Communications	5,1	75,3	19,6	100
Services d'utilités publiques	0,3	2,3	97,4	100
Commerce de gros	12,0	42,2	45,8	100
Commerce de détail	7,0	31,3	61,7	100
Finances	4,7	38,5	56,8	100
Assurances	31,4	21,4	47,2	100
Affaires immobilières	3,5	30,7	65,8	100
Services publics	0,0	14,2	85,8	100
Services privés	2,7	21,6	75,7	100
Administration publique	0,0	33,0	67,0	100
Sous-total	4,4	30,0	65,6	100
Ensemble de l'économie				
Secteur privé	10,1	33,6	56,3	100
Secteur public	0,0	20,1	79,9	100
Grand total	7,8	30,6	61,6	100

Source: F. VAILLANCOURT, 1989.

**Principales entreprises industrielles et commerciales
sous contrôle québécois**

Nom de l'entreprise	Revenus (000 000 $)	Principaux actionnaires
Coopérative fédérée du Québec (alimentation)	1 269	Autres coopératives
Dominion Textile (textiles)	1 217	Caisse de dépôt (8 %)
Loto-Québec	1 158	Gouvernement du Québec
SAQ	1 041	Gouvernement du Québec
Noverco (gaz)	1 033	Canam-Manac (44,4 %), Soquip (15,3 %) et Caisse de dépôt (13,7 %)
Repap (forêt)	1 028	Petty (95 %)
Gr Lavalin (diversifié)	891	Sobela/Bedelmar/Ducelma/La marre et membres de la direction.
Agropur (alimentation)	796	5 100 producteurs agricoles
Sidbec-Dosco (métallurgie)	646	Gouvernement du Québec
Donohue (forêt)	648	Mircor (Québecor et Maxwell Int.) (54 %)
Gr Canam-Manac (métallurgie)	644	Dutil (64,1 %) et SID (11 %)
Cascades (forêt)	589	Les Lemaire (65 %)
SGF (diversifié)	570	Gouvernement du Québec
Gr Cantrex (commerce de gros)	545	Bureau, Crépeau, Des Groseilliers et Ouimet (25,4 %)
Culinar (alimentation)	519	SID (52 %) et Soquia (35 %)
Fednav (transport)	505	Famille Pathy
Gr RO-NA Dismat (vente au détail)	486	650 marchands/actionnaires
Gr Jean Coutu (vente au détail)	471	Famille Coutu (77 %)
Rolland (forêt)	445	Famille Rolland (57,2 %) et Cascades (35,2 %)

Nom de l'entreprise	Revenus (000 000 $)	Principaux actionnaires
Guillevin international (commerce de gros)	399	Placements Guillevin (45,3 %)
Gr Olympia (alimentation)	396	Ouellet, Bienvenue et Bonneau
Memotec Data (télécomm.)	346	BCE (29 %) et employés (10 %)
Gr Pharmaceutique Focus (distribution)	365	SCOA Canada (48 %) et 1 200 pharmaciens
Transport GTL	336	Famille Lefebvre
Gr Transcontinental G.T.C. (comm.)	326	Marcoux, Dubois, Kingsley et Beauchamp (64 %)
Gr SNC (diversifié)	321	Actionnaires multiples
Purdel (alimentation)	315	1 653 producteurs
Fromages Saputo (alimentation)	310	Famille Saputo
Gr Vidéotron (télécomm.)	306	Famille Chagnon (63 %) et Caisse de dépôt (27 %)
Pétromont (pétrochimie)	285	Union Carbide (50 %) et SGF (50 %)
Multi-Marques (alimentation)	280	Samson (30 %), Corp. Foods (25 %) et Barbeau, Tremblay et Doyon
Tembec (forêt)	254	Rexfor (17 %), Repap (8,5 %), Aménagement forestier d'Abitibi (8,9 %)
Tapis Peerless (produits de consommation)	254	Garber, Nusblatt et Jablow (26 %)
Gr MIL (Industrie lourde)	240	SGF (65 %) et Alsthom (35 %)
Pomerleau (construction)	212	Pomerleau
Sico (fabrication)	207	Lortie (41 %)
Gr Brochu Lafleur (alimentation)	200	Famille Brochu
Rôtisserie St-Hubert (restauration)	195	Famille Léger
Télémédia (communications)	182	Famille Beaubien

Nom de l'entreprise	Revenus (000 000 $)	Principaux actionnaires
Marchands Unis (commerce en gros)	169	Marchands associés
Agrinove (alimentation)	166	2 400 producteurs de lait
Gr Avcorp (aérospatiale)	163	Valhalla Research Institute (13 %) et Patrick (11 %)
Goodfellow (forêt)	160	Goodfellow (60 %) et 4 employés (10 %)
Rexfor (forêt)	158	Gouvernement du Québec
Dalmys (vente au détail)	157	Famille Perlman (58 %)
Gr Val Royal (vente au détail)	154	Gestion Claupier (68 %)
Uni-Select (commerce de gros)	153	Gr TCG (25 %)

Sources: *Les Affaires*, 17 juin et 29 juillet 1989, et *Commerce*, juin 1989.

Annexe B

Liste des personnes interviewées

Nous tenons à remercier les personnes suivantes, d'avoir bien voulu collaborer à ce livre en répondant à nos questions lors d'entrevues menées par Gilles Lajoie du Journal *Les Affaires* ou par moi-même:

Claude Béland, président, Fédération des caisses populaires Desjardins.

André Bérard, président, Banque Nationale.

Raymond Blain, président, Logidec.

Pierre Brunet, président, Lévesque Beaubien & Geoffrion.

Jean Coutu, président, Le Groupe Jean Coutu.

Raymond Cyr, président, Les Entreprises Bell Canada.

Frank Dottori, président, Tembec.

Pierre Ducros, président, DMR.

Marcel Dutil, président, Canam-Manac.

Michel Fontaine, président, Bystac Protection.

Jacques Fortin, président, Québec-Amérique.

Arthur Galbraith, président, Les filaments Yamaska.

Gilles L'Abbé, président, Héroux.

Gérard Lebeau, président, Trans Canada Glass (TCG).

Yves Marmet, président, Hypocrat.

Michel Perron, président, Normick Perron.

Serge Racine, président, Shermag.

Roger Rougier, président, Roger Rougier.

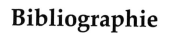

Bibliographie

ALBERT, Michel, *Le pari français*, Paris, Les Éditions du Seuil, 1985.

ARCHIER, Georges et SÉRIEYX, Hervé, *Pilotes du 3ᵉ type*, Paris, les Éditions du Seuil, 1986.

ASSOCIATION DES MANUFACTURIERS CANADIENS, *La concurrence dans le village terrestre*, Montréal, septembre 1982.

ASSOCIATION DES MANUFACTURIERS CANADIENS, *L'importance de l'enseignement postsecondaire : assurer la compétitivité du Canada*, Montréal, 1987.

ASSOCIATION DES MANUFACTURIERS CANADIENS, *The Aggressive Economy : Daring to Compete*, Toronto, juin 1989.

ASSOCIATION DES MANUFACTURIERS CANADIENS, *Un avenir qui promet*, Montréal, 1984.

BÉLANGER, Jean-Pierre et Pierre LAMONDE, *L'utopie du plein emploi*, Montréal, les Éditions Boréal, 1986.

BELLEMARE, Diane et Lise POULIN-SIMON, *Le défi du plein emploi*, Montréal, Les Éditions Saint-Martin, 1986.

BELLEMARE, Diane et Lise POULIN-SIMON, *Le plein emploi : Pourquoi ?*, Montréal, les Presses de l'Université du Québec, 1983.

BENYAHIA, Hady, *La contribution de la productivité à la croissance économique du Québec*, Montréal, Institut national de la productivité, mars 1983.

BOYER, Robert, *La théorie de la régulation : une analyse critique*, Paris, les Éditions La Découverte, 1987.

BUREAU DE LA STATISTIQUE DU QUÉBEC, *La situation économique au Québec, Édition 1988*, Québec, 1988.

BUREAU DE LA STATISTIQUE DU QUÉBEC, *Statistiques sur la recherche et le développement industriels au Québec, 1986*, juillet 1988.

BusinessWeek, « Innovation in America », numéro spécial, 1989.

CARMICHAEL, E. A. et Katie MACMILLAN, *Focus on Follow-through : Policy Review and Outlook, 1988*, Toronto, C. D. Howe Institute, 1988.

CHAMBRE DE COMMERCE DE MONTRÉAL, *Un siècle à entreprendre, la Chambre de Commerce de Montréal, 1887-1987*, Montréal, les Éditions Libre Expression, 1987.

COMMISSION MONDIALE SUR L'ENVIRONNEMENT, *Notre avenir à tous*, Montréal, les Éditions du Fleuve et les Publications du Québec, 1988.

CONSEIL DE LA SCIENCE ET DE LA TECHNOLOGIE, *Science et technologie: Conjoncture 1988*, Québec, septembre 1988.

CONSEIL DE LA SCIENCE ET DE LA TECHNOLOGIE, *Science et technologie: Conjoncture 1985*, Québec, avril 1986.

CONSEIL DES UNIVERSITÉ, *Le financement du réseau universitaire en 1988-1989*, Québec, 1988.

CONSEIL DES UNIVERSITÉ, *Le plan quinquennal d'investissements universitaires pour la période 1988-1993*, Québec, 1988.

CONSEIL DES UNIVERSITÉ, *Pour une nouvelle politique de financement du réseau universitaire québécois*, Québec, 1988.

CONSEIL ÉCONOMIQUE DU CANADA, *Affermir la croissance: choix et contraintes*, Vingt-deuxième Exposé annuel, Ottawa, 1985.

CROZIER, Michel, *État modeste, État moderne*, Paris, les Éditions du Seuil, 1988.

D'AMBOISE, Gérald, *La PME canadienne: Situation et défis*, Institut de recherche politique, Québec, les Presses de l'Université Laval, 1989.

DRUCKER, Peter F., *Innovation and Entrepreneurship: Practice and Principles*, New York, Harper & Row, Publishers, 1985.

FRASER, Matthew, *Québec, inc.*, Montréal, les Éditions de l'Homme, 1987.

FRÉCHETTE, Pierre et Jean-P. VÉZINA, *L'économie du Québec*, 3e édition, Montréal, les Éditions HRW ltée, 1985.

FREEMAN, Christopher, éditeur, *Design, Innovation and Long Cycles in Economic Development*, New York, St. Martin's Press, 1986.

GAGNON, Luc, *L'écologie, le chaînon manquant de la politique*, Montréal, les Éditions de l'Alternative, 1985.

GASSE, Yvon avec la collaboration de J.-F. BROUARD et Adama SY, *L'entrepreneurship: Une stratégie de recherche et d'intervention pour le développement*, Revue P.M.O., vol. 1, n° 5, 1985.

GASSE, Yvon, « L'entrepreneur moderne: attributs et fonctions », *Revue internationale de gestion*, vol. 7, n° 4, 1982.

GODIN, Benoît, *Les nouveaux impératifs de la science et de la technologie: la nécessaire collaboration*, Québec, ministère des Communications du Québec, 1988.

GODIN, Serge, *Bâtir le Québec technologique*, notes d'un discours prononcé devant les membres de la Fédération d'informatique du Québec, Montréal, mai 1989.

GOUVERNEMENT DU CANADA, *1992 Impact de l'unification du marché européen*, Ottawa, ministère des Affaires extérieures, 1989.

GOUVERNEMENT DU CANADA, *Indicateurs économiques du Québec 1988*, Montréal, Industrie, Sciences et Technologie Canada, juin 1989.

GOUVERNEMENT DU CANADA, *L'économie du Québec 1988*, Montréal, ministère de l'Industrie, de la Science et de la Technologie du Canada, 1989.

GOUVERNEMENT DU CANADA, *Rapport de la Commission royale sur l'union économique et les perspectives de développement du Canada*, vol. 1, 2 et 3, Approvisionnement et Services Canada, 1985.

GOUVERNEMENT DU QUÉBEC, *Bilan socio-économique 1987 de la région de Montréal*, Montréal, OPDQ, 1989.

GOUVERNEMENT DU QUÉBEC, *La R-D au Québec: Répertoire 1987-1988*, Québec, ministère de l'Industrie, du Commerce et de la Technologie, 1988.

GOUVERNEMENT DU QUÉBEC, *Le secteur manufacturier et le commerce au Québec en 1988*, ministère de l'Industrie et du Commerce, janvier 1989.

GOUVERNEMENT DU QUÉBEC, *Les finances publiques du Québec: L'urgence d'un redressement*, ministère des Finances, 1986.

GOUVERNEMENT DU QUÉBEC, *Les PME au Québec: État de la situation, 1986*, Québec, ministère de l'Industrie et du Commerce, 1986.

GOUVERNEMENT DU QUÉBEC, *Les PME au Québec: État de la situation, 1988*, Québec, ministère de l'Industrie et du Commerce, 1988.

LA CORPORATION PROFESSIONNELLE DES COMPTABLES EN MANAGEMENT DU QUÉBEC, *Guerriers de l'émergence,* Montréal, les Éditions Québec/ Amérique, 1986.

LAMARRE, Marie, *Le perfectionnement et le recyclage de la main-d'œuvre dans quelques pays industrialisés,* Québec, Conseil supérieur de l'éducation, 1988.

LANDRY, Bernard, *Commerce sans frontières,* Montréal, les Éditions Québec/Amérique, 1987.

LES AFFAIRES, « Le sommet de l'avenir », numéro hors série, décembre 1988.

LINTEAU, Paul-André, René DUROCHER et Jean-Claude ROBERT, *Histoire du Québec contemporain, 1867-1929,* Montréal, les Éditions Boréal Express, 1979.

MATHEWS, Georges, *Le choc démographique,* Montréal, les Éditions Boréal Express, 1984.

NAISBITT, John, *Megatrends,* New York, Warner, 1982.

OCDE, *L'OCDE en chiffres: Statistiques sur les pays membres,* Paris, juin 1988.

PELLETIER, Mario, *La Machine à milliards, l'histoire de la Caisse de dépôt et placement du Québec,* Montréal, les Éditions Québec/Amérique, 1989.

PÉRIGORD, Michel, *Réussir la qualité totale,* Paris, les Éditions d'Organisation, 1987.

PORTER, Michael E., *The Competitive Advantage of Nations,* New York, The Free Press, 1990.

PROSPECTUS, « 1989 Canada Facts: An International Business Comparison », Ottawa, Prospectus Investment and Trade Partner Inc., 1988.

SAINT-PIERRE, Guy, *Le rôle de l'industrie manufacturière dans un monde en mutation,* conférence prononcée devant l'Association des manufacturiers canadiens, Montréal, juin 1986.

SALES, Arnaud et Noël BÉLANGER, *Décideurs et gestionnaires: études sur la direction et l'encadrement des secteurs privé et public,* Conseil de la langue française, Québec, Éditeur officiel du Québec, 1985.

ALLAIRE, Yvan et Mihaela E., FIRSIROTU, *Les racines de l'innovation: le système japonais et l'expérience américaine*, article ayant rapporté le pris d'excellence de Charette, Fortier, Hawey/Touche Ross, en 1988.

SAUCIER, Serge, *Le Canada est-il sur le point de sombrer?*, allocution prononcée devant la chambre de commerce française, avril 1989.

SMALL BUSINESS MAGAZINE, « Mission 86: Big Buyers and Small Suppliers Link up to Take on the World », juin 1986.

ST-AMOUR, Pierre et Josée SCHRYER, *Productivité et performance de l'économie québécoise*, Montréal, Institut national de la productivité, 1984.

STATISTIQUE CANADA, *Comptes nationaux des revenus et dépenses, estimations annuelles 1926-1986*, Ottawa, Approvisionnements et Services Canada, 1986.

STATISTIQUE CANADA, *Enquête sur la technologie de la fabrication*, Ottawa, 1987.

TOFFLER, A., *The Third Wave*, New York, Collins, 1980.

VAILLANCOURT, François et Josée CARPENTIER, *Le contrôle de l'économie du Québec: la place des francophones en 1987 et son évolution depuis 1961*, Montréal, Office de la langue française et Université de Montréal (C.R.D.E.), 1989.

VILLE DE MONTRÉAL, *Montréal au pluriel: Rapport de la Commission du développement économique sur l'économie locale*, Montréal, juin 1989.

WHELAN, Bernie, *Record Big Interest in Small Business Entrepreneurs Courses*, Marketing News, 17, 6, 1983. Cité dans la très bonne revue de littérature de GASSE.